Geluksvogel

ALICE SEBOLD BIJ DE BEZIGE BIJ

De wijde hemel

ALICE SEBOLD

Geluksvogel

Vertaling Marianne Gaasbeek

2003

DE BEZIGE BIJ
AMSTERDAM

Om privacy-redenen heeft de auteur sommige mensen die in dit boek voorkomen voorzien van een andere naam.

Cargo is een imprint van uitgeverij De Bezige Bij, Amsterdam

Copyright © 1999 Alice Sebold
Copyright Nederlandse vertaling © 2003 Marianne Gaasbeek
Oorspronkelijke titel *Lucky*
Oorspronkelijke uitgever Scribner, New York
Omslagontwerp Marry van Baar
Foto auteur Jerry Bauer
Vormgeving binnenwerk Perfect Service, Schoonhoven
Druk Hooiberg, Epe
ISBN 90 234 1215 X
NUR 302

Voor Glen David Gold

In de tunnel waar ik werd verkracht, een tunnel die ooit de ondergrondse toegang was tot een amfitheater en waar de artiesten en spelers van onder de zitplaatsen van de menigte te voorschijn kwamen, was eerder een meisje vermoord en aan stukken gesneden. Dat verhaal werd me verteld door de politie. Vergeleken met haar, zeiden ze, was ik een geluksvogel.

Op dat moment had ik echter het gevoel meer gemeen te hebben met het dode meisje dan met de potige, gespierde politieagenten en mijn geschokte mede-eerstejaarsvriendinnen. Het dode meisje en ik hadden ons op dezelfde laaggelegen plek bevonden. We hadden allebei tussen de dode bladeren en de gebroken bierflesjes gelegen.

Tijdens de verkrachting viel mijn blik op iets wat tussen de bladeren en het glas lag. Een roze haarelastiekje. Toen ik van het dode meisje hoorde, zag ik haar in gedachten voor me, smekend, net als ik, en ik vroeg me af wanneer haar haar uit het elastiekje losgetrokken was. Of de man die haar vermoord had dit had gedaan, of dat ze het op zijn aandringen zelf had gedaan om zich pijn te besparen, ongetwijfeld in de veronderstelling en de hoop dat ze later de luxe zou hebben om na te kunnen denken over de consequenties van 'het verlenen van medewerking aan de aanrander'. Ik zal het nooit weten, zoals ik evenmin zal weten of het elastiekje inderdaad van haar was of dat het daar net als de bladeren op een natuurlijke manier terecht was gekomen. Telkens als ik aan het roze elastiekje denk, zal ik ook aan haar denken. Een meisje dat haar laatste ogenblikken beleeft.

Een

Dit is wat ik me herinner. Mijn lippen waren kapot. Ik heb erop gebeten toen hij me van achteren vastgreep en mijn mond bedekte. Hij sprak de volgende woorden: 'Als je schreeuwt vermoord ik je.' Ik bewoog me niet. 'Begrijp je wat ik zeg? Als je schreeuwt ga je eraan.' Ik knikte. Met zijn rechterarm om me heen geslagen klemde hij mijn armen tegen mijn lichaam en zijn linkerhand lag over mijn mond.

Hij haalde zijn hand van mijn mond.

Ik gaf een schreeuw. Snel. Onverwachts.

Het gevecht begon.

Hij legde zijn hand weer over mijn mond. Hij zette zijn knieën tegen de achterkant van mijn benen zodat ik zou vallen. 'Je snapt het niet, kutwijf. Ik vermoord je. Ik heb een mes. Ik vermoord je.' Hij haalde opnieuw zijn hand van mijn mond en ik viel met een schreeuw op het klinkerpad. Hij kwam schrijlings over me heen staan en schopte me in mijn zij. Ik maakte geluiden, ze stelden niets voor, zachte voetstappen. Ze spoorden hem aan, gaven hem een rechtvaardiging. Ik probeerde van het pad op te krabbelen. Ik droeg mocassins met zachte zolen, waarmee ik wild om me heen trapte. Ik raakte hem niet of nauwelijks. Ik had nog nooit gevochten, werd bij gym als laatste gekozen.

Op de een of andere manier, ik weet niet meer hoe, wist ik overeind te komen. Ik weet nog dat ik hem beet en duwde, van alles. Toen zette ik het op een lopen. Als een almachtige reus stak hij zijn hand uit en greep me vast bij mijn lange bruine haren. Hij gaf er een harde ruk aan waardoor hij me voor hem op de knieën dwong. Dat was mijn eerste mislukte ontsnapping, het haar, het lange vrouwenhaar.

'Nu heb je erom gevraagd,' zei hij, en ik begon te smeken.

Hij reikte naar zijn achterzak en pakte er een mes uit. Ik vocht nog steeds, mijn haren werden uit mijn hoofd getrokken terwijl ik mijn best deed om me uit zijn greep los te worstelen, wat met veel pijn gepaard ging. Ik wierp me naar voren en klemde mijn beide armen om zijn linkerbeen, waardoor hij zijn evenwicht verloor en wankelde. Ik wist het op dat moment nog niet, pas toen de politie later het mes in het gras terugvond, op enkele passen vanwaar mijn kapotte bril lag, maar bij die beweging moet het mes uit zijn handen zijn gevallen en was hij het kwijt.

Toen waren het vuisten.

Misschien was hij boos omdat hij zijn wapen kwijt was of omdat ik hem niet gehoorzaamde. Wat de reden ook was, dit betekende het einde van de inleidende manoeuvres. Ik lag op mijn buik op de grond. Hij zat op mijn rug. Hij sloeg mijn hoofd hard tegen de klinkers. Hij vervloekte me. Hij draaide me om en ging op mijn borst zitten. Ik zei maar wat. Ik smeekte. Toen legde hij zijn handen om mijn keel en begon te knijpen. Heel even verloor ik het bewustzijn. Toen ik weer bijkwam drong het tot me door dat ik in de ogen keek van de man die me zou vermoorden.

Op dat moment gaf ik me over. Ik was ervan overtuigd dat ik het niet zou overleven. Ik kon niet meer vechten. Hij zou met me doen wat hij wilde. Punt uit.

Alles vertraagde. Hij stond op en sleurde me bij mijn haren over het gras. Ik kronkelde en kroop in een poging hem bij te houden. Vanaf het pad had ik vaag de donkere ingang van de tunnel naar het amfitheater gezien. Toen we daar bij in de buurt kwamen en ik me realiseerde dat we daarheen op weg waren, sloeg er een golf van angst door me heen. Ik wist dat ik zou sterven.

Ongeveer een meter bij de ingang van de tunnel vandaan stond een oud ijzeren hek van nog geen meter hoog en met een smalle opening waar je doorheen moest lopen om bij de tunnel te komen. Terwijl hij me voortsleurde en ik door het gras krabbelde, kreeg ik dat hek in het oog en raakte er absoluut van overtuigd dat als hij me daar voorbij wist te krijgen mijn kans op overleving nihil was.

Terwijl hij me over het veld sleepte wist ik me luttele seconden zwakjes aan de onderkant van het ijzeren hek vast te klemmen, tot hij me met een harde ruk dwong het weer los te laten. Mensen denken dat vrouwen ophouden zich te verzetten wanneer ze fysiek uitgeput zijn, maar mijn gevecht moest nog beginnen, het gevecht met woorden en leugens en het verstand.

Wanneer mensen vertellen over hun ervaringen met bergbeklimmen of raften over woest stromende rivieren zeggen ze dat ze er één mee worden, dat hun lichaam er zo mee in harmonie komt dat ze het vaak, als hun daarnaar gevraagd wordt, niet goed kunnen uitleggen.

In de tunnel, waar de grond bezaaid was met kapotte bierflesjes, oude bladeren en allerlei andere ondefinieerbare rommel, werd ik één met deze man. Mijn leven lag in zijn handen. Wie zegt liever te vechten tot de dood erop volgt dan verkracht te worden, is niet goed wijs. Ik zou liever duizend keer verkracht worden. Je doet wat je moet doen.

'Sta op,' zei hij.

Dat deed ik.

Ik bibberde onbeheerst. Het was koud buiten, en de kou, in combinatie met de angst en de uitputting, maakte dat ik van top tot teen stond te beven.

Hij gooide mijn tasje en mijn boekentas in de hoek van de vergrendelde tunnel.

'Trek je kleren uit.'

'Ik heb acht dollar in mijn achterzak,' zei ik. 'Mijn moeder heeft creditcards. Mijn zus ook.'

'Ik hoef je geld niet,' zei hij, en hij lachte.

Ik keek naar hem. Ik keek hem aan nu, alsof hij een menselijk wezen was, iemand met wie ik kon praten.

'Verkracht me alsjeblieft niet,' zei ik.

'Trek je kleren uit.'

'Ik ben nog maagd,' zei ik.

Hij geloofde me niet. Herhaalde zijn bevel. 'Trek je kleren uit.'

Mijn handen beefden en ik kon er niets aan doen. Hij stond met zijn rug tegen de achtermuur van de tunnel en trok me aan mijn riem naar voren tot mijn lichaam tegen het zijne aan stond.

'Kus me,' zei hij.

En hij trok mijn hoofd naar zich toe en onze lippen raakten elkaar. Ik hield mijn lippen stijf op elkaar geklemd. Hij trok wat harder aan mijn riem en mijn lichaam kwam nog dichter tegen het zijne aan. Hij greep me bij mijn haar vast. Hij trok mijn hoofd naar achteren en keek me aan. Ik begon te huilen, te smeken.

'Niet doen alsjeblieft,' zei ik. 'Alsjeblieft.'

'Kop dicht.'

Hij kuste me opnieuw en ditmaal stak hij zijn tong in mijn mond. Hij kreeg daar de kans voor doordat ik mijn mond had opengedaan voor mijn smeekbede. En weer trok hij mijn hoofd ruw naar achteren. 'Zoen me,' zei hij.

En dat deed ik.

Toen hij er genoeg van had, hield hij op en probeerde mijn riem los te maken. Het was een riem met een vreemde gesp en het lukte hem niet. Opdat hij me zou loslaten, met rust zou laten, zei ik: 'Laat mij maar, ik doe het wel.'

Hij keek toe.

Toen ik klaar was, trok hij de rits van mijn spijkerbroek open.

'Trek nou je blouse uit.'

Ik had een gebreid vest aan. Ik trok het uit. Hij stak zijn handen uit om me te helpen de knoopjes van mijn overhemd los te maken. Hij deed het klunzig.

'Ik doe het wel,' zei ik weer.

Ik maakte de knoopjes los van het oxford-overhemd en stroopte het, net als het vest, van mijn lichaam af. Het was net of ik mijn veren aflegde. Of vleugels.

'Nu de beha.'

Dat deed ik.

Hij stak zijn handen uit en pakte ze – mijn borsten – met zijn beide handen vast. Hij kneedde ze en kneep erin, perste ze tegen mijn ribbenkast. Draaide eraan. Ik hoop dat ik niet hoef te zeggen dat dit pijn doet.

'Alsjeblieft, hou op,' zei ik.

'Leuke witte tietjes,' zei hij. En de woorden maakten dat ik ze opgaf, ieder deel van mijn lijf zachtjes van me af wierp wanneer hij zijn eigendom opeiste – mond, tong, borsten.

'Ik heb het koud,' zei ik.

'Ga liggen.'

'Op de grond?' vroeg ik, stom, hopeloos. Tussen de bladeren en het glas zag ik het graf. Mijn lichaam strekte zich uit, gedemonteerd, de mond gesnoerd, dood.

Eerst ging ik zitten, of eigenlijk struikelde ik tot in een zittende positie. Hij pakte de onderkant van mijn broekspijpen en trok eraan. Terwijl ik mijn naaktheid probeerde te verbergen – gelukkig had ik nog ondergoed aan – keek hij neer op mijn lichaam. Ik voel nóg hoe met die blik zijn ogen mijn ziekelijk bleke huid deden oplichten in die donkere tunnel. Alles – mijn vlees – opeens afstotelijk maakten. *Afzichtelijk* is een te vriendelijk woord, maar het komt er het dichtst bij.

'Jij bent het ergste kutwijf dat ik dit ooit heb aangedaan,' zei hij. Hij zei het vol afkeer, hij zei het alsof hij een analyse gaf. Hij zag wat hij gevangen had en was niet blij met wat hij zag.

Het maakte niet uit, hij zou het afmaken.

Op dit punt aangeland begon ik waarheid en verdichtsel te combineren, ik gebruikte alles om hem aan mijn kant te krijgen, in de hoop dat hij me als meelijwekkend zou beschouwen, zou zien dat ik het slechter had getroffen dan hij.

'Ik ben een pleegkind,' zei ik. 'Ik weet niet eens wie mijn ouders zijn. Hou alsjeblieft op. Ik ben maagd,' zei ik.

'Ga liggen.'

Dat deed ik. Bevend draaide ik me om en ging op de koude grond liggen. Met een ruwe beweging trok hij mijn slipje uit en hield het verfrommeld in zijn hand. Hij gooide het bij me vandaan, in een hoek, buiten mijn gezichtsveld.

Ik keek naar hem terwijl hij zijn broek openritste en die tot op zijn enkels liet zakken.

Hij kwam boven op me liggen en begon tegen me op te rijen. Dit kende ik al. Steve, een jongen van de middelbare school die ik leuk had gevonden, had dat tegen mijn been gedaan, omdat ik hem niet liet doen wat hij het liefst wilde: met me naar bed gaan. Met Steve was ik helemaal aangekleed geweest, en hij ook. Hij ging gefrustreerd naar huis en ik voelde me veilig. Mijn ouders waren de hele tijd boven geweest. Ik hield me voor dat Steve van me hield.

Hij was druk bezig terwijl hij boven op me lag en reikte naar omlaag om zijn penis te bewerken.

Ik keek hem recht in de ogen. Ik was te bang om dat niet te doen. Ik geloofde dat ik als ik mijn ogen dichtdeed zou verdwijnen. Om dit te doorstaan moest ik de hele tijd aanwezig blijven.

Hij noemde me een kutwijf. Hij zei dat ik droog was.

'Het spijt me,' zei ik; ik bleef me maar verontschuldigen. 'Ik ben maagd,' zei ik.

'Kijk me niet zo aan,' zei hij. 'Doe je ogen dicht. Bibber niet zo.'

'Ik kan er niets aan doen.'

'Hou ermee op of je krijgt er spijt van.'

Het lukte. Mijn blik werd scherp. Ik keek hem doordringender aan dan eerst. Hij begon met zijn vuist de opening van mijn vagina te kneden, stak zijn vingers erin, drie of vier tegelijk. Er scheurde iets. Het begon te bloeden. Ik was nu nat.

Het wond hem op. Hij was geïntrigeerd. Terwijl hij zijn hele vuist in mijn vagina bracht en er een pompende beweging mee begon te maken, trok ik me terug in mijn brein. Daar lagen gedichten op me te wachten, gedichten die ik op school had geleerd. Een gedicht van Olga Cabral dat ik sindsdien nooit meer gevonden heb, 'Lillian's Chair', en een gedicht dat 'Dog Hospital' heette, van Peter Wild. Terwijl er een soort prikkelende gevoelloosheid bezit nam van mijn onderlichaam, probeerde ik in stilte de gedichten op te zeggen. Ik bewoog mijn lippen.

'Kijk me niet zo aan,' zei hij.

'Sorry,' zei ik. 'Je bent sterk,' probeerde ik.

Dat beviel hem. Hij begon weer tegen me op te rijen, onstuimig. Mijn stuitje werd tegen de grond geplet. Glas sneed in mijn rug en mijn achterste. Maar het ging nog niet zoals hij wilde. Ik wist niet wat hij aan het doen was.

Hij leunde achterover op zijn knieën. 'Doe je benen omhoog,' zei hij.

Niet wetend wat hij bedoelde, aangezien ik dat nog nooit voor een minnaar had gedaan, noch dat soort boeken had gelezen, stak ik ze recht omhoog.

'Doe ze uit elkaar.'

Dat deed ik. Mijn benen leken net plastic Barbie-benen: bleek, onbuigbaar. Maar hij was niet tevreden. Hij legde zijn handen op mijn dijen en drukte ze verder naar buiten dan ik kon volhouden.

'Hou ze zo,' zei hij.

Hij deed een nieuwe poging. Hij begon weer met zijn vuist te pompen. Hij greep mijn borsten vast. Hij draaide met zijn vingers aan mijn tepels, likte ze.

Tranen vielen uit mijn ooghoeken en rolden langs mijn wangen naar beneden. Ik raakte steeds afweziger, maar toen hoorde ik geluiden. Buiten, op het pad. Mensen, een groepje lachende jongens en meisjes, die voorbijkwamen. Op weg naar het park was ik langs een stel mensen gekomen die de laatste dag van het studiejaar aan het vieren waren. Ik keek naar hem; hij hoorde hen niet. Dit was mijn kans. Ik gaf plotseling een schreeuw, en zodra ik dat deed stopte hij zijn hand in mijn mond. Tegelijkertijd hoorde ik het gelach weer opklinken. Ditmaal kwam het in de richting van de tunnel, in onze richting. Gejoel en geplaag. Pretgeluiden.

We bleven daar liggen, met zijn hand in mijn mond, in mijn keel gedrukt, tot het groepje feestvierders weg was. Verderging. Mijn tweede kans op ontsnapping was verkeken.

Het ging allemaal niet zoals hij had gepland. Het duurde te lang. Hij zei dat ik op moest staan. Zei dat ik mijn onderbroek kon aantrekken. Gebruikte dat woord. Ik haatte het.

Ik dacht dat het voorbij was. Ik trilde, maar ik dacht dat hij voldaan was. Overal was bloed en daarom dacht ik dat hij gedaan had waarvoor hij was gekomen.

'Pijp me,' zei hij. Hij stond nu. Ik zat nog op de grond en probeerde mijn kleren tussen het afval terug te vinden.

Hij gaf me een schop en ik rolde me op tot een bal.

'Ik wil dat je me pijpt.' Hij hield zijn pik in zijn hand.

'Ik weet niet hoe dat moet,' zei ik.

'Wat bedoel je, je weet niet hoe dat moet?'

'Ik heb het nog nooit gedaan,' zei ik. 'Ik ben maagd.'

'Stop hem in je mond.'

Ik knielde voor hem. 'Kan ik mijn beha aantrekken?' Ik wilde mijn kleren. Ik zag zijn dijen voor me, hoe ze boven de knie opbolden, de dikke spieren en de zwarte haartjes, en zijn slappe piemel.

Hij greep mijn hoofd vast. 'Stop hem in je mond en zuig erop,' zei hij.

'Als een rietje?' vroeg ik.

'Ja, als een rietje.'

Ik nam hem in mijn hand. Hij was klein. Warm, klef. Onwillekeurig bewoog hij zich bij mijn aanraking. Hij trok mijn hoofd naar zich toe en ik stopte hem in mijn mond. Hij kwam tegen mijn tong aan. De smaak van vies rubber of verbrand haar. Ik begon hard te zuigen.

'Niet zo,' zei hij, en hij duwde mijn hoofd weer weg. 'Weet je niet hoe je moet pijpen?'

'Nee, dat zei ik toch?' zei ik. 'Ik heb dit nog nooit gedaan.'

'Kutwijf,' zei hij. Zijn penis was nog steeds slap, hij hield hem tussen twee vingers en urineerde op me. Een heel klein beetje. Bitter, nat, op mijn neus en lippen. Zijn geur – een fruitige, penetrante, misselijkmakende geur – hechtte zich aan mijn huid.

'Ga weer op de grond liggen,' zei hij, 'en doe wat ik zeg.'

En dat deed ik. Toen hij zei dat ik mijn ogen dicht moest doen zei ik dat ik mijn bril kwijt was, dat ik hem toch niet kon zien. 'Praat tegen me,' zei hij. 'Ik geloof je, je bent een maagd. Ik ben je eerste.' Toen hij zich tegen me aan drukte, voor meer en meer wrijving probeerde te zorgen, zei ik tegen hem dat hij sterk was, dat hij krachtig was, dat hij een goed mens was. Hij werd stijf genoeg en stortte zich in me. Hij zei dat ik mijn benen om zijn rug moest slaan, wat ik deed, en hij duwde me zowat de grond in. Ik kon geen kant uit. Het enige wat hij zich niet had toegeëigend was mijn brein. Het keek toe en inventariseerde alles tot in de details. Zijn gezicht, zijn bedoelingen, hoe ik hem het best kon helpen.

Ik hoorde nog meer feestgangers op het pad, maar ik was inmiddels ver weg. Hij maakte geluiden en ramde hem naar binnen. Ramde en ramde, en de mensen op het pad, zo ver weg, levend in de wereld waarin ik had geleefd, waren buiten mijn bereik.

'Geef haar maar een goede beurt!' riep iemand in de richting van de tunnel. Het was het soort corpsballen-onderbroekenlol waardoor ik dacht dat ik me nooit helemaal thuis zou voelen aan de universiteit van Syracuse.

Ze kwamen voorbij. Ik keek hem recht in de ogen. Hij keek niet weg.

'Je bent heel sterk, een echte man, dankjewel, bedankt, dit is wat ik wilde.'

En toen was het voorbij. Hij kwam klaar en verslapte in me.

Ik lag onder hem. Met bonzend hart. Mijn hoofd bij Olga Cabral, bij poëzie, bij mijn moeder, bij wat dan ook. Toen hoorde ik zijn ademhaling. Oppervlakkig en regelmatig. Hij snurkte. Ik dacht: ontsnappen. Ik bewoog me onder hem en hij werd wakker.

Hij keek me aan, wist niet wie ik was. Toen begon zijn berouw.

'Het spijt me heel erg,' zei hij. 'Je bent een beste meid,' zei hij. 'Het spijt me heel erg.'

'Mag ik me aankleden?'

Hij schoof opzij en stond op, trok zijn broek omhoog, ritste hem dicht.

'Natuurlijk, natuurlijk,' zei hij. 'Ik help je.'

Ik mocht van mezelf weer bibberen.

'Je hebt het koud,' zei hij. 'Hier, trek aan.' Hij hield mijn slipje voor me op, zoals een moeder voor een kind zou doen, hij had het vast bij de zijkanten. Ik werd verondersteld op te staan en mijn voeten erin te steken.

Ik kroop naar mijn kleren toe. Deed mijn beha aan terwijl ik op de grond zat.

'Gaat het?' vroeg hij. De klank van zijn stem verbaasde me hogelijk. Bezorgd. Maar ik stond er op dat moment niet bij stil. Het enige wat ik wist was dat het beter was dan eerst.

Ik stond op en pakte mijn slipje van hem aan. Ik trok het aan en viel daarbij bijna om, omdat ik mijn evenwicht verloor. Ik maakte me zorgen om mijn benen. Het leek of ik ze niet in bedwang kon houden.

Hij keek naar me. Toen ik stukje bij beetje mijn broek aantrok, veranderde de klank van zijn stem.

'Nou krijg je een kind van me, kutwijf,' zei hij. 'Wat denk je daaraan te gaan doen?'

Ik besefte dat dit een reden kon zijn om me te vermoorden. Het was bewijs. Ik loog tegen hem.

'Vertel het alsjeblieft aan niemand,' zei ik. 'Ik zal het laten aborteren. Alsjeblieft, zeg het tegen niemand. Mijn moeder zou me vermoorden als ze dit te weten kwam. Mijn familie zou me haten. Zeg er alsjeblieft niets over.'

Hij lachte. 'Oké,' zei hij.

'Bedankt,' zei ik. Ik stond nu rechtop en trok mijn overhemd aan. Het zat binnenstebuiten.

'Kan ik nu gaan?' vroeg ik.

'Kom hier,' zei hij. 'Kus me gedag.' Voor hem was het een afspraakje. Voor mij begon het van voren af aan.

Ik kuste hem. Zei ik dat ik een vrije wil had? Geloof je daar nog in?

Hij verontschuldigde zich opnieuw. Ditmaal huilde hij. 'Het spijt me zo,' zei hij. 'Je bent een braaf meisje, een braaf meisje, precies zoals je zei.'

Zijn tranen choqueerden me, maar onderhand was het niet meer dan nog een gruwelijk detail waar ik niets van begreep. Opdat hij me niet nog meer pijn zou doen, moest ik de juiste woorden vinden.

'Het is oké,' zei ik. 'Heus.'

'Nee,' zei hij. 'Het is niet goed wat ik heb gedaan. Je bent een braaf meisje. Je hebt niet tegen me gelogen. Ik heb spijt van wat ik gedaan heb.'

Ik heb dat altijd verafschuwd in films en toneelstukken: de vrouw die gewelddadig wordt opengereten, en vervolgens gevraagd wordt de rest van haar leven vergiffenis te schenken.

'Ik vergeef je,' zei ik. Ik zei wat ik moest zeggen. Ik zou beetje bij beetje sterven om te voorkomen dat ik echt dood zou gaan.

Hij fleurde op. Keek me aan. 'Je bent een mooi meisje,' zei hij.

'Mag ik mijn tasje terug?' vroeg ik. Ik durfde me niet zonder zijn toestemming te verroeren. 'Mijn boeken?'

Hij kwam ter zake. 'Je zei dat je acht dollar had?' Hij pakte het geld uit mijn broekzak. Het zat om mijn pasje gewikkeld. Het was een identiteitsbewijs met een foto. De staat New York had dat soort pasjes nog niet, maar Pennsylvania wel.

'Wat is dit?' vroeg hij. 'Is het zo'n maaltijdenpasje dat ik bij McDonald's kan gebruiken?'

'Nee,' zei ik. Ik kreeg het doodsbenauwd bij de gedachte dat hij mijn identiteitsbewijs zou hebben. Dat hij weg zou gaan met iets anders dan wat hij al van me had: alles, behalve mijn brein en mijn bezittingen. Ik wilde de tunnel kunnen verlaten met beide.

Hij bleef er nog even naar kijken tot hij overtuigd was. Hij pakte niet mijn overgrootmoeders saffieren ring, die de hele tijd aan mijn vinger had gezeten. In dat soort dingen was hij niet geïnteresseerd.

Hij gaf me mijn tasje aan en de boeken die ik diezelfde middag met mijn moeder had gekocht.

'Welke kant ga je uit?' vroeg hij.

Ik wees. 'Oké,' zei hij, 'pas op jezelf.'

Dat beloofde ik. Ik begon te lopen. Terug over het grasveld, via de opening in het hek waaraan ik me iets meer dan een uur geleden had vastgeklampt, en het klinkerpad. Om thuis te komen moest ik wel verder het park in, het was de enige route.

Even later.

'Hé, meisje,' riep hij naar me.

Ik draaide me om. Ik was, net als op deze bladzijden, de zijne.

'Hoe heet je?'

Ik kon niet liegen. Ik wist geen andere naam dan de mijne te noemen. 'Alice,' zei ik.

'Prettig kennisgemaakt te hebben, Alice,' riep hij. 'Ik zie je nog wel eens.'

Hij liep snel de andere kant uit, langs het hek van harmonicagaas om het zwembadgebouw. Ik draaide me weer om. Mijn werk was gedaan. Ik had hem overtuigd. Nu liep ik.

Ik kwam geen kip tegen tot ik bij de drie stenen treetjes kwam die van het park naar het trottoir leidden. Aan de overkant van de straat was een studentensociëteit. Ik bleef lopen. Ik bleef op de stoep die vlak langs het park liep. Er waren mensen op het grasveld van de sociëteit. Een bierfuif die zo goed als afgelopen was. Op de plek waar de straat waarin de ik woonde doodliep bij het park, sloeg ik de hoek om. Heuvelafwaarts kwam ik eerst nog langs een andere, grotere studentenflat dan de onze.

Ik realiseerde me dat ik bekijks had. Feestgangers op weg naar huis en blokkers die het laatste beetje frisse lucht inademden voor de zomerse hitte zou toeslaan. Ze zeiden iets. Maar ik was er niet. Ik hoorde ze buiten me, maar net als iemand die een zware beroerte had gehad, zat ik in mijn lichaam opgesloten.

Ze kwamen naar me toe. Sommigen op een holletje, maar ze deden een stap terug toen ik niet reageerde.

'Hé, heb je haar gezien?' zeiden ze tegen elkaar.

'Ze hebben haar behoorlijk te grazen gehad.'

'Zie je al dat bloed?'

Ik slaagde erin langs al die mensen de voet van de heuvel te bereiken. Ik was bang voor iedereen. Buiten, op het bordes bij de voordeur van Marion Dorm, zoals onze studentenflat heette, bevonden zich mensen die mij kenden. Mijn gezicht kenden, niet mijn naam misschien. Marion Dorm telde drie verdiepingen, de middelste verdieping voor meisjes, de twee andere voor jongens. Buiten waren nu bijna alleen jongens. Een jongen deed de buitendeur voor me open om me binnen te laten. Een andere hield de tussendeur voor me open. Ze keken naar me; hoe kon het ook anders?

Aan een tafeltje bij de deur zat de nachtportier. Het was een ouderejaarsstudent. Een studieuze Arabier, klein van stuk. Na middernacht controleerde hij de identiteit van iedereen die binnen wilde komen. Hij keek naar me en kwam toen haastig overeind.

'Wat is er gebeurd?' vroeg hij.

'Ik ben mijn identiteitsbewijs kwijt,' zei ik.

Ik stond voor hem met een kapot, gekneusd gezicht, snijwonden over mijn neus en in mijn lip, een haal over mijn wang. Mijn haar zat vol bladeren. Mijn bebloede kleren zaten binnenstebuiten. Mijn ogen stonden glazig.

'Gaat het wel?'

'Ik wil naar mijn kamer,' zei ik. 'Ik ben mijn identiteitsbewijs kwijt,' herhaalde ik.

Hij gebaarde dat ik naar binnen mocht. 'Beloof me dat je voor jezelf zult zorgen,' zei hij.

In het trappenhuis waren jongens. En ook een paar meisjes. Bijna het hele huis was nog wakker. Ik liep langs hen heen. Stilte. Ogen.

Ik liep de gang door en klopte op de deur van mijn beste vriendin, Mary Alice. Niemand. Ik klopte op mijn eigen deur, hopend dat mijn kamergenote er zou zijn. Niemand. Ten slotte klopte ik op de deur van Linda en Diane, die hoorden bij het groepje van zes dat het afgelopen jaar met elkaar bevriend was geraakt. Eerst gebeurde er niets. Toen werd er aan de deurknop gedraaid.

In de kamer was het donker. Linda zat geknield op haar bed en hield de deur open. Ik had haar wakker gemaakt.

'Wat is er?' vroeg ze.

'Linda,' zei ik. 'Ik ben net in het park verkracht en mishandeld.'

Ze viel achterover, in het duister achter haar. Ze was flauwgevallen.

Aan de deur zat een dranger en dus viel hij weer in het slot.

De nachtportier had zich om me bekommerd. Ik draaide me om en liep weer naar beneden, naar zijn tafeltje. Hij kwam uit zijn stoel overeind.

'Ik ben in het park verkracht,' zei ik. 'Wil je de politie bellen?'

Zichzelf vergetend zei hij iets in het Arabisch, en toen: 'Ja, o, ja, loop maar met me mee.'

Achter hem bevond zich een vertrek met glazen wanden. Hoewel het bedoeld was geweest als een soort kantoortje, werd het nooit als zodanig gebruikt. Hij nam me mee naar binnen en zei dat ik moest gaan zitten. Omdat er geen stoel was, ging ik boven op het bureau zitten.

Buiten het vertrek hadden zich jongens verzameld en die gluurden nu naar binnen, hun gezicht bijna tegen het glas gedrukt.

Ik weet niet meer hoe lang het duurde; niet lang, want onze flat lag op het terrein van de universiteit en het ziekenhuis lag maar zes straten verder naar het zuiden. De politie arriveerde als eerste, maar ik herinner me niet wat ik op dat moment tegen hen gezegd heb.

Toen lag ik op een brancard, vastgebonden. Toen door de deur naar de gang. Daar had zich inmiddels een grote menigte verzameld die de voordeur blokkeerde. Ik zag dat de nachtportier een oogje op me hield terwijl hij ondervraagd werd.

Een politieagent nam het heft in handen.

'Opzij,' zei hij tegen mijn nieuwsgierige medestudenten. 'Dit meisje is net verkracht.'

Ik kwam lang genoeg bij mijn positieven om die woorden van zijn lippen te horen rollen. Dat meisje was ik. Ik zag dat het nieuws zich als een lopend vuurtje door de gangen verspreidde. Het ambulancepersoneel droeg me het bordes af. De deuren van de ziekenwagen stonden open. In de ambulance, terwijl we met loeiende sirenes naar het ziekenhuis raceten, stond ik mezelf toe weer weg te zakken. Ik trok me diep in mezelf terug, opgekruld en ver verwijderd van wat er gaande was.

Ze spoedden zich met mij door de deuren van de eerste hulp. Toen een onderzoekskamer in. Er kwam een politieagent binnen terwijl de verpleegster me hielp mijn kleren uit te trekken en een ziekenhuisnachthemd aan te doen. Ze vond het niet prettig dat hij er was, maar hij wendde zijn blik af en bladerde in zijn notitieboekje tot hij bij een lege bladzij kwam.

Het deed me denken aan politieseries op tv. De verpleegster en de agent begonnen over me te kibbelen toen hij vragen begon te stellen, mijn kleren pakte voor bewijsmateriaal en zij mijn gezicht en mijn rug met alcohol schoonmaakte en me beloofde dat er gauw een arts zou komen.

Ik herinner me de verpleegster beter dan de agent. Ze gebruikte haar lichaam als een schild tussen ons. Terwijl hij het eerste bewijsmateriaal verzamelde – mijn relaas in grote lijnen – sprak ze tegen me terwijl zij monsters nam voor de fysieke bewijslast.

'Je hebt het hem kennelijk niet gemakkelijk gemaakt,' zei ze. Toen ze een schraapsel vanonder mijn nagels verwijderde, zei ze: 'Prima, je hebt een stukje van hem te pakken gekregen.' De arts arriveerde. Een gynaecologe, dr. Husa.

Ze begon uit te leggen wat ze zou doen terwijl de verpleegster de agent naar buiten loodste. Ik lag op de onderzoekstafel. Ze zou me een pethidine-injectie geven zodat ik me voldoende zou kunnen ontspannen en zij bewijsmateriaal kon verzamelen. Ik zou misschien aandrang krijgen om te plassen. Daar moest ik mee wachten, zei ze, want het zou de gesteldheid van mijn vagina kunnen verstoren en het bewijs dat de politie nodig had tenietdoen.

De deur ging open.

'Er is hier iemand die je wil zien,' zei de verpleegster.

Om de een of andere reden dacht ik dat het mijn moeder was en ik raakte in paniek.

'Een zekere Mary Alice.'

'Alice?' Ik hoorde de stem van Mary Alice. Hij was zacht, angstig zelfs.

Ze pakte mijn hand en ik kneep hard in de hare.

Mary Alice was mooi – een blondine met prachtige groene ogen – en met name die dag deed ze me aan een engel denken.

Dr. Husa liet ons even praten terwijl zij de nodige voorbereidingen trof.

Mary Alice had, net als alle anderen, stevig gedronken op een eindejaarsfeest in een nabijgelegen studentensociëteit.

'Zeg niet dat ik je niet kan ontnuchteren,' zei ik tegen haar, en voor het eerst huilde ik nu ook, ik liet de tranen naar buiten lekken toen ze me gaf wat ik het hardste nodig had, een glimlachje waarmee ze mijn grapje beantwoordde. Het was het allereerste uit mijn oude leven dat ik vanaf de andere kant herkende. Het was op een gruwelijke manier anders, getekend, dat glimlachje van mijn vriendin. Het was niet spontaan en open, kwam niet voort uit mallotigheid, zoals onze glimlachjes het hele voorgaande jaar, maar het gaf me troost. Ze huilde meer dan ik en haar gezicht werd vlekkerig en gezwollen. Ze vertelde me hoe Diane, die net als Mary Alice ongeveer een meter vijfenzeventig lang was, de kleingebouwde nachtportier praktisch van de grond had getild om hem informatie te ontfutselen over mijn verblijfplaats.

'Hij wilde het alleen tegen je kamergenote zeggen, maar Nancy was in jullie kamer flauwgevallen.'

Ik moest lachen bij het idee dat Diane en Mary Alice de nachtportier opgetild hadden en dat hij met zijn voeten wild door de lucht geschopt had, als een Keystone Kop.

'We zijn zover,' zei dr. Husa.

'Blijf je bij me?' vroeg ik Mary Alice.

Ze bleef.

Dr. Husa en de verpleegster werkten samen. Om de zoveel tijd moesten ze mijn dijen masseren. Ik vroeg of ze alles wilden uitleggen wat ze deden. Ik wilde alles weten.

'Dit wijkt af van een gewoon onderzoek,' legde dr. Husa uit. 'Ik moet monsters nemen om een zogeheten onderzoeksset zedendelicten samen te stellen.'

'Dat is bewijs, zodat je die engerd kan laten oppakken,' zei de verpleegster.

Ze haalden een kam door mijn schaamhaar en knipten er wat vanaf, en ze namen bloed- en spermamonsters en wat vaginale afscheiding. Als ik van pijn vertrok, gaf Mary Alice een kneepje in mijn hand. De verpleegster probeerde het gesprek gaande te houden, vroeg Mary Alice wat zij studeerde, vertelde dat ik bofte met zo'n goede vriendin, zei dat de politie, omdat ik zo mishandeld was, beter naar me zou luisteren.

'Er is zoveel bloed,' hoorde ik dr. Husa bezorgd tegen de verpleegster zeggen.

Toen ze de kamsels bestudeerden, zei dr. Husa: 'Ah, kijk, een haar van hem!' De verpleegster hield een bewijszakje open en dr. Husa schudde de kamsels erin.

'Mooi,' zei de verpleegster.

'Alice,' zei dr. Husa, 'je mag nu gaan plassen, maar daarna moet ik je vanbinnen hechten.'

De verpleegster hielp me rechtop te gaan zitten en schoof toen een ondersteek onder me. Ik moest zo lang plassen dat het de aandacht trok van de zuster en Mary Alice, en ze elke keer dat ze meenden dat ik gestopt was in de lach schoten. Toen ik klaar was, zag ik dat de ondersteek gevuld was met bloed, niet met urine. De verpleegster dekte hem snel af met een stuk papier van de onderzoekstafel.

'Het is nergens voor nodig dat je dat ziet.'

Mary Alice hielp me weer te gaan liggen.

Dr. Husa liet me een stukje naar het voeteneind schuiven zodat ze de hechtingen kon aanbrengen.

'Het zal hier wel een paar dagen pijn blijven doen, een week misschien,' zei dr. Husa. 'Als ik jou was, zou ik me zo rustig mogelijk houden.'

Maar ik kon niet denken in termen van dagen of weken. Ik kon me alleen richten op de komende minuut en geloven dat het met de minuut beter zou gaan, dat ik dit alles langzaam maar zeker achter me kon laten.

Ik zei tegen de politie dat ze niet mijn moeder moesten bellen. Ik besefte totaal niet hoe ik eruitzag en ik dacht dat ik de verkrachting voor haar en ons gezin kon verbergen. Bij grote verkeersdrukte kreeg mijn moeder paniekaanvallen; ik wist zeker dat ze kapot zou zijn van de verkrachting.

Nadat het vaginaal onderzoek was afgerond, werd ik een lichte, witte kamer binnengereden. Deze ruimte werd gebruikt om grote, verbazingwekkende apparaten met levensreddende eigenschappen in op te slaan, allemaal glanzend roestvrij staal en smetteloos glasfiber. Mary Alice was teruggegaan naar de wachtkamer. Ik zag de apparaten tot in de details, hoe schoon en nieuw ze leken, want het was de eerste keer dat ik alleen was sinds de raderen van mijn redding in beweging waren gezet. Ik lag op de brancard, naakt onder het ziekenhuisnachthemd, en ik had het koud. Ik wist niet goed waarom ik daar was, opgeborgen bij deze apparaten. Het duurde lang voor er iemand kwam.

Het was een verpleegster. Ik vroeg of ik een douche mocht nemen in de douchecabine in de hoek. Ze keek op een kaart die, zo bleek, aan het voeteneind van de brancard hing. Ik vroeg me af wat er over mij genoteerd was en zag het woord VERKRACHTING in dikke rode letters voor me, diagonaal over het papier.

Ik lag stil en ademde oppervlakkig. De pethidine deed zijn best om me te laten ontspannen, maar vuil als ik nog was vocht ik terug. Elke centimeter van mijn huid prikte en brandde. Ik wilde hem van me af hebben. Ik wilde douchen en mijn vel rauw schrobben.

De verpleegster zei dat ik hier moest wachten op de dienstdoende psychiater. Toen ging ze de kamer uit. Het duurde niet langer dan een kwartiertje – maar met dat akelige, kriebelende gevoel van besmetting dat zich van me meester maakte, leek het heel lang te duren – voor een getergde, afgepeigerde psychiater de kamer betrad.

Zelfs in de situatie waarin ik me bevond had ik de indruk dat deze arts de valium die hij me voorschreef harder nodig had dan ik. Hij was uitgeput. Ik weet nog dat ik tegen hem zei dat ik bekend was met valium en dat hij dus geen uitleg hoefde te geven.

'Je zult erdoor kalmeren,' zei hij.

Mijn moeder was eraan verslaafd geweest toen ik klein was. Ze had mij en mijn zus de les gelezen over geneesmiddelen en drugs, en toen ik ouder werd begreep ik haar angst: dat ik dronken zou worden of high zou raken en mijn maagdelijkheid zou verliezen aan een of andere onhandige knul. Maar wat ik bij die preken altijd voor me zag, was mijn levenslustige moeder die op de een of andere manier aangetast was, verflauwd, alsof er een sluier over haar scherpe trekken was geworpen.

Ik kon valium niet zien als het heilzame medicijn zoals de arts het deed voorkomen. Ik zei dit tegen hem, maar hij wuifde het weg. Toen hij de kamer verliet, deed ik wat ik vrijwel meteen had geweten dat ik zou doen: ik verfrommelde het recept en gooide het in de prullenbak. Het gaf me een goed gevoel. Een soort 'je kan m'n rug op' tegenover het idee dat de ellende die ik had meegemaakt onder het tapijt te vegen zou kunnen zijn. Zelfs toen dacht ik te weten wat er kon gebeuren als ik anderen voor me liet zorgen. Ik zou uit het zicht verdwijnen. Ik zou Alice niet meer zijn, wat dat dan ook was.

Er kwam een verpleegster binnen, die tegen me zei dat ze een van mijn vriendinnen naar me toe zou sturen om me te helpen. Vanwege de pijnstillers zou ik een verpleegster of iemand anders nodig hebben om me te helpen mijn evenwicht te bewaren bij het douchen. Eigenlijk wilde ik Mary Alice, maar ik wilde ook niet onaardig zijn, dus vroeg ik naar Tree, de kamergenote van Mary Alice, die ook bij ons clubje van zes hoorde.

Ik wachtte en intussen probeerde ik te bedenken wat ik tegen mijn moeder zou zeggen – een of ander verhaal dat zou verklaren waarom ik zo slaperig was. Ondanks de waarschuwingen van de arts had ik geen idee hoeveel pijn ik de volgende ochtend zou hebben, noch dat er een elegant rasterwerk van blauwe plekken zou verschijnen op mijn dijen en mijn borst, aan de onderkant van mijn bovenarmen en rondom mijn nek, waar ik dagen later, thuis op mijn slaapkamer, de afzonderlijke punten waar zijn vingertoppen tegen mijn keel hadden gedrukt begon te onderscheiden: een vlinder van de beide duimen van de verkrachter die in het midden in elkaar grepen, en zijn vingers die zich om mijn hals spreidden. 'Ik vermoord je, kutwijf. Kop dicht. Kop dicht. Kop dicht.' Elke keer dat hij dat zei, zette hij zijn woorden kracht bij door met mijn hoofd tegen de klinkers te slaan, waardoor de luchttoevoer naar mijn hersenen beetje bij beetje werd afgesneden.

Door het gezicht van Tree, en het stokken van haar adem, had ik moeten weten dat ik de waarheid niet kon verbloemen. Maar ze herstelde zich snel en hielp me naar de douchecabine. Ze voelde zich ongemakkelijk in mijn bijzijn; ik was niet langer zoals zij, ik was anders.

Ik vermoed dat ik de eerste uren na de verkrachting heb overleefd door de obsessieve gedachte dat ik moest voorkomen dat mijn moeder er iets van te weten kwam, almaar opnieuw door mijn hoofd te laten malen. Ik wist zeker dat ze er kapot van zou zijn en ik dacht niet meer aan wat mij was overkomen; in plaats daarvan maakte ik me zorgen om haar. Mijn bezorgdheid om haar werd mijn reddingsvlot. Ik klampte me eraan vast, zwevend op de rand van bewustzijn, onderweg naar het ziekenhuis, bij het aanbrengen van de hechtingen gedurende het bekkenonderzoek, en ook toen de psychiater me het recept gaf voor precies hetzelfde soort pillen die mijn moeder ooit verdoofd hadden.

De douche bevond zich in de hoek van het vertrek. Ik liep er als een beverig oud vrouwtje naartoe en werd door Tree ondersteund. Ik concentreerde me op mijn evenwicht en daardoor zag ik de spiegel niet die rechts van me hing, tot ik opkeek en er bijna vlak voor stond.

'Alice, niet doen,' zei Tree.

Maar ik was gefascineerd, net als die keer dat ik als kind in het archeologisch museum van de universiteit van Pennsylvania, in een speciale ruimte met gedempte verlichting, een bepaald museumstuk had gezien. Het had de naam Blauwe Baby gekregen en het was een mummie, met het vergane gezicht en lichaam van een kind dat eeuwen geleden was gestorven. Ik herkende er iets gemeenschappelijks in: ik was een kind, zoals ook Blauwe Baby een kind was geweest.

Ik zag mijn gezicht in de spiegel. Ik bracht mijn hand omhoog om de verwondingen en kneuzingen aan te raken. Dit was ik. Het was ook een onomstotelijk feit: een douche zou de sporen van de verkrachting niet uitwissen. Ik had geen keus, ik móést het mijn moeder wel vertellen. Ze was veel te kien om een verhaal dat ik nu nog kon verzinnen te geloven. Ze werkte voor een dagblad en ging er prat op dat het onmogelijk was om haar zand in de ogen te strooien.

De douchecel was klein en wit betegeld. Ik vroeg Tree de kraan open te draaien. 'Zo warm als je kunt,' zei ik.

Ik trok het nachthemd uit en gaf het aan haar.

Ik moest me vasthouden aan de kraan en aan een handgreep tegen de wand van de douchecel om rechtop te kunnen blijven staan. Daardoor kon ik mezelf niet schoonboenen. Ik weet nog dat ik tegen Tree zei dat ik wou dat ik een staalborstel had, maar dat zelfs dat niet genoeg zou zijn.

Ze trok het gordijn dicht en daar stond ik, terwijl het water op me neerkletterde.

'Kun je me helpen?' vroeg ik.

Tree trok het gordijn een paar centimeter open.

'Wat wil je dat ik doe?'

'Ik ben bang dat ik val. Wil je de zeep pakken en me helpen me te wassen?'

Ze stak haar hand door het water en pakte het grote, vierkante stuk zeep. Ze liet het over mijn rug glijden, alleen de zeep raakte me aan. Ik voelde de woorden van de verkrachter: 'het ergste kutwijf', zoals ik ze nog jarenlang vrijwel constant zou voelen wanneer ik me voor de ogen van andere mensen uitkleedde.

'Laat maar,' zei ik, niet in staat haar aan te kijken. 'Ik doe het zelf wel. Leg de zeep maar terug.'

Dat deed ze, en voor ze wegging trok ze het gordijn weer dicht.

Ik ging in de douchecel zitten. Ik pakte een washandje en

ging ermee over de zeep. Met het ruwe washandje schrobde ik me schoon, onder een waterstraal die zo heet was dat mijn huid inmiddels al vuurrood was geworden. Tot slot legde ik het waslapje over mijn gezicht en wreef er met beide handen mee op en neer, keer op keer, tot het witte lapje roze was gekleurd door het bloed van mijn verwondingen.

Na de hete douche trok ik de kleren aan die Tree en Diane haastig hadden uitgezocht tussen de weinige schone kleren die ik had. Aan ondergoed hadden ze niet gedacht, dus ik had geen beha of slipje. Wat ik wel had was een oude spijkerbroek, waar ik toen ik nog op de middelbare school zat bloemen op geborduurd had, en daarna, toen hij bij de knieën helemaal doorgesleten was, met de hand gemaakte patchworklapjes op had genaaid – lange stroken van geplisseerde paisley en donkergroen fluweel. Mijn grootmoeder noemde hem mijn 'rebellenbroek'. Daarop droeg ik een dunne roodwit gestreepte blouse. Ik liet de slippen van de blouse loshangen in een poging mijn broek zoveel mogelijk aan het oog te onttrekken.

De combinatie van de warme douche en de pethidine maakte dat ik me tijdens de rit naar het politiebureau nogal groggy voelde. Ik herinner me dat ik de studentenmentor van onze verdieping, een tweedejaars genaamd Cindy, zag staan wachten bij de beveiligde deur op de tweede verdieping van het politiebureau, dat het Public Safety Building, het gebouw van de openbare veiligheid, werd genoemd. Ik was niet voorbereid op de aanblik van iemand met zo'n fris, opgewekt gezicht, op de aanwezigheid van zo'n op en top Amerikaanse studente.

Mary Alice bleef buiten, met Cindy, toen politieagenten me door een beveiligde deur naar binnen brachten. Binnen ontmoette ik een rechercheur in burger. Hij was klein van stuk en had halflang zwart haar. Hij deed me denken aan Starsky van *Starsky & Hutch* en hij leek anders te zijn dan de andere politiemannen. Hij was aardig tegen me, maar zijn dienst zat er bijna op. Hij droeg me over aan brigadier Lorenz, die nog niet op het bureau aanwezig was.

Achteraf kan ik hoogstens proberen me in te denken hoe ik op ze overkwam. Mijn gezwollen gezicht, mijn natte haar, mijn kleding – vooral de 'rebellenbroek' en het feit dat ik geen beha aanhad – en dan nog de pethidine.

Aan de hand van gezichtsfragmenten op microfilm maakte ik samen met een agent een gezichtscompositie. Het was frustrerend omdat geen van de ongeveer vijftig neuzen, ogen en lippen op die van mijn verkrachter leken. Ik beschreef ze nauwkeurig, maar toen ik geen van de minuscule zwartwitfragmentjes waaruit ik kon kiezen acceptabel vond, bepaalde de agent welke het meest in aanmerking kwamen. De compositiefoto die die nacht verspreid werd vertoonde weinig gelijkenis met de dader.

Daarna nam de politie een serie foto's van mij, niet wetend dat ik eerder die avond ook al uitgebreid gefotografeerd was. Ken Childs, een jongen die ik graag mocht, had bijna een heel rolletje volgeschoten met kiekjes van mij in verschillende poses in zijn flatje.

Ken was verkikkerd op mij, en ik wist dat hij de foto's nam om ze die zomer thuis te kunnen laten zien aan anderen. Ik wist ook dat de foto's beoordeeld zouden worden. Was ik aantrekkelijk? Zag ik er intelligent uit? Zouden zijn vrienden niet verder komen dan: 'Het lijkt me een leuk meisje' of, nog erger: 'Wat een mooi vest heeft ze aan'?

Ik was dikker geworden, maar de broek die ik droeg was nog steeds te groot voor me, en ik had mijn moeders witte oxford-overhemd en een beige vest met kabels geleend. 'Truttig' is het woord dat bij me opkomt.

Op de foto's van 'ervoor', die Ken Childs heeft genomen, sta ik eerst nog te poseren, dan te giechelen en ten slotte vrijuit te lachen. Al voel ik me wat opgelaten, ik laat me ook meeslepen door de giecheligheid die onze verliefdheid met zich meebrengt. Ik houd een doos rozijnen op mijn hoofd in evenwicht, ik kijk aandachtig naar de tekst op de achterkant alsof die uitermate boeiend is, ik zet mijn voeten op de rand van zijn eettafel. Ik glimlach, glimlach, glimlach. Op de foto's van 'erna', die de politie heeft genomen, zie ik er geschokt uit. Ik gebruik het woord 'schok' in deze context om aan te geven dat ik er niet langer was. Wie ooit politie-foto's heeft gezien van slachtoffers van een misdrijf weet dat ze er of verbleekt of juist heel donker uitzien. Die van mij behoorden tot de categorie overbelichte foto's. Er waren vier standaardposes. Gezicht. Gezicht en hals. Hals. Staand met een identificatienummer. Op het moment zelf is er niemand die tegen je zegt hoe belangrijk die foto's zullen zijn. De zichtbare sporen van een verkrachting zijn altijd cruciaal in de bewijsvoering. Tot zover stond ik er al met al niet slecht voor: ik had ruimvallende, niet-uitdagende kleding gedragen; het was zonneklaar dat ik mishandeld was. Voeg daarbij mijn maagdelijkheid, en je krijgt een idee van wat er in de rechtszaal van belang is.

Uiteindelijk mocht ik met Cindy, Mary Alice en Tree weg uit het Public Safety Building. Ik zei tegen de agenten op het bureau dat ik binnen een paar uur terug zou zijn en dat ze erop konden rekenen dat ik officieel aangifte zou komen doen en fotoboeken zou doorkijken. Ik wilde dat ze inzagen dat ik het meende, dat ik hen niet zou laten vallen. Maar zij zaten in de nachtdienst. Zelfs al kwam ik terug – en wat hen betreft stond dat lang niet vast – zij zouden er niet zijn en niet weten of ik me aan mijn woord hield.

De politie bracht ons terug naar Marion Dorm. Het was vroeg in de ochtend. Het eerste ochtendlicht kwam over de top van de heuvel in Thorden Park gekropen. Ik moest het mijn moeder nog vertellen.

In de studentenflat was het doodstil. Cindy ging naar haar kamer, aan het eind van de gang, en Mary Alice en ik hadden met haar afgesproken dat we dadelijk naar haar toe zouden komen. Wij hadden geen van beiden een eigen telefoon.

We gingen naar mijn kamer, waar ik een beha en een slipje pakte en onder mijn andere kleren aantrok.

Terug in de gang liepen we Diane en haar vriend Victor tegen het lijf. Ze waren de hele nacht opgebleven om te wachten tot ik thuiskwam.

Voor die ochtend had mijn relatie tot Victor er hoofdzakelijk uit bestaan dat ik niet begreep wat hij gemeen had met Diane, die ik luidruchtig vond. Hij was knap en atletisch en heel, heel stil wanneer hij zich in ons gezelschap bevond. Toen hij naar de universiteit ging wist hij al precies waarin hij zou afstuderen. Elektrotechniek of zoiets. Iets heel anders dan poëzie. Victor was zwart.

'Alice,' zei Diane.

Door Cindy's openstaande deur kwamen andere mensen naar buiten. Meisjes die ik vaag kende, of zelfs helemaal niet.

'Victor wil je graag een knuffel geven,' zei Diane.

Ik keek naar Victor. Dit was te erg. Hij was niet degene die me verkracht had, dat wist ik. Daar ging het niet om. Maar hij vormde een sta-in-de-weg voor me om datgene te doen waar ik als een berg tegen opzag, maar waarvan ik wist dat er geen ontkomen aan was: mijn moeder opbellen.

'Ik geloof niet dat ik dat aankan,' zei ik tegen Victor.

'Hij was zwart, hè?' vroeg Victor. Hij probeerde me zover te krijgen dat ik naar hem keek, dat ik hem recht aankeek.

'Ja.'

'Het spijt me,' zei hij. Hij huilde. De tranen rolden langzaam over zijn wangen naar beneden. 'Ik vind het heel erg.'

Ik weet niet of ik hem omhelsde omdat ik het niet kon verdragen hem te zien huilen (zo vreemd voor de Victor die ik kende, de rustige Victor die zo ijverig studeerde en verlegen naar Diana lachte), of omdat ik ertoe werd aangezet door de mensen die om ons heen stonden. Hij omarmde me tot ik me van hem losmaakte en toen liet hij me gaan. Hij was er ellendig aan toe en zelfs nu kan ik me nauwelijks indenken wat er in zijn hoofd omging. Misschien wist hij al dat zowel familieleden als vreemdelingen tegen me zouden zeggen: 'Ik wed dat het een zwarte was', en dat hij me daarom iets wilde geven als tegenwicht, een ervaring in hetzelfde etmaal die me zou helpen de verleiding te weerstaan om mensen in hokjes te stoppen en mijn ongebreidelde haat op hen te richten. Sinds mijn verkrachting was het de eerste omhelzing van een man – zwart of blank – en het enige wat ik wist was dat ik niets kon teruggeven. De armen om me heen, de vage dreiging van fysieke kracht; het was me te veel.

Inmiddels hadden Victor en ik publiek. Het was iets waaraan ik zou moeten wennen. Terwijl ik vlak bij hem stond, zonder me over te geven aan de omhelzing, was ik me bewust van Mary Alice en Diane. Zij hoorden daar. De anderen waren wazig en hielden zich wat afzijdig. Ze keken naar mijn leven alsof het een film was. Hoe pasten zij erin, in hun versie van het verhaal? In de loop der tijd zou ik erachter komen dat ik in verscheidene versies hun beste vriendin was. Een slachtoffer kennen is net zoiets als een beroemdheid kennen. Met name wanneer de misdaad in de taboesfeer ligt. Toen ik onderzoek deed voor dit boek, in Syracuse, had ik een ontmoeting met zo'n vrouw. Aanvankelijk zonder me te herkennen, en terwijl ze alleen op de hoogte was van het feit dat ik een boek schreef over de zaak-Alice Sebold, kwam ze vanuit een andere ruimte naar me toe gesneld en vertelde mij en degenen die me hielpen dat 'het slachtoffer in die zaak mijn beste vriendin' was. Ik had geen idee wie ze was. Toen iemand me bij mijn naam noemde, knipperde ze met haar ogen en kwam naar me toe en omhelsde me, om haar gezicht te redden.

Op Cindy's kamer ging ik zitten op het bed dat het dichtst bij de deur stond. Cindy, Mary Alice en Tree waren er, Diane misschien ook. Cindy had de anderen haar kamer uit gewerkt en de deur dichtgedaan.

Het moment was daar. Ik zat met de telefoon op mijn

schoot. Mijn moeder was slechts een paar kilometer bij me vandaan, want de dag tevoren was ze met de auto naar Syracuse gekomen om me op te halen. Ze zou op zijn en wat rondscharrelen in haar hotelkamer in de Holiday Inn. In die tijd reisde ze met haar eigen koffiezetapparaat omdat ze cafeïnevrije koffie op haar kamer wilde zetten. Ze deed haar best om minder cafeïne te gebruiken – voorheen dronk ze tien koppen koffie per dag – maar in restaurants was cafeïnevrije koffie vaak nog niet verkrijgbaar.

Voor ze me de avond tevoren bij Ken Childs had afgezet, hadden we afgesproken dat ze rond halfnegen naar Marion Dorm zou komen – een late start voor haar, maar daarmee kwam ze tegemoet aan het feit dat ik pas laat zou gaan slapen vanwege het afscheid van mijn vrienden. Ik keek het kringetje van mijn vriendinnen rond in de hoop dat ze zouden zeggen: 'Je ziet er helemaal niet zo slecht uit', of dat ze me een sluitend verhaal aan de hand zouden doen dat de kneuzingen en verwondingen op mijn gezicht zou kunnen verklaren – het verhaal dat ik 's nachts tevergeefs had proberen te verzinnen.

Tree draaide het nummer.

Toen mijn moeder opnam zei Tree: 'Mevrouw Sebold? U spreekt met een vriendin van Alice, Tree Roebeck.'

Misschien zei mijn moeder hallo.

'U krijgt nu Alice aan de lijn. Ze moet u iets vertellen.'

Tree gaf me de telefoon aan.

'Mam,' begon ik.

Ze hoorde kennelijk niet de volgens mij duidelijke trilling in mijn stem. Ze klonk geïrriteerd.

'Wat is er, Alice? Je weet toch dat ik er zo aankom? Kan het niet wachten?'

'Mam, ik moet je iets vertellen.'

Nu hoorde ze het. 'Wat... Wat is er?'

Ik zei het alsof ik een regel uit een script voorlas.

'Gisteravond ben ik in het park mishandeld en verkracht.'

Mijn moeder zei: 'O mijn god', en toen, nadat ze van schrik

haar adem even had ingehouden, kreeg ze zichzelf weer onder controle. 'Hoe is het met je? Gaat het?'

'Kun je me komen halen, mammie?' vroeg ik.

Ze zei dat het een minuut of twintig zou duren, ze moest nog pakken en uitchecken, maar dan zou ze er zijn.

Ik hing op.

Mary Alice stelde voor dat we op haar kamer zouden wachten tot mijn moeder arriveerde. Iemand had bagels of donuts gehaald.

Sinds onze thuiskomst waren de meeste bewoners inmiddels wakker geworden. Overal om me heen werd haast gemaakt. De meesten van hen, ook mijn vriendinnen, zouden hun ouders bij het ontbijt treffen of zich naar busstations en vliegvelden haasten. Mensen zouden aandacht aan me schenken en vervolgens de knop omdraaien en hun laatste spullen inpakken. Ik zat met mijn rug tegen de muur van B-2-blokken. Terwijl er mensen in en uit liepen en de deur openging, ving ik flarden van gesprekken op.

'Waar is ze?' 'Verkracht...' '...haar gezicht gezien?' 'Kende ze hem?' '...altijd al een beetje vreemd...'

Sinds de vorige avond had ik niets gegeten – niet sinds de rozijnen bij Ken Childs thuis – en ik kon niet naar de bagels of donuts kijken zonder te voelen wat ik het laatst in mijn mond had gehad: de penis van mijn verkrachter. Ik probeerde wakker te blijven. Ik was langer dan vierentwintig uur op geweest – veel langer eigenlijk, als je denkt aan al de nachten die ik in de examenweek had doorgewerkt – maar ik was bang om in slaap te vallen voor mijn moeder er was. Mijn vriendinnen en onze mentrix, die tenslotte ook nog maar negentien was, probeerden voor me te zorgen, maar ik begon in te zien dat ik me nu aan de andere kant bevond van iets wat ze niet konden begrijpen. Ik begreep het zelf niet.

Twee

Terwijl ik op mijn moeder wachtte, maakten de eerste studenten aanstalten om te vertrekken. Ik at een pannenkoekje dat Tree of Mary Alice voor me had meegenomen. Vrienden en vriendinnen zeiden gedag. Mary Alice zou pas later op de dag vertrekken. Instinctief had ze gedaan wat erg weinig mensen bij een crisis zouden doen: ze had beloofd me zolang ze kon terzijde te staan.

Ik vond het nodig me te verkleden voor mijn moeder en voor de rit naar huis. Ik had Mary Alice al gechoqueerd door er bij het begin van de kerst- en de voorjaarsvakantie op te staan een mantelpakje aan te trekken voor mijn busreis naar huis, naar Pennsylvania. Beide keren had Alice buiten op de stoep voor de studentenflat in een joggingbroek en een bultig donsjack staan wachten, met naast haar een stel vuilniszakken vol vuile was, klaar om in de auto van haar ouders te laden. Maar mijn ouders zagen graag dat ik verzorgd voor den dag kwam en toen ik nog op de middelbare school zat, leverden ze 's ochtends vaak commentaar op mijn kledingkeuze. Op mijn elfde begon ik diëten te volgen en mijn gewicht, en hoe dat afbreuk deed aan mijn schoonheid, was regelmatig onderwerp van gesprek. Mijn vader was een meester in het uitdelen van dubieuze complimenten. 'Je ziet er precies uit als een Russische ballerina,' zei hij een keer, 'alleen te dik.' Mijn moeder zei herhaaldelijk: 'Als je niet zo mooi was geweest, zou het niet uitmaken.' De impliciete boodschap was, zo neem ik tenminste aan, dat ik verondersteld werd te weten dat ze me mooi vonden. Het resultaat was natuurlijk dat ik dacht dat ik lelijk was.

Er was waarschijnlijk geen betere manier om dat bevestigd te zien dan verkracht te worden. In het laatste jaar van de middelbare school hadden twee jongens me in het 'klassen-testament' tandenstokers en pigment nagelaten. De tanden-stokers waren voor mijn Aziatisch aandoende ogen, het pigment voor mijn witte huid. Ik was bleek, altijd bleek, en niet gespierd. Mijn lippen waren dik en mijn ogen klein. De ochtend na de verkrachting waren mijn lippen kapot, mijn ogen gezwollen.

Ik trok een rood-groene Schotse rok aan en gebruikte met opzet de speciale kiltspeld waarvoor mijn moeder stad en land af had gelopen nadat we de rok hadden gekocht. De onfatsoenlijkheid van wikkelrokken was een thema dat ze regelmatig onder mijn aandacht bracht, met name wanneer we iemand zagen, een vrouw of meisje, die zich er niet van bewust was dat de flap was opengewaaid en wij, haar publiek op de parkeerplaats of in het winkelcentrum, meer been konden zien dan, zoals mijn moeder zei, 'wie dan ook zou wensen'.

Mijn moeder geloofde heilig in het aanschaffen van te grote kleren, dus toen ik opgroeide hoorde ik mijn oudere zus Mary klagen dat alle kleren die mam voor ons kocht kolossaal waren. In de pashokjes in warenhuizen keurde mijn moeder de maat van alle broeken en rokken door haar hand achter de broeks- of rokband te steken. Als ze die niet met gemak tussen ons ondergoed en wat we op dat moment pasten kon krijgen, dan zat het te strak. Wanneer mijn zus zich beklaagde, zei mijn moeder: 'Mary, ik begrijp niet waarom je per se een broek wilt die niets, maar dan ook niets aan de verbeelding overlaat.'

We zaten met onze benen over elkaar geslagen. Ons haar zat netjes en was boven onze oren naar achteren getrokken. Voor we naar de middelbare school gingen, mochten we niet vaker dan eens per week een spijkerbroek aan. Minstens eenmaal per week moesten we een jurk aan naar school. Geen hoge hakken, behalve pumps van Pappagallo, die eigenlijk voor naar de kerk waren, en dan nog: de hakjes waren nog geen vier centimeter hoog. Mij werd te verstaan gegeven dat hoeren en serveersters kauwgom kauwden en dat alleen kleine, tengere vrouwen coltruien en schoenen met enkelbandjes konden dragen.

Ik wist dat ik, nu ik verkracht was, extra goed voor de dag moest proberen te komen voor mijn ouders. Aangezien ik in mijn eerste jaar flink was aangekomen, zoals gebruikelijk voor eerstejaars, zou mijn rok die dag passen. Ik zou proberen hun en mezelf te bewijzen dat ik dezelfde was gebleven als altijd. Ik was mooi, zij het dik. Ik was intelligent, zij het luidruchtig. Ik was braaf, zij het onteerd, beschadigd.

Terwijl ik me verkleedde kwam Tricia langs, een medewerkster van het Opvangcentrum voor Slachtoffers van Seksueel Geweld. Ze deelde brochures uit aan mijn vriendinnen en liet er stapels van achter in de hal bij de voordeur van de flat. Mocht er nog iemand zijn geweest die zich afvroeg waar al die commotie de afgelopen nacht om te doen was geweest, dan zou die nu beslist uit zijn onwetendheid verlost zijn. Tricia was lang en dun, en ze had lichtbruin haar dat in dunne, piekerige slierten om haar hoofd viel. Haar benadering, een troostende houding van 'ik ben hier voor jou', boezemde mij geen vertrouwen in. Ik had Mary Alice. Mijn moeder was onderweg. Ik kon weinig waardering opbrengen voor de softe benadering van deze vreemde en ik wilde niet bij haar club horen.

Ik werd gewaarschuwd dat mijn moeder de buitentrap op kwam. Ik wou dat Tricia haar mond hield – ik zag niet in hoe wat zij zei me zou kunnen helpen met deze ontmoeting – en ik liep door de kamer te ijsberen, me afvragend of ik niet beter de kamer uit kon gaan om mijn moeder in de hal te begroeten.

'Doe de deur open,' zei ik tegen Mary Alice. Ik haalde diep adem en ging midden in de kamer staan. Ik wilde dat mijn moeder zag dat alles met me in orde was. Dat niets mij eronder kreeg. Ik was verkracht, maar met mij was niets aan de hand.

Binnen een paar tellen zag ik dat mijn moeder, van wie ik had verwacht dat ze het vreselijk te kwaad zou krijgen, over het soort voortvarende energie beschikte dat ik nodig zou hebben om deze dag door te komen.

'Ik ben hier nu,' zei ze. Onze kinnen beefden, onze ogen schoten vol tranen, een trekje dat we deelden en verfoeiden. Ik vertelde haar over de politie, dat we nog terug moesten. Er moest nog een proces-verbaal worden opgemaakt en ik moest een stel fotoboeken doorkijken. Mijn moeder sprak met Tricia en Cindy, bedankte Tree en Diane, en vooral Mary Alice, die ze al eens eerder had ontmoet. Ik keek toe toen ze het heft in handen nam. Ik liet haar graag haar gang gaan, zonder me af te vragen wat voor tol dit van haar zou eisen.

De meisjes hielpen mijn moeder bij het inpakken en het inladen van mijn spullen. Victor hielp ook. Ik bleef op mijn kamer. De gang was een moeilijke plek voor me geworden. Deuren daar leidden naar kamers waar mensen van mij af wisten.

Voor mijn moeder en ik vertrokken, ontwarde Mary Alice bij wijze van laatste liefdesbetuiging de klitten in mijn haar en maakte een boerenvlecht. Het was iets wat zij kon en ik niet. Iets waar ze ruime ervaring mee had opgedaan in de tijd dat ze paarden verzorgde en hun manen vlocht voor wedstrijden. Het deed zeer terwijl ze bezig was; mijn hoofdhuid was nog pijnlijk doordat de verkrachter aan mijn haar had getrokken, maar met elke haarstreng die ze invlocht, probeerde ik het beetje energie dat mij nog restte bij elkaar te rapen. Al voor Mary Alice en mijn moeder met me mee naar beneden liepen, en naar de auto, waar Mary Alice me omhelsde en gedag zei, wist ik dat ik zo goed ik kon zou veinzen dat er niets met me aan de hand was.

We reden de stad in naar het Public Safety Building. Daar wachtte me nog dat ene corvee voor we naar huis konden.

Ik bekeek de politiefoto's, maar de man die me verkracht had zag ik er niet tussen. Om negen uur arriveerde brigadier Lorenz en het eerste wat nu afgehandeld diende te worden was mijn officiële aangifte. Mijn lichaam liet het nu geleidelijk aan afweten en het viel niet mee om wakker te blijven. Lorenz bracht me naar de verhoorkamer, waar de wanden gecapitonneerd waren. Terwijl ik mijn verhaal deed, zat hij aan een tafel met daarop een ouderwetse hoge schrijfmachine langzaam, met twee vingers, te typen. Mijn aandacht dwaalde af en het kostte me veel moeite om alert te blijven, maar ik vertelde hem alles. Het was aan Lorenz om voor het dossier mijn verhaal terug te brengen tot één enkele pagina en om die reden voer hij soms boos tegen me uit: 'Dat doet er niet toe, alleen de feiten.' Door deze berispingen daagde bij mij het besef dat de bijzonderheden van mijn verkrachting niet van belang waren, alleen of en in hoeverre mijn verhaal voldeed aan een standaardaanklacht: Verkrachting 1, sodomie 1, enzovoort. Hoe hij aan mijn tepels had gedraaid of zijn vuist dieper in me had gedrongen, mijn maagdelijkheid – het deed er allemaal niet toe.

Terwijl ik me inspande om bij mijn positieven te blijven, probeerde ik me een beeld van deze man te vormen. Hij was vermoeid, hield niet van de administratieve kant van het werk bij de politie van Syracuse, en het behandelen van de aangifte van een verkrachting was een waardeloos begin van de dag.

Bovendien voelde hij zich bij mij niet op zijn gemak. Ten eerste omdat ik verkracht was en over feiten beschikte die niemand graag hoorde, maar ook omdat het me zo'n moeite kostte om wakker te blijven. Hij wierp steelse blikken op me, probeerde me vanachter zijn typemachine te taxeren.

Toen ik zei dat ik niet wist dat een man een erectie moest hebben om bij me binnen te kunnen komen, keek Lorenz me aan.

'Kom nou toch, Alice,' zei hij met een glimlach. 'Jij en ik weten allebei dat dat niet kan.'

'Het spijt me,' zei ik deemoedig. 'Ik wist het echt niet, ik heb nooit eerder seks met een man gehad.'

Hij zweeg en sloeg zijn ogen neer. 'In het werk dat ik doe krijg ik zelden met een maagd te maken,' zei hij.

Ik besloot brigadier Lorenz aardig te vinden en hem te beschouwen als een vaderlijk figuur. Hij was de eerste aan wie ik de details van wat er gebeurd was verteld had. Het kwam niet bij me op dat hij me misschien niet zou geloven.

Op 8 mei 81 verliet ik rond 24.00 uur het huis van een vriend op Westcott St 321. Ik liep naar mijn studentenflat op Waverley Ave 305 door Thorden Park. Om ca. 00.05 uur hoorde ik, terwijl ik op het pad naast het zwembadgebouw bij het amfitheater liep, iemand achter me lopen. Ik versnelde mijn pas en werd plotseling van achteren vastgegrepen, waarbij er een hand over mijn mond gelegd werd. Deze man zei: 'Wees stil, ik doe je geen pijn als je doet wat ik zeg.' Hij hield zijn hand niet meer zo stevig tegen mijn mond en ik gilde. Hij duwde me toen tegen de grond, trok hard aan mijn haar en zei: 'Niks vragen, ik zou je zo kunnen vermoorden.' We lagen allebei op de grond en hij bedreigde me met een mes dat ik niet gezien heb. Toen begon hij met me te worstelen en zei dat ik naar het amfitheater moest lopen. Onder het lopen viel ik en hij werd boos, greep me bij mijn haren en trok me het amfitheater in. Hij begon me uit te kleden tot ik alleen nog een beha en een slipje aanhad. Ik trok mijn beha en mijn slipje uit, hij zei dat ik moest gaan liggen, wat ik deed. Hij deed zijn broek uit en had geslachtsgemeenschap met me. Toen hij klaar was, kwam hij overeind en vroeg me of ik hem wilde pijpen. Ik zei dat ik niet wist wat dat was en hij zei: 'Je moet er gewoon aan zuigen.' Toen pakte hij mijn hoofd vast en duwde mijn mond tegen zijn penis. Toen hij klaar was zei hij dat ik op de grond moest gaan liggen en had hij weer geslachtsverkeer met me. Hij viel boven op me in slaap, heel even. Hij stond op en hielp me met aankleden en pakte negen dollar uit mijn achterzak. Toen mocht ik weggaan en ik ging naar Marion Dorm, waar ik de bewakingsdienst van de universiteit van het gebeurde in kennis stelde.

43

Ik verklaar hierbij dat de man die ik in het park tegenkwam van het negroïde ras is, ongeveer 16-18 jaar oud,
klein gebouwd en gespierd, tegen de 70 kilo. Hij droeg een
donkerblauwe sweater en een donkere spijkerbroek en had
een kort afrokapsel. Als deze persoon wordt aangehouden,
wil ik dat hij gerechtelijk wordt vervolgd.

Lorenz schoof me het proces-verbaal toe om het door mij te
laten ondertekenen.

'Het was acht dollar, geen negen,' zei ik. 'En hoe zit het met
wat hij met mijn borsten en zijn vuist deed?' vroeg ik. 'We
hebben veel meer gevochten.' Ik had alleen oog voor wat ik
dacht dat vergissingen van zijn kant waren, de dingen die hij
weggelaten had en de woorden die hij gebruikte in plaats van
wat er werkelijk was gezegd.

'Dat doet er allemaal niet toe,' zei hij. 'We hebben alleen de
essentie nodig. Zo gauw je tekent, kun je naar huis.'

Dat deed ik. Ik vertrok met mijn moeder naar Pennsylvania.

Eerder die ochtend, toen mijn moeder bij mij in de flat was
aangekomen, had ik haar gevraagd of ze het mijn vader zou
vertellen. Dat bleek inmiddels al gebeurd te zijn. Hij was de
eerste die ze belde. Tijdens dat gesprek bespraken ze of ze het
mijn zus ook meteen zouden vertellen. Ze moest nog een laatste tentamen doen aan de universiteit van Pennsylvania. Maar
mijn vader had er evenveel behoefte aan om het aan mijn zus
te vertellen als mijn moeder om het aan hem te vertellen. Hij
belde haar die ochtend in haar studentenflat in Philadelphia,
terwijl mijn moeder en ik onderweg naar huis waren. Mary
zou haar laatste tentamen doen in de wetenschap dat ik verkracht was.

En zo kwam ik kort daarop met mijn theorie op de proppen
over primair versus secundair. Het was oké als primaire mensen, zoals mijn moeder, mijn vader, mijn zus en Mary Alice,
van het gebeurde op de hoogte waren. Zij moesten wel, dat

was niet meer dan normaal. Maar de mensen aan wie zij het verder vertelden, de secundaire mensen, zouden het niet meer aan derden mogen vertellen. Op die manier meende ik het nieuws over wat mij was overkomen onder controle te kunnen houden. Gemakshalve vergat ik al die gezichten in de studentenflat van degenen die er geen belang bij hadden mijn vertrouwen niet te beschamen.

Ik keerde terug naar huis.

Mijn leven was voorbij; mijn leven was net begonnen.

Drie

Paoli, in Pennsylvania, is een bestaand stadje. Het heeft een centrum en er is een treinlijn naar vernoemd, de Paoli Local. Het was de plaats die ik noemde als iemand me vroeg waar ik vandaan kwam. Maar dat strookte niet met de waarheid. Ik kom uit Malvern. Dat was tenminste ons postadres. Maar eigenlijk kom ik uit Frazier. Ik groeide op in een amorfe vallei waar vroeger landbouw bedreven werd, en die was opgedeeld in boomloze percelen en aan projectontwikkelaars was doorverkocht. Ons nieuwbouwproject, Spring Mill Farms, was een van de eerste die in dat gebied gerealiseerd werden. Jarenlang leek het of de pakweg vijftien oorspronkelijke huizen midden in een gebied waren beland waar ooit een meteoriet was ingeslagen. In de wijde omtrek was er verder niets, met uitzondering van de al even nieuwe en boomloze middelbare school. Nieuwaangekomen gezinnen zoals het onze trokken in de twee etages tellende woningen en schaften graszoden aan en kleine, snorrende zaadstrooiers, waarmee de vaders over de lapjes grond heen en weer liepen alsof het goed afgerichte huisdieren waren. Ontmoedigd vanwege haar onmacht om iets te laten groeien dat leek op de gazons in tijdschriften, verwelkomde mijn moeder met open armen het opkomen van bloedgierst. 'Het kan me geen biet schelen,' zei ze. 'Het is tenminste groen.'

De huizen waren er in twee varianten: garage die uitstak aan de voorkant, garage weggestopt aan de zijkant. Er waren twee of drie kleuren voor de dakspanen en luiken. Het was, in mijn tieneroogen, een woestijn die eindeloos veel onderhoud, maaien, planten en wieden met zich meebracht, nog afgezien van het bijbenen van de buren aan weerskanten. We hadden zelfs een laag, wit pikethekje. Ik kende elk piketje, want het was de taak van mijn zus en mij om er op handen en voeten omheen te kruipen en het gras bij te knippen op de plekken waar de grasmaaier er niet bij kon.

In de loop van de tijd werden er andere nieuwbouwprojecten om ons heen gerealiseerd. Alleen de oorspronkelijke bewoners van Spring Mill Farms konden zien waar onze nederzetting eindigde en de andere begonnen. Het was naar deze uitgestrekte slaapstad, waar blok na monotoon blok aan mijn ogen voorbijgleed, dat ik na mijn verkrachting terugkeerde.

De oude molen, waar onze buurt naar was vernoemd, was toen ik een tiener was nog niet in de oude staat hersteld en de molenaarswoning aan de overkant van de straat was een van de weinige oude huizen in het gebied. Het grote witte huis was in de fik gestoken en het had nu zwarte gaten in plaats van ramen en de groene houten balustrade was verkoold en hier en daar in elkaar gestort.

Toen ik er met mijn moeder langsreed, keek ik er, zoals altijd als we het dorp in of uit reden, gefascineerd naar: de ouderdom, het woekerende onkruid en gras, en de sporen van de brand – waar de vlammentongen langs de randen van de ramen hadden gelikt en zwarte aslittekens boven de lateien hadden achtergelaten; het waren net kronen.

Branden leken iets te zijn wat bij mijn jeugd hoorde, en ze waren voor mij een teken dat er een kant aan het leven zat die ik nog niet had ervaren. Branden waren ongetwijfeld afschuwelijk, maar wat mij met name bezighield was dat ze, onontkoombaar, een verandering inluidden. Een meisje dat ik kende, dat even verderop in de straat woonde en wier huis door de bliksem werd getroffen, verhuisde. Ik heb haar nooit meer gezien. En de brand van de molenaarswoning was omgeven door een waas van onheil en geheimzinnigheid dat mijn verbeelding elke keer dat ik erlangs kwam op hol deed slaan.

Toen ik vijf was, kwam ik in een huis terecht vlak bij de oude Zook-begraafplaats aan Flat Road. Ik was met mijn va-

der en mijn oma. Het huis was door een brand zwaar geha-
vend geraakt en het lag een heel eind van de weg af. Ik was
bang, maar mijn vader was geïntrigeerd. Hij dacht dat we binnen misschien wat bruikbare spullen konden vinden voor in
het doosachtige huis dat ons gezin onlangs had betrokken.
Mijn grootmoeder sloot zich hierbij aan.

In de voortuin, op enige afstand van het huis, lag een deels
verbrande lappenpop, een Raggedy Andy. Ik wou hem oprapen, maar mijn vader zei: 'Nee! We willen alleen bruikbare
dingen, geen kinderspeelgoed.' Ik geloof dat ik op dat moment
besefte dat we op een plek liepen waar mensen zoals ik – kinderen – hadden gewoond, maar die daar nu niet meer woonden. Niet konden wonen.

Eenmaal binnen gingen mijn oma en mijn vader aan de slag.
Het huis was grotendeels verwoest. Wat er nog bruikbaar had
kunnen zijn was zo beroet dat het niet meer te gebruiken was.
Er stonden nog meubels, er lagen tapijten en er hingen dingen
aan de muur, maar ze waren zwart en men had ze niet voor
niets achtergelaten.

Daarom besloten ze de leuning van de trap, inclusief de spijlen, mee te nemen. 'Prima oud hout,' zei mijn oma.

'En boven?' vroeg mijn vader.

Mijn oma probeerde hem op andere gedachten te brengen.
'Het is daar zo zwart als de nacht. Trouwens, ik vertrouw die
traptreden niet.'

Ik ben een goede trappentester. In films waar een brand in
voorkomt en de helden ergens naar binnen stormen, let ik altijd op de trap. Proberen ze eerst of de trap hen wel houdt? Zo
niet, dan roept de criticus in mij uit: 'Nep!'

Mijn vader vond dat ik, omdat ik nog klein was, het meest
geschikt was om het erop te wagen. Terwijl mijn oma en hij
nog bezig waren de spijlen los te wrikken, stuurde hij me naar
boven. 'Roep maar wat je ziet!' zei hij. 'Meubels en dergelijke.'

Wat ik me herinner is een kinderkamer die bezaaid lag met

speelgoed, vooral met dinky toys, die ik ook spaarde. Ze lagen gekanteld en ondersteboven op een gevlochten vloerkleed, het gegoten metaal in geel en blauw en groen dat oplichtte in het halfdonkere, uitgebrande huis. In de openstaande kast lag langs de zomen verschroeide kinderkleding; er stond een onopgemaakt bed. De brand moest 's nachts zijn uitgebroken, bedacht ik naderhand, toen ik wat ouder was. Ze hadden liggen slapen.

Midden in het bed was een kleine, donkere, verkoolde holte te zien die door de vloer ging. Ik staarde ernaar. Hier was een kind doodgegaan.

Toen we thuiskwamen maakte mijn moeder mijn vader uit voor stommeling. Ze was laaiend. Hij kwam aanzetten met wat in zijn ogen een mooie buit was. 'Van deze spijlen kun je prima tafelpoten maken,' verklaarde hij. Ik verkoos me de dinky toys en de lappenpop te herinneren, maar welk kind zou zulk speelgoed achterlaten, ook al was het een beetje zwart geworden? Waar waren de ouders, vroeg ik me die hele nacht en in de nachtmerries die volgden af. Hadden ze het overleefd?

Uit de brand ontstond een verhaal. Ik schiep een nieuw leven voor het gezin. Ik maakte er een gezin van zoals ik het had gewild: een mama, een papa, een jongen en een meisje. Ideaal. De brand was een nieuw begin. Verandering. Wat er nog in het huis aanwezig was, was met opzet achtergelaten; het jongetje was te groot geworden voor de dinky toys, stelde ik me voor. Maar het speelgoed bleef door mijn hoofd spoken. Het gezicht van de Raggedy Andy op het pad buiten, zijn zwarte, glimmende ogen.

Het eerste oordeel over ons gezin was afkomstig van een zesjarig speelkameraadje van me. Ze was klein en blond, het soort vlasblond dat je alleen bij kinderen ziet, en ze woonde een stukje verderop, bij het eind van ons blok. In de hele buurt waren er maar drie meisjes van mijn leeftijd, met mij erbij, en zij en ik deden of we vriendinnen waren tot we elkaar uit het oog verloren in de grotere wereld van de basisschool en de onderbouw van de middelbare school.

We zaten op het grasveldje voor ons huis vlak bij de brievenbus grassprieten uit te trekken. We waren net die week voor het eerst samen met de bus naar school gegaan. Terwijl we handenvol gras uittrokken en daar bij onze knieën een hoopje van maakten, zei ze: 'Mijn moeder zegt dat je een rare bent.'

Met een schok belandde ik in een soort quasi-volwassenheid en zei: 'Hè?'

'Je wordt toch niet boos, hè?' smeekte ze. Ik bezwoer haar van niet.

'Pap en mam en de vader en moeder van Jill zeggen dat jouw familie raar is.'

Ik begon te huilen.

'Ik denk niet dat je raar bent,' zei ze. 'Ik vind je leuk.'

Zelfs toen al wist ik wat jaloezie was. Ik wilde haar blonde, stroachtige haar, dat ze los droeg, niet mijn stomme bruine vlechtjes met de pony die mijn moeder bijknipte door er plakband overheen te plakken en mijn haar langs de rand af te knippen. Ik wilde haar vader, die in de buitenwereld kwam en bij de schaarse gelegenheden dat ik bij haar thuiskwam dingen zei als: 'What's shakin', bacon?' of 'See you later, alligator'. Ik hoorde mijn ouders in mijn ene oor: meneer Halls hoorde bij de arbeidersklasse, had een bierbuik, droeg werkmanskleren, en mijn speelkameraadje in het andere: mijn ouders waren raar.

Mijn vader werkte binnenshuis achter gesloten deuren, bezat een kolossaal antiek Latijns woordenboek op een smeedijzeren standaard, sprak Spaans aan de telefoon, en om vijf uur dronk hij sherry en at hij rauw vlees in de vorm van chorizo. Tot die dag op het grasveldje met mijn speelkameraadje, dacht ik dat dit was wat vaders deden. Toen begon ik te erop te letten hoe dat bij andere vaders zat. Zij maaiden gazons. Ze dronken bier. Ze speelden in de tuin met hun kinderen, gingen een blokje om met hun vrouw, persten zich in kampeerauto's, en als ze uitgingen trokken ze een poloshirt aan, geen gedistingeerd gilet of een Phi Bèta Kappa-dasspeld.

De moeders waren een heel ander verhaal, en ik hield zo vurig van de mijne dat ik wat haar betrof nooit aan jaloeziegevoelens wilde toegeven. Het ontging me niet dat mijn moeder gespannener leek te zijn, en minder om make-up, kleding en koken gaf dan andere moeders. Ik wilde dat mijn moeder normaal was, net als andere moeders, dat ze glimlachte en zich, naar het zich liet aanzien, uitsluitend om haar gezin bekommerde.

Op een avond zag ik met mijn vader een film op tv, *The Stepford Wives*. Mijn vader vond hem geweldig; mij joeg hij de stuipen op het lijf. Ik dacht, uiteraard, dat mijn moeder Katherine Ross was, de enige echte vrouw in een stadje waar volmaakte robotvrouwen de plaats hadden ingenomen van alle andere echtgenotes. Naderhand had ik nog maandenlang last van nachtmerries. Ik wou misschien wel dat mijn moeder anders was, maar niet dat ze doodging, en nooit maar dan ook nooit dat een ander haar plaats zou innemen.

Toen ik klein was, maakte ik me vaak zorgen dat ik mijn moeder zou verliezen. Ze verstopte zich vaak achter de afgesloten deur van haar slaapkamer. Mijn zus en ik wilden 's ochtends dat ze aandacht aan ons zou schenken. We zagen mijn vader uit haar kamer komen en als we naderbij waren gekomen, gaf hij ons uitleg.

'Je moeder heeft vanochtend hoofdpijn', zei hij bijvoorbeeld, of: 'Je moeder voelt zich niet lekker. Ze blijft nog even liggen'.

Ik kwam erachter dat mijn moeder me, als ik toch aanklopte, nadat mijn vader naar beneden was gegaan en zich in zijn werkkamer had opgesloten, waar we hem niet mochten storen, soms wel eens binnenliet. Dan kroop ik bij haar in bed en verzon verhaaltjes of stelde haar vragen.

In die tijd moest ze vaak overgeven en ik was daar een keer bij toen mijn vader er niet aan had gedacht de deur achter zich op slot te doen. Toen ik haar slaapkamer binnen liep, die een aparte badkamer had, zag ik mijn vader met zijn rug naar me toe in de deuropening van de badkamer staan. Ik hoorde mijn moeder afschuwelijke geluiden maken. Ik zag nog net hoe ze helderrood braaksel in de wastafel spuugde. In de spiegel boven de wastafel zag ze me naar haar kijken, mijn ogen ter hoogte van mijn vaders heup. Al kokhalzend wees ze mijn vader op mijn aanwezigheid, die me de slaapkamer uit joeg en de deur op slot deed. Later hadden ze er ruzie over. 'In 's hemelsnaam, Bud,' zei mijn moeder, 'je weet toch dat je de deur op slot moet doen?'

Toen ik klein was, roken mijn moeders kussens naar kersen. Het was een misselijkmakende, weeë geur. Dezelfde geur als die waar mijn verkrachter die bewuste avond naar rook. Pas jaren later zou ik bij mezelf toegeven dat het de geur van alcohol was.

Ik ben dol op het verhaal van hoe mijn ouders elkaar ontmoet hebben. Mijn vader werkte bij het Pentagon, hij was beter geschikt als pennenlikker dan als soldaat. (Toen hij tijdens de basistraining in het leger met een kameraad bevel kreeg over een muur te klimmen, brak hij de neus van zijn maat door erop te gaan staan, in plaats van op het opstapje dat de man met zijn handen had gevormd.) Mijn moeder woonde bij haar ouders in Bethesda, Maryland, en werkte aanvankelijk voor *National Geographic Magazine* en later voor *The American Scholar*.

Ze waren gekoppeld via een blind date. Ze zagen elkaar totaal niet zitten. Mijn moeder vond mijn vader een 'opgeblazen leeghoofd' en na één afspraakje met z'n vieren, met de mensen die ze gekoppeld hadden, lieten ze het erbij.

Maar een jaar later ontmoetten ze elkaar weer. Niet dat ze

het direct goed met elkaar konden vinden, maar ditmaal hadden ze geen hekel aan elkaar, en mijn vader vroeg mijn moeder een tweede keer mee uit. 'Je vader was de enige die bereid was de bus uit de hoofdstad te nemen en de laatste acht kilometer vanaf de bushalte naar ons huis te lopen,' zei mijn moeder altijd. Daarmee won hij naar het scheen de genegenheid van mijn grootmoeder, en uiteindelijk trouwden mijn ouders.

Tegen die tijd was mijn vader afgestudeerd in de Spaanse letterkunde en mijn ouders verhuisden naar Durham, North Carolina, waar hij zijn eerste academische aanstelling had gekregen, aan Duke University. Daar, in haar nieuwe woonplaats, waar mijn moeder de hele dag alleen was en het haar niet lukte nieuwe vrienden te maken, begonnen haar drinkgewoonten te veranderen: ze begon stiekem te drinken.

Mijn moeder was altijd nerveus geweest; ze wende nooit aan de haar opgelegde rol van huisvrouw. Ze zei telkens weer tegen mijn zusje en mij wat een geluk we hadden dat we tot onze generatie behoorden. We geloofden haar. De jaren vijftig leken ons een verschrikking. Haar vader en de mijne hadden haar overgehaald haar volledige baan op te geven door er voortdurend op te hameren dat getrouwde vrouwen niet werkten.

Alles bij elkaar was ze nog geen tien jaar aan de drank, maar dat was de periode waarin mijn zusje en ik ter wereld kwamen en onze jeugd doormaakten. De periode waarin mijn vader de academische ladder besteeg door promoties te aanvaarden die hen beiden, en later ons vieren, in Madison, Wisconsin en Rockville, Maryland en ten slotte Paoli, Pennsylvania deden belanden.

Rond 1977 was mijn moeder tien jaar nuchter gebleven. In die periode begon ze last te krijgen van paniekaanvallen. 'Opvlieging' was het woord dat we gebruikten als mam het weer te kwaad kreeg. Mijn vader was wat je kon noemen een afwezigheid – soms letterlijk, als hij maandenlang in Spanje zat; mijn moeder daarentegen was extreem aanwezig. Haar angst en paniek waren aanstekelijk, ieder ogenblik dat ze erdoor werd beheerst leek ons tweemaal zo lang te duren en dubbel zo moeilijk te zijn. Anders dan in normale gezinnen konden we er niet op vertrouwen dat als we naar de supermarkt waren gegaan om eten te kopen, we werkelijk ons doel zouden bereiken. Als we twee stappen de winkel in waren, kon ze bevangen raken door zo'n opvlieging.

'Pak maar een kanteloep of zoiets,' zei ze dan tegen me toen ik wat groter was, en ze stopte me een bankbiljet in de hand. 'Ik zie je wel in de auto.' Tijdens een opvlieging kromde ze haar rug en, om wat zij beschreef als de pijn van haar uit elkaar barstende hart te verzachten, wreef ze snel over haar borstbeen heen en weer. Ik haastte me dan de winkel binnen om die kanteloep te kopen, en misschien iets wat vóór in de winkel in de aanbieding was, terwijl ik me intussen afvroeg: 'Zou ze het halen naar de auto? Komt het weer goed met haar?'

In films en in het leven zijn de potige kerels in witte pakken aan weerskanten van een gestoorde patiënt non-descript en niet van elkaar te onderscheiden. Dat gold ook op allerlei manieren voor mijn zus en mij. In een groot deel van mijn herinneringen is Mary afwezig, omdat mijn moeder en haar ziekte zo dominant aanwezig zijn. Als ik me herinner: O ja, Mary was er die keer ook bij, dan is dat precies zoals ik haar zie: de andere steunpilaar voor onze altijd op instorten staande moeder.

Soms fungeerden Mary en ik als zorgteam. Mary loodste haar dan naar de auto terwijl ik snel de kanteloep haalde. Maar ik zag mijn zus veranderen van een kind dat dacht dat de wereld zou vergaan in een jongvolwassene die rancuneus reageerde op het feit dat de paniekaanvallen ons anders maakten, en starende blikken en commentaar opriepen. 'Hou op met over je tieten te wrijven,' beet ze mijn moeder dan toe.

Terwijl Mary er steeds minder begrip voor kon opbrengen, compenseerde ik dit en trad op als het emotionele oppergezag:

ik suste mijn moeder en veroordeelde mijn zuster. Als Mary hielp, was ik blij dat ze er was. Als ze zat te zeuren en haar eigen beginnersvariant van mijn moeders opvliegingen begon te krijgen, sloot ik haar buiten.

Ik kan me maar van een enkele keer herinneren dat mijn vader op een lichamelijke manier blijk gaf van zijn genegenheid voor mijn moeder: hij gaf haar een snelle kus toen we hem afzetten op de plek waar hij een groepstaxi zou nemen naar het vliegveld, vanwaar hij voor zijn jaarlijkse academische trip naar Spanje zou vertrekken. De reden voor dit op zichzelf staande voorval viel waarschijnlijk onder het motto 'Laten we geen scène maken'. Het was domweg mijn aandringen, toen smeken, toen zeuren, dat tot de kus leidde.

Tegen die tijd was het me begonnen op te vallen dat andere ouderparen elkaar aanraakten, elkaars hand vasthielden en elkaar op de wangen zoenden. Ze deden dat in supermarkten, als ze een blokje om gingen, op school bij gelegenheden waarvoor ouders waren uitgenodigd, en voor mijn neus, bij hen thuis.

Door de kus die mijn vader die dag op mijn aandringen gaf, kreeg ik echter in de gaten dat de relatie van mijn ouders misschien wel hecht was, maar beslist niet hartstochtelijk. Hij stond tenslotte op het punt ons voor een aantal maanden te verlaten en ik vond dat hij, omdat hij zo lang weg zou blijven, mijn moeder wel een blijk van liefde verschuldigd was.

Mijn moeder was uitgestapt om mijn vader met zijn bagage te helpen en afscheid van hem te nemen. Mary en ik zaten op de achterbank. Het was de eerste keer dat ik mee was om hem uit te zwaaien voor zijn jaarlijkse reis. Hij was zoals gewoonlijk wat geagiteerd. Mijn moeder, die altijd nerveus was, was ook geagiteerd. Op de achterbank gezeten, zo herinner ik het me, kwam het opeens bij me op dat er iets niet klopte aan het tafereel voor me. Ik begon te jengelen: 'Geef mam een afscheidszoen.'

Mijn vader zei iets in de geest van: 'Ach, Alice, dat is toch nergens voor nodig.'

Het resultaat was beslist niet waar hij op hoopte.

'Geef mam nou een zoen!' riep ik nu luider, en ik stak mijn hoofd uit het raampje. 'Geef mam een zoen!'

'Doe het nou maar, pap,' zei mijn zuster zuur naast me. Ze was drie jaar ouder, en misschien, zo bedacht ik later, wist ze hoe de zaken ervoor stonden.

Maar als ik op die manier een soort bevestiging hoopte te krijgen dat mijn ouders net zo waren als de andere ouderparen in Spring Mill Farms, en misschien zelfs net als het destijds beroemde tv-echtpaar, meneer en mevrouw Brady, dan kwam ik met de afgedwongen kus bedrogen uit. De kus deed een deur voor me open. Hij deed me beseffen dat in huize Sebold liefde synoniem was met plicht. Hij zoende haar op haar voorhoofd, het soort kus dat zou voldoen aan de eis van zijn kind, maar ook niet meer dan dat.

Vele jaren later vond ik zwartwitfoto's van mijn vader met madeliefjes in zijn haar en ondergedompeld in water, omringd door bloemen. Hij glimlachte, waarbij zijn tanden te zien waren waar hij zo'n afkeer van had omdat ze schots en scheef stonden en zijn familie niet genoeg geld had gehad om daar iets aan te laten doen. Maar bij deze foto's was hij in zo'n goede bui geweest dat hij daar niet om had gegeven. Wie had ze genomen? Niet mijn moeder, dat was me wel duidelijk. De doos met foto's was bij ons thuis bezorgd nadat oma Sebold was overleden. Ik zocht tussen de foto's naar aanwijzingen. Tegen de uitdrukkelijke waarschuwing van mijn moeder in om geen foto's uit deze doos te pakken had ik er een achter mijn rokband gestoken.

Zelfs toen voelde ik de afwezigheid van iets wat ik destijds niet kon benoemen en ik had te doen met mijn moeder, die, zoals ik instinctief wist, daar grote behoefte aan had en eronder zou opbloeien, zo stelde ik me voor. Ik heb er nooit meer om gevraagd en ook nooit meer een scène over zijn gebrek aan genegenheid gemaakt, want ik wilde niet nog een keer geconfronteerd worden met die leegte in hun huwelijk.

Ik ontdekte spoedig dat alleen de onbewuste aanraking ons huis binnenglipte. Als klein meisje plande ik soms een strategische aanval met als doel aangeraakt te worden. Mijn moeder zat dan bijvoorbeeld aan haar kant van de bank te borduren of een boek te lezen. Voor wat ik in mijn hoofd had, was het het meest ideaal als ze een boek las en intussen naar de televisie keek. Hoe meer afleiding, des te kleiner de kans dat ze mijn toenadering zou opmerken.

Ik ging dan aan het andere eind van de bank zitten en schoof telkens een paar centimeter dichter naar haar toe, met de bedoeling uiteindelijk mijn hoofd op haar schoot te leggen. Als dit lukte, liet ze haar bordurende hand wel eens rusten en haar vingers nonchalant door mijn haar glijden. Ik herinner me hoe koel de vingerhoed aanvoelde tegen mijn voorhoofd en dat ik het, met de alertheid van een dief, merkte wanneer ze zich van haar handelingen bewust werd. Ik moedigde haar wel eens aan door te zeggen dat ik hoofdpijn had. Maar zelfs als dat me een paar extra aaien opleverde, wist ik dat de pret voorbij was. Tot ik te oud was voor dit soort spelletjes vroeg ik me vaak af of het beter was om me uit mezelf van haar los te maken of om onwillig weggeduwd te worden met de woorden dat ik rechtop moest gaan zitten of een boek moest gaan lezen.

De zachte dingen in mijn leven waren onze honden: twee kwijlende, slobberende, lieve bassets die Feijoo en Belle heetten. De ene was vernoemd naar een door mijn vader bewonderde Spaanse auteur; de andere – zijn eer te na eigenlijk – droeg een naam waar ook 'ongeletterden' mee uit de voeten zouden kunnen. 'Frans voor "mooi",' zoals mijn vader verklaarde.

Mijn vader noemde mijn zus en mij gewoonlijk bij de namen van de honden, en dat maakte niet alleen duidelijk wie ons allen het meest na aan het hart lagen, maar ook hoezeer mijn vader door zijn werk in beslag werd genomen. Als hij aan het werk was, waren honden en kinderen voor hem hetzelfde: kleine schepsels die om aandacht vroegen en eruit gegooid dienden te worden.

De honden wisten dat er in ons huis vier verschillende domeinen te onderscheiden waren en dat die elkaar zelden overlapten: mijn vaders werkkamer, mijn moeders slaapkamer, de slaapkamer van mijn zus en de plek waar ik, ergens in het huis, mijn toevlucht zocht. Voor Feijoo en Belle, en later Rose, waren er daardoor vier plekken waar ze om aandacht konden vragen. Vier plekken waar wellicht verstrooid een hand uitgestoken werd om hun oren te liefkozen of om nog wat verder naar beneden te reiken voor een lekker potje krauwen. Het waren net comfortabele woonwagens die hun voortsjokkende, kwijlende zelf van kamer naar kamer zeulden. De bassets waren onze komedianten en ons bindmiddel, want voor de rest leefden mijn vader, moeder en zuster in boeken.

Ik deed mijn uiterste best om stil te zijn in huis. Terwijl zij drieën lazen of werkten, hield ik mezelf bezig. Ik experimenteerde met eigenaardige manieren om voedsel te bereiden. Ik hamsterde gelatinepudding en maakte het klaar onder mijn hoge hemelbed. Ik probeerde rijst te bereiden op de voedseldehydrator in de kelder. Ik mengde de reukwaters van mijn vader en moeder in kleine flaconnetjes om er nieuwe geuren mee te creëren. Ik tekende. Ik klom over dozen naar de kruipruimte bij de kelder en zat urenlang met mijn knieën opgetrokken in de donkere holte van beton. Ik voerde toneelspelletjes op met Ken en Barbie, waarin Barbie op haar zestiende getrouwd was, een kind had gekregen en van Ken gescheiden was. Tijdens het schijnproces, dat gehouden werd in een gerechtsgebouw dat ik gemaakt had van een stuk stevig karton, gaf Barbie de reden voor de scheiding: Ken raakte haar niet aan.

Maar soms verveelde ik me. Uren en uren van 'manieren bedenken om mezelf bezig te houden' ontaardden in het beramen van stiekeme plannetjes. De bassets waren vaak zonder het te weten mijn helpers. Net als alle honden snuffelden ze in het afval en onder de bedden. Ze gingen er met hun trofeeën vandoor: kwalijk riekende kleren, stinksokken, onbewaakte etensbakjes en wat niet al. Hoe blijer ze ermee waren, des te meer deden ze hun best om het te houden, en waar ze het meest dol op waren, met een dierlijke passie in de ware zin des woords, waren mijn moeders weggegooide maandverbanden. Bassets en maandverbanden vormen wat je noemt een volmaakt liefdespaar. Niemand kon Feijoo en Belle aan het verstand peuteren dat ze er met hun poten af moesten blijven. Ze waren onafscheidelijk.

En o, de scène, die heerlijke scènes. Het was geen zaak van slechts één of twee mensen; het hele huis kwam op zijn kop te staan. Het was zo 'gruwelijk' dat mijn vader hysterisch werd en mijn moeder hem er steevast bij betrok. Alleen de gedachte al was obsceen. Maandverbanden! De bassets en ik waren dik tevreden, want het betekende dat iedereen zijn kamer uit kwam om heen en weer te hollen en te springen en te roepen.

Door de benedenverdieping van ons huis kon je min of meer een rondje lopen, van het ene vertrek naar het andere, en de bassets hadden dit ook ontdekt. We zaten ze achterna van de hal bij de voordeur naar de achterkant van het huis, via de woonkamer, de keuken, de eetkamer en de zitkamer. De assisterende basset – de ene zonder maandverband – blafte en blafte en sneed ons de pas af als we een uitval probeerden te doen naar de gelukkige. Onze strategie werd steeds uitgekiender en we probeerden ze met deuren in te sluiten of ze in een hoek van de kamer te drijven. Maar ze waren sluw en ze hadden een stiekeme helper.

Ik liet ze passeren. Ik deed expres mislukkende uitvallen. Ik gaf mijn ouders en zusje verkeerde aanwijzingen. 'Bij de achterdeur, bij de achterdeur!' riep ik bijvoorbeeld, en dan renden drie hysterische mensen die kant uit. Intussen verscholen de bassets zich door het dolle heen met hun vangst onder de tafel in de eetkamer.

Na verloop van tijd nam ik zelf het voortouw en als mijn moeder de trap af liep naar de keuken of buiten op de veranda zat te lezen, leidde ik de meest beschikbare basset haar slaapkamer binnen en draaide hem de rug toe.

En binnen een paar minuten: 'Bud! Feijoo heeft weer een maandverband te pakken!'

'Jezusmina!'

'Mam,' zei ik dan behulpzaam, 'hij is hem aan het verscheuren!'

Deuren werden opengegooid, voetstappen op de trap en het kleed. Geschreeuw, geblaf, een rauwe, vreugdevolle scène.

Maar wanneer dergelijke taferelen ten einde waren en de knorrige bassets zich uit de voeten maakten om hun poten te likken, gingen mijn moeder, mijn vader en Mary altijd weer terug naar hun kamer. En bleef ik opnieuw alleen in het huis achter. Aan mezelf overgeleverd.

Op de middelbare school begon ik als lijpo. Een lijpo, omdat ik altsax speelde, en – zoals van vrijwel alle muzikanten met uitzondering van de fortuinlijke violisten verwacht werd – spelen betekende ook marcheren. Ik zat in een jazzband, waarin ik als tweede alt bleef steken in liedjes als 'Funky Chicken' en 'Raindrops Keep Falling on My Head'. Maar het mogen spelen woog niet op tegen het feit dat ik werd bestempeld als muziekkorps-lijpo. En dus, na een keer meegemarcheerd te hebben bij een optreden in de rust van een wedstrijd van de Philadelphia Eagles, waar onze band de vorm van de Liberty Bell aannam op het veld (ter verduidelijking van mijn marcheertalent: mij was gevraagd deel uit te maken van de barst in de klok), verliet ik de band. Later, zonder mij, won de band een staatskampioenschap voor zijn marcheerkunsten. De gevoelens van vreugde over mijn afwezigheid waren wederzijds.

Ik stapte van de muziek over op de kunst. Op school konden we ook lessen handvaardigheid volgen en ik werkte graag met de ruwe grondstoffen. Er was zilver, hele klompen. En als je goed genoeg was goud. Ik vervaardigde sieraden, maakte zeefdrukken op T-shirts en bakte email in de oven. Op een keer besteedde ik, samen met mevrouw Sutton, de ene helft van het echtpaar dat de handvaardigheidsafdeling runde, een hele middag aan het gieten van gesmolten tin in koffiekannen die gevuld waren met koud water. Wauw! De vormen! Ik was dol op de Suttons. Ze gaven me toestemming voor al mijn projecten, hoe onmogelijk ze soms ook te realiseren waren. Ik maakte een zeefdruk van een langharige Medusa, en een ge-emailleerde choker van twee handjes die een boeketje bloemen vasthielden. Ik werkte snel om een setje klokjes af te krijgen, een cadeautje voor mijn moeder. Ze lieten het hoofd van een vrouw zien wier beide armen een frame vormden. Binnen het frame waren twee klokjes opgehangen met blauwe, hartvormige klepeltjes. De klokjes brachten een heel mooie klank voort.

Wat mijn schoolloopbaan betrof volgde ik in het kielzog van mijn volmaakte zuster. Zij was rustig, netjes en haalde tienen. Ik was lawaaierig en excentriek en deugde nergens voor. Ik ging – tien jaar na haar dood – gekleed als Janis Joplin, en ik tartte iedereen die me wilde laten studeren of me ergens voor wilde interesseren. Toch redde ik het. Een enkele leraar wist tot me door te dringen. De Suttons en een paar docenten Engels wisten samen net genoeg door mijn pantser van onverschilligheid te breken – als ze me er maar niet op wezen – om ervoor te zorgen dat ik niet aan drugs verslaafd raakte of mijn vrije uren buiten in de rokersruimte doorbracht met joints die ik in mijn laarzen had verstopt.

Maar ik zou nooit een drugsgebruiker kunnen worden, want ik had een geheim. Ik had namelijk besloten dat ik actrice wilde worden. En niet zomaar een actrice, nee, een Broadway-actrice. Eén met een stem die klonk als een klok. Ethel Merman, om precies te zijn.

Ik was dol op haar. Ik was helemáál gek op haar omdat mijn moeder zei dat ze niet kon zingen, noch acteren, maar dat ze zo'n sterke persoonlijkheid had dat ze alle anderen op het toneel wegspeelde. Ik droeg een oude veren boa en een met lovertjes bezet jasje dat pater Breuninger voor me opzijgelegd had bij een kledinginzameling die de kerk had georganiseerd. Even luid en, naar ik hoopte, even charismatisch als mijn idool, zong ik haar lijflied. Terwijl ik zwierig onze wenteltrap op en af liep, met de bassets als mijn publiek, galmde ik: 'There's No Business Like Show Business'. Ik maakte mijn moeder en zuster aan het lachen, en mijn vader vond het helemaal geweldig. Ik kon evenmin zingen, maar ik zou cultiveren wat Merman had, of dat althans proberen: een sterke persoonlijkheid. Bassets aan mijn voeten. Een paar kilo extra. Zeven jaren van beugels en elastiekjes. Er leek geen beter moment te zijn om in gezang uit te barsten.

Mijn obsessie met Broadway en slecht zingen leidde tot vriendschappen met homojongens op school. We zaten bij Friendly's aan Route 30 buiten ijs te eten en zongen Bette Midlers 'The Rose'. Gary Freed en Sally Shaw, die tot het leukste stel bij ons op school waren uitgeroepen, liepen na een zaterdagavond-ijscoupe langs ons heen naar Gary's Mustang uit 1965. Ze lachten naar ons, in onze zwarte outfit en de zilveren sieraden die we goedkoop produceerden tijdens de lessen handvaardigheid.

Sid, Randy en Mike waren homo. We dweepten met mensen als Merman, Truman Capote, Odetta, Bette Midler en met de producer Alan Carr, die in het programma *Merv* verscheen in een grote, wijdvallende, felgekleurde jurk, en die Merv als geen ander aan het lachen wist te maken. Wij wilden sterren worden, want als je een ster was kon je ontsnappen.

We hingen vaak rond bij Friendly's, want we wisten niet waar we anders heen moesten. We haastten ons allemaal naar huis om naar *Merv* te kijken als we wisten dat Capote of Carr in het programma te gast zou zijn. We bestudeerden Liberace. Op een keer vloog hij met zijn cape wijd uitgespreid aan een kabel over zijn piano en zijn kandelaber. Mijn vader was dol op hem, maar mijn vriend Sid niet. 'Hij zet zichzelf voor gek, terwijl hij echt talent heeft,' zei hij terwijl we buiten bij Friendly's, bij de afvalcontainers, sigaretten rookten. Sid zou van school gaan en naar Atlantic City verhuizen. Hij kende daar een kapper die beloofd had hem deze zomer aan een baantje te helpen. Randy was door zijn ouders naar een militaire opleiding gestuurd, na een 'incident in een park'. We mochten niet meer met hem praten. Mike werd verliefd op een footballspeler en werd in elkaar geslagen.

'Ik ga later in New York wonen,' liet ik van tijd tot tijd vallen. Mijn moeder vond het een fantastisch idee. Ze vertelde me over de Ronde Tafel van hotel Algonquin en over de mensen die daaraan gezeten hadden, hoe bijzonder ze waren. Net als voor veel buitenstaanders hadden New York en de New Yorkers voor haar mythische proporties aangenomen. Ze was opgetogen bij het idee dat ik daar terecht zou komen.

Voor mijn vijftiende verjaardag zou mijn moeder me een reisje naar New York cadeau doen. Ik vermoed dat ze zichzelf moed insprak met de gedachte dat mijn enthousiasme over het uitstapje ervoor zou zorgen dat zij niet zou instorten. Op de Amtrak-trein vanuit Philadelphia vertoonde ze de eerste paniekverschijnselen. De gevreesde opvlieging. Het werd erger toen we dichter bij New York kwamen. Ik had me geweldig op ons uitstapje verheugd, maar toen ze zo heen en weer bewoog in haar stoel, met trillende handen – de ene tegen haar rechterslaap en met de andere over het plekje tussen haar borsten wrijvend – besloot ik dat we beter naar huis konden gaan.

'We gaan een andere keer, mam,' zei ik. 'Maak je geen zorgen.'

Ze stribbelde tegen. 'Maar we zijn al onderweg. Je wilde dit zo graag.' Toen: 'Laat me een poging wagen.'

Ze deed haar uiterste best. Uit alle macht probeerde ze normaal te functioneren. We hadden moeten omkeren toen we bij Penn Station kwamen. Dat wisten we waarschijnlijk allebei. Ze was er slecht aan toe. Ze kon niet eens rechtop lopen. Ze had van Penn Station naar het Metropolitan Museum of Art willen lopen, op de hoek van 82nd Street en Fifth Avenue, zodat we onderweg de winkels en Central Park konden bekijken. Ze was wekenlang aan het plannen geweest. Zei dat het Algonquin aan 44th Street lag, en dat ik het Ritz en het Plaza te zien zou krijgen, waar volgens haar mijn idool, Ethel Merman, vaak logeerde. Misschien konden we een ritje maken in een rijtuigje door Central Park en het beroemde appartementengebouw, de Dakota, bezichtigen. Bergdorf's en Lexington. De theaterwijk, waar Mermaids musicals opgevoerd werden. Mijn moeder wilde voor het standbeeld van Sherman staan en, als dochter van het Zuiden, een stil gebed uitspreken. De eendenvijver, de carrousel, de oude mannen met hun modelzeilbootjes. Dat was mijn moeders cadeau.

Maar ze kon niet lopen. We stonden in de rij voor een taxi op Seventh Avenue en stapten in. Ze kon niet rechtop zitten. Ze hield haar hoofd tussen haar knieën, zodat ze niet zou overgeven. Ze zei: 'Ik ga met mijn dochter naar het Metropolitan.'

'Is alles met u wel in orde, mevrouw?' vroeg de taxichauffeur.

'Ja,' zei ze. Ze wilde per se dat ik door het raampje naar buiten keek. 'Dit is nou New York,' zei ze, terwijl ze haar blik op de vuile vloer van de taxi gericht hield.

Ik weet niets meer van de taxirit, behalve dat ik huilde. Probeerde te doen wat ze zei. Ik zag de gebouwen en de mensen als door een waas. 'Ik red het niet,' begon ze. 'Ik zou het zo graag willen, Alice, maar ik red het niet.'

De taxichauffeur was blij toen we bij het Metropolitan arriveerden. Mijn moeder bleef eerst nog op de achterbank zitten.

'Mam, waarom draaien we niet om en gaan we gewoon terug?' zei ik smekend.

'Erin of eruit?' vroeg de chauffeur. 'Wat doen we?'

We stapten uit. We staken de straat over. Voor ons lagen de

enorme traptreden die omhoogvoerden naar de ingang van het museum. Ik probeerde om me heen te kijken en alles in me op te nemen. Ik wilde de trappen op rennen waar glimlachende en fotograferende mensen zich verdrongen. Langzaam, terwijl ik mijn voorovergebogen moeder ondersteunde, liepen we een stuk of twintig treden omhoog.

'Ik moet zitten,' zei ze. 'Ik kan niet naar binnen.'

We waren zó dichtbij.

'Mam,' zei ik, 'we hebben het gehaald, nu moeten we naar binnen.'

'Ga jij maar,' zei ze.

Mijn fragiele voorstadsmoeder zat in haar mooie jurk op het warme beton, terwijl ze over haar borst wreef en haar best deed om niet over te geven.

'Zonder jou kan ik niet naar binnen,' zei ik.

Ze deed haar handtas open en haalde een briefje van twintig uit haar portemonnee. Ze stopte het me toe. 'Ga gauw naar de museumwinkel en koop iets leuks voor jezelf,' zei ze. 'Ik wil dat je een aandenken aan ons uitstapje overhoudt.'

Ik liet haar daar achter. Ik keek niet naar haar achterom, kleintjes op de trap. In de museumwinkel was ik overweldigd door het aanbod, maar voor twintig dollar kon je niet veel krijgen. Ik zag een boek met de titel *Dada and the Art of Surrealism* voor $ 8,95. Nadat ik had afgerekend holde ik terug. Mijn moeder was inmiddels omringd door behulpzame mensen. Het had nu geen zin meer om de schijn op te houden.

'Kunnen we iets voor u doen?' vroegen een West-Duitser en zijn bezorgde vrouw in vloeiend Engels.

Mijn moeder negeerde hen. De Sebolds deden alles zelf.

'Alice,' zei ze, 'jij moet een taxi aanhouden, ik kan het niet.'

'Ik weet niet hoe ik dat moet doen, mam,' zei ik.

'Je loopt naar de stoeprand en steekt je hand op,' zei ze. 'Dan stopt er wel een.'

Ik liep weg en deed wat me gezegd was. Een oude, kale man in een gele Checker-taxi hield naast me stil. Ik legde uit dat de vrouw die even verderop op de trap zat mijn moeder was. Ik wees naar haar. 'Kunt u helpen?'

'Wat is er met haar aan de hand? Is ze ziek? Ik wil geen zieke mensen in mijn taxi,' zei hij met een zwaar Jiddisch accent.

'Ze is gewoon nerveus,' zei ik. 'Ze geeft niet over. Ik kan haar niet in mijn eentje de taxi in helpen.'

Hij hielp me. Nu ik in New York gewoond heb, weet ik hoe bijzonder dat was. Maar iets in mijn wanhoop en, eerlijk is eerlijk, ook in mijn moeder, wekte kennelijk zijn medelijden. We wisten de taxi te bereiken en terwijl ik op de achterbank zat, lag mijn moeder aan mijn voeten op de vloer van de oude Checker.

De taxichauffeur hield precies het soort gekeuvel gaande dat je je zou wensen. 'Gaat u hier maar liggen, mevrouwtje,' zei hij. 'Ik zou nooit in zo'n nieuw model taxi rijden. Checkers zijn voor mij jé van hét. Ze zijn ruim. Zitten lekker. Hoe oud ben jij, jongedame? Je lijkt heel erg op je moeder, wist je dat wel?'

Tijdens de treinreis naar huis maakte mijn moeders paniek plaats voor volslagen uitputting. Mijn vader haalde ons van het station en zodra we thuis waren ging ze meteen door naar haar slaapkamer. Ik was blij dat het in een schoolvakantie was. Ik zou genoeg tijd hebben om een goed verhaal te verzinnen.

Vier

Op de dag na de verkrachting lag ik op de achterbank van de auto en probeerde te slapen, terwijl mijn moeder reed. Bij vlagen lukte dat. De binnenkant van de auto was blauw en ik verbeeldde me dat ik het ruime sop gekozen had en op de oceaan ronddreef. Maar hoe dichter we bij huis kwamen, hoe meer ik aan mijn vader dacht.

Ik had al vroeg geleerd dat ik, als ik hem in zijn werkkamer stoorde, beter met iets kon komen dat zijn boosheid vanwege de storing deed overwaaien. Ik zette me vaak af tegen mijn serieuzere zuster. Ik probeerde de choquerende kwajongen uit te hangen ten behoeve van een man die woonde in een huis waar hij, zoals hij vaak klaagde, 'in de minderheid was bij de vrouwen'. (Mijn vader was bijzonder in zijn schik met de nieuwe hond – een bastaardpoedel – en verklaarde ronduit hoe plezierig het was om eindelijk een andere man in huis te hebben.) Ik wilde het kind zijn dat ik altijd voor mijn vader was geweest.

Mijn moeder en ik reden de oprit bij het huis op en liepen via de garage naar binnen.

Mijn vader is een lange man en ik kende hem vooral als iemand die bezeten was van zijn werk: altijd bezig met redigeren of schrijven, en met collega's en vrienden sprak hij Spaans aan de telefoon. Maar die dag zag ik duidelijk dat hij overstuur was toen ik hem zag staan aan het eind van de lange gang die bij de achterdeur uitkwam.

'Dag pap,' zei ik.

Mam volgde me de gang door. Ik zag hem snel naar haar opkijken en zich toen naar mij richten, of proberen te richten, toen ik dichterbij kwam.

We omhelsden elkaar. Onbeholpen, verlegen tegenover elkaar.

Ik weet niet meer of hij iets tegen me zei. Als hij 'O liefje, fijn dat je er bent' of 'Ik hou van je, Alice' had gezegd, zou dat zo atypisch zijn geweest dat ik het vast zou hebben onthouden, maar misschien ook ben ik het juist om die reden vergeten. Ik wilde geen nieuwe ervaring. Ik wilde wat ik kende: het thuis dat ik die herfst voor het eerst van mijn leven verlaten had, en de vader die ik herkende.

'Hoe gaat het, pap?' vroeg ik. De hele weg naar huis had ik over deze vraag nagedacht.

Zichtbaar opgelucht antwoordde hij: 'Nadat je moeder belde heb ik vijf glazen whisky gedronken, maar ik ben mijn hele leven nog niet zo nuchter geweest.'

Ik ging op de bank in de woonkamer liggen. Mijn vader had die ochtend om wat te doen te hebben in de keuken wat lunchgerechtjes klaargemaakt.

'Wil je iets eten?' vroeg hij.

Met mijn antwoord wilde ik in één klap duidelijk maken dat niemand zich zorgen hoefde te maken over deze taaie rakker.

'Dat zou lekker zijn,' zei ik, 'want ik heb de afgelopen vierentwintig uur alleen een pannenkoekje en een piemel in mijn mond gehad.'

Dit klonk een buitenstaander misschien buitengewoon choquerend in de oren; dat gold ook voor mijn vader, die in de deuropening van de keuken stond, en voor mijn moeder, die druk in de weer was met onze tassen, maar in hun ogen kon het maar één ding betekenen: hun kind was de oude gebleven.

'Jezus, Alice,' zei mijn vader. Op de rand van de afgrond, als de dood om iets verkeerds te zeggen, wachtte hij op aanwijzingen van mijn kant.

'Ik ben nog steeds mezelf, pap,' zei ik.

Mijn ouders gingen samen de keuken in. Ik weet niet hoe lang ze daar bleven om sandwiches klaar te leggen die waarschijnlijk allang gesmeerd waren. Wat deden ze? Omhelsden ze elkaar? Ik kan het me nauwelijks voorstellen, maar het kan.

Fluisterde mijn moeder hem details over de politie en mijn lichamelijke toestand in het oor, of beloofde ze dat ze hem alles wat ze wist zou vertellen zodra ik sliep?

Mijn zus had haar tentamens achter de rug. De dag na mijn thuiskomst, toen mijn ouders haar met haar spullen in Philadelphia gingen ophalen voor de zomervakantie, ging ik met hen mee. Mijn gezicht zag nog steeds bont en blauw. Mijn vader reed in de ene auto en mijn moeder nam de andere. Het plan was dat ik in de auto zou blijven zitten terwijl zij drieën de spullen van mijn zus zouden inladen. Ik ging alleen mee opdat mijn zus me zou kunnen zien, zodat ze meteen zou weten dat alles met mij in orde was. Ik ging ook mee omdat ik niet wilde dat ze zonder mij samen zouden zijn en over me zouden praten.

Ik zat bij mijn moeder voorin. Ze nam het liefst een B-weg naar de stad. Het duurde wat langer, maar we waren het er allemaal over eens dat het een mooiere route was. De ware reden was natuurlijk dat de Schuylkill Expressway, die bij de mensen die langs de Philadelphiase Main Line woonden officieus bekendstond onder de naam *Surekill*, haar onherroepelijk een opvlieging zou bezorgen. Dus namen we Route 30 en slingerden vervolgens over allerlei binnenweggetjes naar ons einddoel, U-Penn, de universiteit van Pennsylvania.

In de loop der tijd markeerden de aan hun lot overgelaten spoorrails van de Philadelphia E-l voor mij de feitelijke overgang naar de stad. Hier begon het voetgangersverkeer; een man verkocht vanaf de middenberm kranten aan passerende automobilisten en er was een baptistenkerk, waar het hele jaar door bruiloften en begrafenissen plaatsvonden waarvan de genodigden in formele kledij over de straten uitwaaierden.

Ik had dit tochtje al vaak met mijn moeder gemaakt als we mijn vader van zijn werk afhaalden of in het ziekenhuis van

U-Penn medische hulp inriepen, die gedekt werd door de collectieve verzekering van zijn faculteit. Een met grote regelmaat terugkerend aspect van deze tochtjes was mijn moeders toenemende gespannenheid naarmate we dichter en dichter bij het centrum kwamen. Eenmaal voorbij de E-l, in Chestnut Street, een eenrichtingsstraat, nam mijn moeder altijd de middelste rijbaan. Het was mijn taak om vanaf de passagiersstoel een eventuele opvlieging te zien aankomen.

De dag dat we mijn zus gingen ophalen was de dynamiek anders dan anders. Toen we de blokken met rijtjeshuizen, waarvan de staat van onderhoud per blok verschilde, gepasseerd waren, werd de straat breder. Hij werd geflankeerd door leegstaande panden, verwaarloosde benzinepompen en uit baksteen opgetrokken overheidsgebouwen. Hier en daar klampten een paar nog overeind staande rijtjeshuizen midden in een huizenblok zich aan elkaar vast.

Vroeger had ik op zo'n tochtje vooral aandacht gehad voor de gebouwen; ik keek graag naar de inkepingen in de zijgevels van de resterende rijtjeswoningen, waar voorheen de traptreden gezeten hadden; ik zag er de fossielen van vroegere levens in. Nu lette ik op andere dingen. Evenals mijn moeder. En in de auto achter ons, zo zou ik spoedig ontdekken, gold dit eveneens voor mijn vader. We letten op de mensen op straat. Niet op de vrouwen, noch op de kinderen.

Het was erg warm. De vochtige, benauwde warmte van de noordoostelijke steden in de zomer. De stank van afval en uitlaatgassen drong door de openstaande raampjes van onze aircoloze auto's naar binnen. Onze oren spitsten zich als we ergens een kreet opvingen. We luisterden naar dreiging in de begroetingen van vrienden en mijn moeder vroeg zich af waarom er zoveel mannen in groepjes op de straathoeken en voor gebouwen rondhingen. Dit deel van Philadelphia was, met uitzondering van een slinkend Italiaans volksdeel, zwart.

We kwamen langs een straathoek waar drie mannen stonden. Achter hen zaten twee oudere mannen op gammele vouwstoelen, die ze op de stoep hadden gezet om aan de hitte binnenshuis te ontkomen. Ik voelde de spanning in mijn moeder toenemen. De blauwe plekken en schrammen in mijn gezicht schrijnden. Ik had het gevoel dat iedere man in die straat me kon zien, dat al die mannen het wisten.

'Ik word onpasselijk,' zei ik tegen mijn moeder.

'We zijn er bijna.'

'Het is gek, mam,' zei ik, terwijl ik mijn kalmte probeerde te bewaren. Ik wist dat de oude mannen me niet verkracht hadden. Ik wist dat die lange zwarte man in zijn groene pak, die op een bank bij het busstation zat, me niet had verkracht. Toch was ik bang.

'Wat is gek, Alice?' Ze begon met haar knokkels over haar borst te wrijven.

'Dat ik het gevoel heb dat ik onder al deze mannen heb gelegen.'

'Dat is echt flauwekul, Alice.'

We waren bij een verkeerslicht gestopt. Toen het groen werd, trokken we op. Maar we reden zo langzaam dat mijn blik bleef hangen op de volgende hoek.

Daar was hij. Hij zat gehurkt op het trottoir en leunde tegen de schone bakstenen muur van een nieuw uitziend gebouw. Mijn ogen ontmoetten de zijne. De zijne ontmoetten de mijne. Je hebt me genaaid, zei ik bij mezelf.

Het was een vroeg facet van een besef dat ik pas jaren later zou toelaten. Ik deelde mijn leven niet met de jongens en meisjes met wie ik was opgegroeid, of met de studenten met wie ik naar Syracuse was gegaan, en zelfs niet met de vrienden en anderen die ik later had leren kennen. Ik deelde mijn leven met mijn verkrachter. Hij is de beheerder van mijn lot.

We reden die wijk weer uit en kwamen in de wereld van de universiteit van Pennsylvania, waar mijn zus woonde. Overal stonden de voordeuren van de studentenhuizen en -flats open en langs de trottoirs stonden verhuisbusjes en auto's met aanhangwagens dubbel geparkeerd. Iemand was op het idee gekomen om ter gelegenheid van de verhuisdag een bierfeest te geven. Lange, blanke jongens in hemdjes, of zonder shirt, zaten op sofa's die op de stoep waren gezet en dronken bier uit plastic bekertjes.

Mijn moeder en ik laveerden voorzichtig naar de studentenflat van mijn zus en parkeerden daar. Even later arriveerde ook mijn vader, die zijn auto vlak bij de onze parkeerde. Ik bleef in de auto. Mijn moeder, die haar best deed om een paniekaanval voor me te verbergen, was uitgestapt en liep wat heen en weer.

Dit is wat ik mijn vader hoorde zeggen voor mijn moeder hem een waarschuwende blik toewierp.

'Zag je die godvergeten beesten daar allemaal rondlummelen en...'

Mijn moeder keek snel naar mij en toen weer naar mijn vader. 'Stil, Bud,' zei ze.

Hij kwam naar me toe en boog zich door het raampje naar me over.

'Gaat het, Alice?'

'Prima, pap,' zei ik.

Hij was bezweet en zag rood in zijn gezicht. Hulpeloos. Bang. Ik had hem nog nooit op zo'n manier over zwarten, of over welke minderheidsgroepering dan ook, horen praten of hem ze als groep horen veroordelen.

Mijn vader ging naar binnen om mijn zus te laten weten dat we er waren. Ik zat met mijn moeder in de auto. We zeiden niets. Ik keek naar de bedrijvigheid van al de verhuizingen. Veel studenten laadden hun spullen in met canvas beklede karren, van het soort dat je achter de balies op postkantoren ziet en dat gebruikt wordt om post in te verplaatsen. Ze rolden ze over de parkeerplaats naar de auto van hun ouders. Gezinsleden begroetten elkaar. Op een kaal stukje grasveld gooiden twee jongens een frisbee over en weer. Uit de ramen van de studentenflat waar mijn zus woonde kwam radiogeschetter. Er heerste een sfeer van vrijheid, van bevrijding –

zomer als iets aanstekelijks dat zich over de campus verspreidde.

Daar was ze. Ik zag mijn zus het gebouw uit komen. Ik kon
haar het hele stuk vanaf de deur zien lopen, zo'n dertig of
veertig meter, net zo ver als ik van mijn verkrachter verwijderd was toen hij riep: 'Hé, meisje, hoe heet je?'

Ik herinner me dat ze zich door het raampje naar me overboog.

'Je gezicht,' zei ze. 'Gaat het?'

'Het heeft lang geduurd,' zei ik voor de grap tegen haar,
'maar ik heb eindelijk een manier gevonden om je goede cijfers te saboteren.'

'Kom op, Alice,' zei mijn vader, 'je zusje vraagt hoe het met
je gaat.'

'Ik stap uit,' zei ik tegen mijn moeder. 'Ik voel me volslagen
belachelijk.'

Mijn familie voelde zich daar ongemakkelijk bij, maar ik
stapte uit. Ik zei dat ik Mary's kamer wilde zien, wilde zien
waar ze woonde, wilde helpen.

Ik was niet zo erg toegetakeld dat het onmiddellijk opviel.
Als je me niet aankeek, zou je niet merken dat ik anders was.
Maar terwijl mijn familie en ik naar de flat van mijn zus liepen, namen de gezichten eerst een doodgewoon gezin in zich
op – moeder, vader en twee meisjes – maar daarna bleef hun
blik even hangen, een ogenblik maar, en ontdekte iets. De
zwelling bij mijn oog, de sneeën over mijn neus en wang, mijn
opgezette lippen, de subtiele purpertinten van tot wasdom
komende blauwe plekken. Onder het lopen bleven er steeds
meer ogen op ons gericht. Ik voelde het wel, maar ik deed alsof ik niets in de gaten had. Ik was omgeven door mooie Ivy
League-jongens en -meisjes, knappe koppen, bollebozen. Ik
geloofde dat ik dit allemaal voor mijn familie deed, omdat ze
de situatie slecht aankonden. Maar ik deed het net zo goed
voor mezelf. We namen de lift naar boven en in de lift zag ik
weinig aan de verbeelding overlatende graffiti.

Dat jaar was er bij het corps een meisje slachtoffer geworden van een groepsverkrachting. Ze had aangifte gedaan en de schuldigen aangewezen en ze wilde dat de daders werden vervolgd. Maar de leden van de sociëteit en hun vrienden hadden het haar onmogelijk gemaakt om op school te blijven. Tegen de tijd dat ik op de campus van Penn kwam, was zij inmiddels vertrokken. In de lift had iemand met balpen een grove schets van haar gemaakt, met haar benen wijd. Naast haar stond een rijtje mannenfiguren. Het bijschrift luidde: 'Voor Marcie staan ze in de rij.'

Samen met mijn familie stond ik in de propvolle lift met studenten van Penn die weer omhooggingen om een nieuwe lading spullen op te halen. Ik stond met mijn gezicht naar de wand, starend naar de tekening van Marcie. Ik vroeg me af waar ze was en wat er van haar terecht zou komen.

Mijn herinneringen aan mijn familie die dag vormen een soort gatenkaas. Ik concentreerde me op mijn act in de veronderstelling dat daarin de reden lag dat ze van me hielden. Maar er waren dingen waardoor ik te pijnlijk getroffen werd. De gehurkte zwarte man op de stoep in West-Philadelphia, de mooie jongens van Penn die frisbeeden, de feloranje platte schijf die in een boog voor me opsteeg en weer neerkwam. Ik bleef abrupt stilstaan, en een van de jongens rende onbekommerd op me af om hem op te rapen. Toen hij weer overeind kwam viel zijn blik op mijn gezicht. 'Shit,' zei hij, overdonderd, afgeleid van het spel.

Wat je dan nog hebt is je familie. Je zus heeft een kamer die je moet bezichtigen. Je moeder een opvlieging die alle aandacht opeist. Je vader, tja, die begrijpt er niets van, maar als je wilt kun je proberen hem wijzer te maken. Het zijn niet alle zwarten, zeg je om te beginnen. Dat zijn de dingen die je doet, in plaats van in te storten in het heldere zonlicht, voor de ogen van de mooie jongens, in een oord waar, zoals het gerucht wil, ze voor Marcie in de rij stonden.

Met z'n vieren reden we naar huis. Ik reed dit keer met mijn vader mee. Nu besef ik dat mijn moeder mijn zus alles moet hebben verteld wat ze wist, dat ze zich mentaal voorbereidden op wat hun wellicht te wachten stond.

Mary bracht een deel van haar spullen naar binnen en ging toen naar boven om uit te pakken. Het plan was dat we samen zouden eten, op de ongedwongen manier die mijn moeder 'zoekt en gij zult vinden' noemde, en dat mijn vader daarna weer in zijn kamer aan het werk zou gaan en ik tijd met mijn zus kon doorbrengen.

Maar toen mijn moeder Mary riep om naar beneden te komen, gaf ze geen antwoord. Mijn moeder riep opnieuw. Het was bij ons thuis heel normaal om vanuit de hal bij de voordeur naar boven te brullen om elkaar te roepen. Het was zelfs niets bijzonders om dat een paar keer achter elkaar te moeten doen. Uiteindelijk ging mijn moeder naar boven. Even later kwam ze de trap weer af.

'Ze heeft zich in de badkamer opgesloten,' zei ze tegen mijn vader en mij.

'Waarom in vredesnaam?' vroeg mijn vader. Hij was bezig hompen provolone af te snijden en die stiekem aan de hond te voeren.

'Ze is erg van streek, Bud,' zei mijn moeder.

'We zijn allemaal van streek,' zei ik. 'Waarom komt ze er niet gezellig bij?'

'Alice, ik denk dat het goed zou zijn als je boven met haar ging praten.'

Misschien heb ik wel wat tegengesputterd, maar ik ging. Het was een bekend patroon: Mary raakte overstuur en mijn moeder vroeg me om met haar te praten. Dan klopte ik op de deur van haar slaapkamer en ging op de rand van haar bed zitten terwijl zij daar lag. Ik zou doen wat ik 'chearleaden voor je leven' noemde, en soms wist ik haar zo op te peppen dat ze beneden kwam eten of ten minste zou lachen om de schuine moppen die ik speciaal voor dit doel verzamelde.

Maar die dag was ik me er zelf ook van bewust dat ik degene was die ze moest zien. Ik was niet alleen de door mijn moeder aangestelde chearleader; ik was ook de reden dat ze zich in de badkamer had opgesloten en niet naar buiten wilde komen.

Boven klopte ik behoedzaam op de deur.

'Mary?'

Geen antwoord.

'Mary,' zei ik, 'ik ben het. Laat me erin.'

'Ga weg.' Ik hoorde dat ze huilde.

'Goed,' zei ik. 'Laten we dit verstandig aanpakken. Er komt een moment dat ik moet plassen en als je me niet binnenlaat zie ik me gedwongen om dat in je slaapkamer te doen.'

Het bleef even stil en toen deed ze de deur van het slot.

Ik deed de deur open.

Dit was de 'meisjesbadkamer'. De aannemer had hem roze betegeld. Hoe het zou zijn geweest als er jongens in dit huis waren komen wonen, daarvan kan ik me hoogstens een voorstelling maken, maar Mary en ik brachten ook al meer dan genoeg afschuw voor het roze op. Roze wastafel. Roze tegels. Roze badkuip. Roze muren. Er was geen ontkomen aan.

Mary stond tegen de muur aan geleund, tussen de badkuip en de wc, zo ver mogelijk bij me vandaan.

'Hé,' zei ik. 'Wat is er?'

Ik wilde haar vasthouden. Ik wilde dat ze mij vasthield.

'Het spijt me,' zei ze. 'Jij houdt je zo goed. Ik weet gewoon niet hoe ik me moet gedragen.'

Toen ik naar haar toe liep, bewoog ze zich bij me vandaan.

'Mary,' zei ik, 'ik voel me klote.'

'Ik snap niet hoe je zo sterk kunt zijn.' Ze keek me aan, met tranen op haar wangen.

'Het is goed,' zei ik tegen mijn zus. 'Het komt allemaal goed.'

Maar ze liet zich niet door me aanraken. Ze fladderde zenuwachtig van het douchegordijn naar het handdoekenrek, als een vogel die gevangenzat in een kooi. Ik zei tegen haar dat ik naar beneden ging om me ongans te eten en dat ze beter ook kon komen, en toen deed ik de deur dicht en ging ik weg. Mijn zus had altijd minder kunnen hebben dan ik. Op een kinderkamp van de YMCA, toen we nog klein waren, hadden ze op de laatste dag onderscheidingen uitgereikt. De begeleiders hadden de categorieën zó verzonnen dat ieder kind er een kreeg. Ik kreeg er een voor tekenen en handvaardigheid, gesymboliseerd door een palet en kwasten. Mijn zus kreeg de onderscheiding voor de rustigste kampeerder. Op haar badge, die ze met de hand hadden gemaakt, hadden ze een grijs vilten muisje gelijmd. Mijn zus nam dit over als haar embleem, haar handelsmerk, en in haar handtekening nam ze later een muisje op in de staart van de Griekse y.

Toen ik weer beneden was, vroegen mijn ouders naar haar. Ik zei dat ze gauw beneden zou komen.

'Nou, Alice,' zei mijn vader, 'als het dan toch een van jullie moest overkomen, ben ik blij dat jij het was, en niet je zus.'

'Jezus, Bud!' zei mijn moeder.

'Ik bedoelde alleen dat van hun tweeën...'

'Ik weet wat je bedoelde, pap,' zei ik, en ik raakte even zijn onderarm aan.

'Zie je nou wel, Jane?' zei hij.

Mijn moeder was van mening dat het gezin, of wat daarvoor door moest gaan, gedurende die eerste paar weken bij iedereen voorop moest staan. Dat viel niet mee voor vier eenzelvige figuren zoals wij, maar het moet gezegd: die zomer zag ik meer stomme tv-programma's in het gezelschap van mijn familie dan ooit ervoor of erna.

Het avondeten werd heilig. Mijn moeder, wier keuken wordt opgesierd door kernachtige spreuken die, vrij vertaald, allemaal neerkomen op: 'De kok is er niet', kookte iedere dag. Ik weet nog dat mijn zus haar best deed om haar beschuldigingen aan het adres van mijn vader dat hij smakte in te slikken. We zetten allemaal ons beste beentje voor. Ik heb geen idee van wat er in hun hoofd omging. Hoe vermoeid ze waarschijnlijk waren. Of ze werkelijk in mijn sterke-vrouwen-act trapten of alleen deden alsof.

In die eerste weken droeg ik uitsluitend nachtponnen. Lanznachtponnen. Speciaal aangeschaft door mijn vader en moeder. Als mijn vader boodschappen ging doen opperde mijn moeder dat hij een nieuwe nachtpon voor me zou kopen. Het was een manier waarop we ons allemaal rijk konden voelen, een verstandige manier van uitspatten.

Zo kwam het dat ik gehuld in een lange witte nachtpon aan tafel zat, terwijl de rest van het gezin gewone zomerkleren droeg.

Ik weet niet meer hoe we er de eerste keer op kwamen, maar toen dat eenmaal gebeurd was, werd het het belangrijkste onderwerp van gesprek.

Het ging over het wapen van de verkrachter. Misschien had ik iets gezegd over dat de politie mijn bril en het mes van de verkrachter op ongeveer dezelfde plek bij het klinkerpad had aangetroffen.

'Bedoel je dat hij in de tunnel dat mes niet bij zich had?' vroeg mijn vader.

'Nee,' zei ik.

'Dat begrijp ik geloof ik niet.'

'Wat valt eraan te begrijpen, Bud?' vroeg mijn moeder. Misschien wist ze, na twintig jaar huwelijk, welke kant hij op wilde. Onder vier ogen had ze me misschien al tegenover hem verdedigd.

'Hoe kun je verkracht zijn als hij geen mes had?'

Bij ons aan tafel kon de discussie over ieder onderwerp hoog oplopen. Een favoriet geschilpunt was de voorkeurspellling of definitie van een bepaald woord. Het gebeurde regelmatig dat de *Oxford English Dictionary* de eetkamer in gezeuld werd, zelfs in de vakanties of als we gasten hadden. De bastaardpoedel, Webster, was vernoemd naar de meer draagbare scheidsrechter. Maar ditmaal verliep de discussie langs een duidelijke scheidslijn tussen mannen en vrouwen – tussen twee vrouwen, mijn moeder en mijn zus, enerzijds en mijn vader anderzijds.

Ik besefte dat ik mijn vader kwijt zou kunnen raken als hij werd uitgestoten. Hoewel mijn zus en mijn moeder hem toeriepen dat hij zijn mond moest houden en dat deden om voor mij op te komen, liet ik hun weten dat ik het zelf wilde afhandelen. Ik vroeg mijn vader met me mee naar boven te gaan, waar we konden praten. Mijn moeder en zus waren zo boos op hem dat hun gezicht rood aangelopen was. Mijn vader was net een klein jongetje dat denkt dat hij de regels van het spel begrijpt en bang wordt als de anderen tegen hem zeggen dat hij het bij het verkeerde eind heeft.

We liepen de trap op naar mijn moeders slaapkamer. Ik liet hem plaatsnemen op de bank en ik ging op mijn moeders bureaustoel in kleermakerszit tegenover hem zitten.

'Ik ga je niet aanvallen, pap,' zei ik. 'Ik wil dat je me vertelt waarom je het niet begrijpt en dan zal ik proberen het je uit te leggen.'

'Ik snap niet waarom je niet hebt geprobeerd weg te komen,' zei hij.

'Dat heb ik wel gedaan.'

'Maar hoe kon hij je verkrachten als je dat niet toeliet?'

'Dat is net zoiets als zeggen dat ik het wilde.'

'Maar in de tunnel had hij geen mes.'

'Pap,' zei ik, 'denk hier eens over na: zou het niet fysiek onmogelijk zijn om me te verkrachten en te mishandelen terwijl hij de hele tijd een mes vasthield?'

Hij dacht even na en leek toen met me in te stemmen.

'Zo komt het dat de meeste vrouwen die verkracht worden,' zei ik, 'zelfs als er een wapen was, tijdens de verkrachting geen wapen onder de neus gehouden wordt. Hij overweldigde me, pap. Hij sloeg me in elkaar. Ik kan zoiets niet gewild hebben, dat is onmogelijk.'

Als ik aan mezelf terugdenk, daar in die kamer, begrijp ik

niet hoe ik zo geduldig wist te blijven. Het enige wat ik kan bedenken is dat zijn onbegrip mijn bevattingsvermogen te boven ging. Ik ervaarde het als stuitend, maar ik verlangde er wanhopig naar dat hij het zou begrijpen. Als híj niet begreep – hij, mijn vader, die het oprecht probeerde – welke man zou dat dan wel doen?

Hij snapte niet wat ik had doorgemaakt, of hoe het had kunnen gebeuren zonder de minste medewerking van mijn kant. Zijn onbegrip kwetste me. Het doet me nog steeds pijn, maar ik neem het hem niet kwalijk. Ook al begreep mijn vader het niet helemaal, wat voor mij het belangrijkst was, was dat ik die kamer uit ging in de wetenschap dat het veel voor hem had betekend dat ik hem mee naar boven had genomen en zo goed mogelijk had geprobeerd zijn vragen te beantwoorden. Ik hield van hem en hij hield van mij, maar onze communicatie was niet volmaakt. Dat leek me niet zo erg. Ik had me er tenslotte op ingesteld dat iedereen die een rol in mijn leven speelde kapot zou zijn van het feit dat ik verkracht was. We leefden, en in die eerste weken was dat genoeg.

Hoewel televisiekijken iets was wat ik kon delen met mijn familie, terwijl we ieder op ons eigen eilandje van pijn verkeerden, was het ook problematisch.

Ik had Kojak altijd leuk gevonden. Hij was kaal en cynisch en praatte nogal kortaf vanuit zijn mondhoeken terwijl hij eeuwig en altijd op een lolly zoog. Maar hij had een groot hart. Hij had ook het politietoezicht over een grote stad en hij had een stuntelige broer over wie hij de baas kon spelen. Dat maakte hem in mijn ogen aantrekkelijk.

Dus keek ik naar *Kojak* in mijn Lanz-nachtpon en dronk chocolademilkshakes. (In het begin had ik moeite met vast voedsel. Eerst was mijn mond nog te gevoelig door de orale seks, de 'sodomie' zoals dat hier heet, en daarna deed voedsel in mijn mond me te veel denken aan de penis van de verkrachter die tegen mijn tong aan kwam.)

Kojak was te verdragen omdat, hoewel het behoorlijk gewelddadig was, het geweld overduidelijk niet echt was. (Waar was de geur? Het bloed? Waarom hadden alle slachtoffers volmaakte gezichten en lichamen?) Maar als mijn zus of vader of moeder erbij kwam zitten om mee te kijken, raakte ik gespannen.

Ik herinner me hoe mijn zus meestal schuin voor me in de schommelstoel zat, terwijl ik me op de bank had geïnstalleerd. Ze vroeg me altijd of ik het goed vond of ze een bepaald programma aanzette. Gedurende de een of twee uur dat het duurde, bleef ze voortdurend waakzaam. Zodra ze zich ongerust maakte, zag ik dat ze aanstalten maakte om een blik over haar schouder te werpen om mij te peilen.

'Maak je over mij geen zorgen, Mary,' zei ik dan, want ik zag het altijd aankomen wanneer ze zich bezorgd ging maken.

Het maakte dat ik boos werd op haar en op mijn ouders. Ik had er behoefte aan om de schijn op te houden dat ik binnenshuis nog steeds dezelfde was als altijd. Het was belachelijk maar essentieel, en ik voelde de blikken van mijn familie als een soort verraad, ook al wist ik met mijn verstand dat dit niet terecht was.

Het duurde wat langer voordat ik doorhad dat zij door die tv-programma's meer van streek raakten dan mij ooit zou zijn overkomen. Ze hadden geen notie, omdat ik ze dat niet verteld had, van wat mij in die tunnel was overkomen – de details ervan. Ze combineerden de gruwelen van verbeelding en nachtmerrie en probeerden daaruit te destilleren wat hun zuster of dochter feitelijk had doorgemaakt. Ik wist precies wat er was gebeurd. Maar kun je dat soort dingen uitspreken tegen de mensen van wie je houdt? Hun vertellen dat er iemand over je heen gepist heeft, of dat je teruggezoend hebt omdat je niet wilde sterven?

Die vraag achtervolgt me nog altijd. Als ik iemand eenmaal de naakte feiten verteld heb, of het nu een minnaar of een vriendin is, ben ik daarna in diens ogen veranderd. Vaak lees ik daarin ontzag of bewondering, soms afkeer, en een enkele maal kreeg ik een razende woede over me heen om redenen die ik niet helemaal kan doorgronden. Sommige mannen en lesbiennes zien het als iets opwindends of als een missie, alsof ze me door onze relatie seksueel te maken kunnen bevrijden van de fnuikende ervaringen van die dag. Natuurlijk zijn ook hun meest goedbedoelde pogingen goeddeels vruchteloos. Niemand kan een ander van wat dan ook bevrijden. Of je redt jezelf of je blijft ongered.

Vijf

Mijn moeder was kerkvoogd van St. Peter's, de episcopale kerk. We waren al lidmaat van deze kerk sinds ons gezin toen ik vijf was naar Pennsylvania was verhuisd. Ik mocht de pater, de eerwaarde Breuninger, graag, net als zijn zoon Paul, die ongeveer van mijn leeftijd was. Tijdens mijn studie herkende ik pater Breuninger in het werk van Henry Fielding: het was een aimabele, zij het niet van veel inzicht getuigende man, en hij vormde de kern van een kleine, toegewijde kerkgemeente. Paul verkocht elk jaar kerstkransen aan de parochianen; zijn moeder Phyllis was lang en een overgevoelig type. Deze laatste eigenschap maakte haar een doelwit voor meelevend, maar ook rivaliserend commentaar van de kant van mijn moeder.

Ik speelde na de kerkdienst graag op het kerkhof; ik hoorde graag het commentaar vooraf en achteraf van mijn ouders in de auto; ik vond het heerlijk dat de parochianen met mij wegliepen; en ik was dol op, nee, dweepte werkelijk met Myra Narbonne. Zij was mijn favoriete oude dame, en ook die van mijn moeder. Myra zei graag dat ze 'oud was geworden voor dit populair was'. Er werden vaak grapjes gemaakt over haar dikke buik, evenals over haar dunnende engelenhaar. Te midden van een gemeente die voornamelijk bestond uit gedistingeerde Main Line-types, waar de mensen werkelijk iedere zondag dezelfde kleren droegen, die weliswaar een perfecte pasvorm hadden maar nog net niet sjofel aandeden, was Myra een frisse wind. Ze had het nodige blauwe bloed, maar ze droeg grote omslagdoeken uit de jaren zeventig die, in haar woorden, 'evenveel stijl hadden als tafelkleden'. Naarmate haar borsten dichter boven de grond kwamen te hangen, week de stof tussen de knoopsgaten in haar blouse steeds verder. Ze deed tissues in haar beha, net als mijn eigen grootmoeder uit

Oost-Tennessee, en ze stopte me extra koekjes toe als ik binnenkwam nadat ik op het kerkhof had gespeeld. Ze was getrouwd met een man die Ed heette. Ed kwam niet vaak naar de kerk, maar als hij kwam leek hij er alleen maar te denken hoe snel hij de plaat kon poetsen.

Ik was bij hen thuis geweest. Ze hadden een zwembad en vonden het leuk als er jonge mensen in zwommen. Ze hadden een hond die ze Freckles gedoopt hadden, vanwege zijn vlekken, en ook een paar katten, waaronder de allerdikste lapjeskat die ik ooit had gezien. Toen ik op de middelbare school zat, stimuleerde Myra me om schilderes te worden. Ze schilderde zelf ook en had hun serre in gebruik als atelier. Ik vermoed dat ze ook begreep, zonder daar ooit met me over te praten, dat ik thuis niet erg gelukkig was.

In mijn eerste studiejaar, toen ik in Syracuse met Mary Alice naar de studentencafés in Marshall Street ging, gebeurden er thuis allerlei dingen waar ik geen weet van had.

Myra deed haar deuren niet op slot. Ze liep in en uit, van het huis naar de tuin. Ze hadden Freckles moeten laten inslapen. Ze hadden nooit problemen gehad, en ofschoon hun huis ver van de weg af lag en schuilging achter een sluier van bomen, woonden ze in een buurt van herenboeren en Myra had zich niet kunnen voorstellen dat er een dag zou komen dat er drie mannen, gemaskerd met zwarte kousen, haar telefoonlijn zouden doorsnijden en vervolgens hun huis zouden binnendringen.

Ze haalden Myra en Ed uit elkaar en bonden Myra vast. Ze baalden dat er nauwelijks contant geld in het huis was. Ze sloegen Ed zo hard dat hij ruggelings van de keldertrap viel. Een man ging hem achterna. Een ander verkende het huis. De derde, die door de anderen Joey genoemd werd, bleef bij Myra; hij noemde haar 'oud wijf' en sloeg haar met zijn vlakke hand.

Ze pakten wat ze konden. Joey zei tegen Myra dat ze moest

blijven waar ze was en nergens heen moest gaan, en dat haar man dood was. Ze vertrokken. Myra lag op de grond en wist zich uit het touw los te wurmen. Ze kon de trap niet af om bij Ed te kijken omdat ze voelde dat er iets in haar voet was gebroken. Ze hadden ook, maar dat wist ze toen nog niet, haar ribben gebroken.

Ondanks Joeys orders had Myra het huis verlaten. Ze was te bang om naar de weg te gaan. Ze kroop door het lage struikgewas achter de achtertuin – ongeveer acht- of negenhonderd meter – tot ze bij een andere, minder drukke weg kwam. Ze krabbelde overeind, blootsvoets, bloedend. Eindelijk kwam er een auto in zicht en die hield ze aan.

Ze liep naar het autoraampje.

'Haal hulp, alstublieft,' zei ze tegen de automobilist, die alleen in de wagen zat. 'Er hebben drie mannen bij ons ingebroken. Ik geloof dat ze mijn man hebben vermoord.'

'Ik kan u niet helpen, dame.'

In een flits realiseerde ze zich wie er in die auto zat. Het was Joey, en hij was alleen. Het was zijn stem. Ze keek hem onderzoekend aan; hij was niet gemaskerd.

'Donder op,' zei hij toen ze hem bij de arm greep nadat ze hem had herkend.

Hij ging er in volle vaart vandoor en ze viel neer op de weg. Maar ze zette door en wist bij een huis te komen, waar ze om hulp telefoneerde. Ed werd in vliegende haast naar het ziekenhuis gebracht. Als ze haar huis niet had verlaten, zeiden de artsen naderhand, zou hij doodgebloed zijn.

Die winter, was St. Peter's in rep en roer door de arrestatie van Paul Breuninger.

Paul was halverwege de middelbare school gestopt met de verkoop van kerstkransen. Hij liet zijn rode krullen groeien en ging niet vaak meer naar de kerk. Mijn moeder had me verteld dat Paul een eigen ingang had tot het huis. Dat pater Breuninger het gevoel had dat hij geen controle meer over hem had. In februari was Paul, high op een dosis speed, een bloemenzaak aan Route 30 binnengelopen en had de winkelierster, mevrouw Mole, om een enkele gele roos gevraagd. Zijn partner, die in de auto wachtte, en hij hadden de winkel een week lang in de gaten gehouden. Paul had telkens om één roos gevraagd en terwijl mevrouw Mole het bedrag op de kassa aansloeg, had hij een blik in de la van de kassa geworpen.

Maar ze hadden een verkeerde dag uitgezocht om haar te beroven. Haar man was enkele ogenblikken ervoor met de contanten van die week vertrokken. Mevrouw Mole had nog geen vier dollar in de kassa. Paul ging door het lint. Hij stak mevrouw Mole vijftien keer in haar gezicht en haar hals en schreeuwde: 'Sterf, kutwijf, sterf!', steeds maar weer. Mevrouw Mole gehoorzaamde niet. Ze wist de winkel uit te komen en zakte buiten op een sneeuwbank in elkaar. Een vrouw zag het bloed, dat langzaam langs de zijkant van de sneeuwbank naar beneden druppelde. Ze volgde het spoor en trof mevrouw Mole bewusteloos in de sneeuw aan.

Na mijn verkrachting, in mei, keerde ik terug naar een gemeente die getraumatiseerd was, bovenal pater Breuninger zelf. Als kerkvoogd was mijn moeder dat voorjaar deelgenoot geworden van zijn verdriet. Paul was gearresteerd en hoewel hij op zijn zeventiende nog minderjarig was, zou hij als volwassene berecht worden. Pater Breuninger wist niet dat zijn zoon al sinds zijn vijftiende dagelijks een fles whisky dronk. Hij wist niets van de drugs die in Pauls kamer gevonden waren en weinig van zijn gespijbel op school. Pater Breuninger had Pauls onbeschaamde gedrag toegeschreven aan de puberteit.

Omdat ze kerkvoogd was, en omdat ze hem vertrouwde, had mijn moeder pater Breuninger verteld dat ik was verkracht. Hij maakte het bekend in de kerk. Hij gebruikte het woord 'verkracht' niet, maar hij zei: 'met beestachtig geweld overvallen in een park bij haar campus. Het was een roofoverval.' Die woorden konden voor een oudgediende die het klappen van de zweep kende maar één ding betekenen. Terwijl het verhaal de ronde deed, drong het tot hen door dat ik geen gebroken botten had, dus hoe gewelddadig kon het geweest zijn? O... zó...

Pater Breuninger kwam bij ons langs. Ik herinner me het medelijden in zijn ogen en ik voelde dat hij op dezelfde manier aan zijn zoon dacht als aan mij: als aan een kind dat, op de drempel van de volwassenheid, alles was kwijtgeraakt. Via mijn moeder wist ik dat pater Breuninger er grote moeite mee had om zijn zoon verantwoordelijk te stellen voor het neersteken van mevrouw Mole. Hij weet het aan de drugs, aan de tweeëntwintigjarige medeplichtige, aan zichzelf. Paul kon hij het niet verwijten.

We gingen allemaal in de zitkamer zitten, het minst gebruikte vertrek in huis. We zaten ongemakkelijk op de puntjes van het antieke meubilair. Mijn moeder haalde iets te drinken – thee voor Fred, zoals de volwassenen pater Breuninger noemden. Er werd wat over koetjes en kalfjes gebabbeld. Ik zat op de blauwzijden bank, die door mijn vader gekoesterd werd en waar geen kinderen of honden op mochten zitten. (Voor de kerst had ik een van de bassets eens met een koekje op de lichtblauwe zijde gelokt. Ik heb toen foto's van haar gemaakt terwijl ze het naar binnen slokte en die laten inlijsten en aan mijn vader cadeau gedaan.)

Pater Breuninger vroeg ons om in een kring te gaan staan en elkaars handen vast te houden. Hij droeg zijn zwarte ambtsgewaad en zijn witte boordje. Het zijden kwastje aan het koord rond zijn middel zwaaide even heen en weer en hing toen stil. 'Laat ons bidden,' zei hij.

Ik was geschokt. Mijn familie was een familie van redelijke verklaringen en intellect en scepticisme. Dit ervaarde ik als hypocrisie. Terwijl hij bad, keek ik op naar Mary, mijn ouders en pater Breuninger. Ze hadden hun hoofd gebogen, hun ogen gesloten. Ik vertikte het om mijn ogen te sluiten. We waren aan het bidden voor mijn ziel. Ik staarde naar pater Breuningers kruis. Dacht aan wat hij onder al dat zwart was. Hij was een man. Net als iedere man had hij een piemel. Waar haalde hij het recht vandaan om voor mijn ziel te bidden, vroeg ik me af.

Ik dacht aan iets anders: zijn zoon, Paul. Terwijl ik daar stond dacht ik aan de arrestatie van Paul en aan het feit dat hij in de gevangenis moest zitten. Ik dacht aan hoe Paul aan de schandpaal genageld was en hoe goed dat mevrouw Mole zou doen. Paul was in de fout gegaan. Pater Breuninger, die zijn hele leven God geprezen had, was zijn zoon verloren, echt verloren, meer dan ik ooit verloren kon zijn. Ik had het recht aan mijn kant. Ik voelde me opeens machtig, en ik had het gevoel dat wat mijn familie aan het doen was, deze daad van geloof of liefdadigheid, stompzinnig was. Ik was boos op ze omdat deze poppenkast zo doorzichtig was. Omdat ze op het kleed in de zitkamer stonden – de kamer voor bijzondere gelegenheden, voor vakanties en feestelijkheden – en ten behoeve van mij een gebed richtten tot een God waar ze voor zover ik wist misschien niet eens in geloofden.

Ten slotte vertrok pater Breuninger. Ik moest hem omhelzen. Hij rook naar aftershave en naar de mottenballen in de kast in de kerk waar hij zijn ambtsgewaden ophing. Het was een schone, goedbedoelende man. Hij beleefde zijn eigen crisis, maar het was voor mij op dat moment niet mogelijk om via God, of op welke manier dan ook, hem terzijde te staan.

Toen kwamen de oude dames. De fantastische, liefhebbende, wetende oude dames.

Telkens als er een oude dame arriveerde, werd ze de zitkamer binnengeloodst en werd haar de oorfauteuil aangeboden, de favoriete stoel van mijn ouders. De fauteuil bood een ongeevenaard uitzichtspunt. Degene die daar zat kon de rest van de zitkamer overzien (met aan de rechterhand de blauwe bank) en de eetkamer in kijken, waar het zilveren theeservies uitgestald stond. Als deze dames op visite kwamen kregen ze thee geserveerd in het porseleinen servies dat mijn ouders voor hun trouwen hadden gekregen en werden ze door mijn moeder als bijzondere, hoge gasten bediend.

Eerst kwam Betty Jeitles. Betty Jeitles was rijk. Ze woonde in een prachtig huis in de buurt van Valley Forge, waar mijn moeder haar zinnen op had gezet en waar ze altijd snel aan voorbijreed om haar begerigheid niet te verraden. Betty had een gezicht dat doorgroefd was met Main Line-rimpels. Ze zag eruit als een exotische rashond, een soort veredelde sharpei, en ze sprak met een aristocratisch accent dat volgens mijn moeder typerend was voor 'oud geld'.

Ik had een nachtpon en een peignoir voor mevrouw Jeitles aangetrokken. Ook dit keer zat ik op de blauwe bank. Ze gaf me een boek: *Akienfield: Portrait of a Chinese Village*. Ze had onthouden dat ik toen ik nog klein was de dames bij het koffie-uurtje had verteld dat ik later archeoloog wilde worden. Tijdens haar korte bezoek praatten we over van alles en nog wat. Mijn moeder hielp. Ze vertelde over de kerk en over Fred. Betty luisterde. Om de paar zinnen knikte ze of deed ze ook een duit in het zakje. Ik herinner me hoe ze, terwijl mijn moeder aan het woord was, naar mij keek, op de bank; hoe graag ze iets wilde zeggen, maar hoe het woord er één was dat niemand over zijn lippen kon krijgen.

Peggy O'Neill, die door mijn ouders een oude vrijster werd genoemd, was de volgende. Peggy hoorde niet bij de Main Line-aristocratie. Ze was aan haar geld gekomen door haar hele leven les te geven en zuinig met haar spaargeld om te gaan. Ze woonde in een schattig huisje dat ver van de weg af lag en waar mijn moeder nooit over doorzeurde. Ze verfde haar haar diepzwart. Net als Myra specialiseerde ze zich in handtassen voor elk seizoen. Rieten tassen waarop watermeloenen geschilderd waren voor het voorjaar, of tassen die gemaakt waren van kralen en waar reepjes ongelooide huid doorheen gevlochten waren voor het najaar. Ze ging gekleed in alledaagse hemdjurken van indiakatoen en seersucker. De stoffen leken bedoeld te zijn om de aandacht van de toeschouwer af te leiden van haar lichaamsvormen. Nu ik zelf in het onderwijs heb gezeten herken ik ze als de typische leraressendracht.

Of Peggy een cadeau voor me meenam weet ik niet meer. Maar Peggy, die minder gereserveerd was dan mevrouw Jeitles, had geen geschenk nodig. Ik moest er zelfs aan denken haar juffrouw O'Neill te noemen in plaats van Peggy. Ze maakte grapjes en wist me aan het lachen te maken. Ze vertelde dat ze thuis bang was. Ze zei dat het gevaarlijk was om een alleenstaande vrouw te zijn. Ze zei dat ik bijzonder was en dat ik sterk was en dat ik hier wel overheen zou komen. Ze zei ook, lachend, maar in alle ernst, dat het helemaal niet erg was om een oude vrijster te zijn.

Myra kwam als laatste.

Ik wou dat ik me haar bezoek kon herinneren. Of, beter gezegd, dat ik me kleinigheden kon herinneren zoals wat ze aanhad of hoe we zaten of wat ze zei. Maar wat ik me herinner is dat ik me plotseling bevond in het gezelschap van iemand die 'het snapte'. Die niet alleen op de hoogte was van wat er gebeurd was, maar ook – zo goed als ze maar kon – begreep wat ik voelde.

Ze zat in de oorfauteuil. Haar aanwezigheid gaf me troost en steun. Ed was nooit helemaal hersteld van zijn mishandeling. Dat zou ook niet meer gebeuren. Hij had te veel klappen tegen zijn hoofd gekregen. Hij was vaak warrig, gedesoriënteerd. Myra was net als ik: er werd van haar verwacht dat ze sterk zou zijn. Haar reputatie en voorkomen deden je geloven dat, als het dan een van de oude dames van de kerk had moeten treffen, het tenminste de meest veerkrachtige was overkomen. Ze vertelde me over de drie mannen. Ze lachte toen ze nog eens zei dat ze niet hadden beseft hoe taai een vrouw van haar leeftijd kon zijn. Zij zou getuigen. Aan de hand van haar signalement hadden ze Joey opgepakt. Dat nam niet weg dat ze tranen in haar ogen kreeg toen ze over Ed praatte.

Mijn moeder sloeg Myra nauwlettend gade, op zoek naar bewijs dat ik zou herstellen. Ik keek naar Myra om me ervan te verzekeren dat ze het begreep. Op een gegeven moment zei ze: 'Wat mij is overkomen, is niets vergeleken bij wat er met jou is gebeurd. Jij bent jong en mooi. Niemand is op die manier in mij geïnteresseerd.'

'Ik ben verkracht,' zei ik.

Er viel een stilte in de kamer, mijn moeder voelde zich plotseling onbehaaglijk. De zitkamer, waar het antiek met zorg was geschikt en opgewreven, waar het merendeel van de stoelen gesierd was met mijn moeders geborduurde kussens, waar droefgeestige portretten van Spaanse edellieden vanaf de wanden op ons neerkeken, was nu veranderd. Ik voelde dat ik het moest zeggen. Maar ik voelde ook dat het uitspreken ervan vrijwel gelijkstond aan een daad van vandalisme. Alsof ik een emmer bloed in de zitkamer had leeggekieperd, over de blauwe bank, over Myra, over de oorfauteuil, over mijn moeder.

Wij zaten daar gedrieën te kijken hoe het neerdrupte.

'Ik weet het,' zei Myra.

'Ik moest het woord hardop zeggen,' zei ik.

'Het is een cru woord.'

'Het is niet "wat mij is overkomen", of "de roofoverval" of "de mishandeling" of wat dan ook. Ik denk dat het belangrijk is om het beestje bij de naam te noemen.'

'Het is verkrachting,' zei ze, 'en dat is mij niet overkomen.'

Wat er daarna nog werd gezegd was niet de moeite van het vermelden waard. Na een poosje vertrok ze. Maar ik had contact gemaakt met een andere planeet dan die waarop mijn ouders en zus leefden. Het was een planeet waar een gewelddaad je leven veranderde.

Diezelfde middag kwam er een jongen van onze kerk bij ons langs, de oudere broer van een van mijn vrienden. Ik zat in mijn nachtpon op de veranda. Mijn zus zat boven op haar kamer.

'Meisjes, Jonathan is op bezoek,' riep mijn moeder vanuit de hal bij de voordeur.

Misschien was het zijn rossige haar, of het feit dat hij al was afgestudeerd en een baan had in Schotland, of dat zijn moeder hem de hemel in prees en wij als gevolg daarvan van vrijwel alle details van zijn leven, waarin werkelijk alles hem leek mee te zitten, op de hoogte waren; wat het ook was, mijn zus en ik deelden een onuitgesproken zwak voor hem. We kwamen tegelijk de hal in; ik vanaf de achterkant van het huis, mijn zus vanaf de wenteltrap. Zijn ogen bleven op haar rusten terwijl ze de trap af liep. Mijn zus gaf geen krimp. Ik kon haar er niet van beschuldigen dat ze koketteerde of met hem flirtte of me op een andere manier oneerlijke concurrentie aandeed. Ze was aantrekkelijk. Hij glimlachte haar toe en de gewone beleefdheidsfrasen als 'Hoe gaat het met je?' 'Goed. Hoe gaat het met jou?' werden uitgewisseld. Toen merkte hij mij op in de deuropening van de zitkamer. Het was of zijn blik op iets was gevallen dat daar niet thuishoorde.

We praatten eventjes. Mijn zus en Jonathan gingen toen de zitkamer in en ik excuseerde me. Ik keerde terug naar de achterkant van het huis, deed de deur naar de woonkamer dicht, liep de veranda op en ging met mijn rug naar het huis zitten. Ik huilde. De woorden 'leuke jongens' kwamen bij me op. Ik had gezien hoe Jonathan naar me keek en was er nu van overtuigd: *Geen enkele leuke jongen zal mij nog willen.* Ik was al die afschuwelijke woorden die in verband met verkrachting gebruikt werden; ik was veranderd, bebloed, beschadigde waar, onteerd.

Toen Jonathan wegging was mijn zus in een stralend humeur.

Ik liep naar de deur van de woonkamer. Ze hadden me niet gezien, maar door het raam dat uitkeek op de veranda hoorde ik de opgewekte stem van mijn zus.

'Volgens mij vindt hij je leuk,' zei mijn moeder.

'Denk je echt?' vroeg mijn zus, waarbij haar stem bij het derde woord omhoog schoot.

'Ik weet het bijna wel zeker,' antwoordde mijn moeder.

'Hij vindt Mary leuk,' zei ik, waarmee ik mijn aanwezigheid kenbaar maakte, 'omdat Mary niet is verkracht!'

'Alice,' zei mijn moeder, 'hou op.'

'Het is een leuke jongen,' zei ik. 'Geen enkele leuke jongen zal mij ooit nog willen.'

Mijn zus was met stomheid geslagen. Dit was wat je noemt een domper. Ze was vrolijk geweest, wat ze verdiende. De week na haar thuiskomst had ze grotendeels op haar kamer doorgebracht, weg van de wrijvingen en uit het licht van de schijnwerpers.

'Dat is niet waar, Alice,' zei mijn moeder.

'Jawel. Je had moeten zien hoe hij naar me keek. Hij kon er niet mee omgaan.'

Ik was harder gaan praten, waardoor mijn vader te voorschijn kwam uit zijn ivoren toren.

'Vanwaar al die commotie?' vroeg hij toen hij de woonkamer in kwam. Hij had zijn leesbril in zijn rechterhand en keek, zoals zo vaak, alsof hij ruw was gewekt uit een leven in het achttiende-eeuwse Spanje.

'Fijn dat je er ook bij komt, Bud,' zei mijn moeder. 'Bemoei je er niet mee.'

'Geen enkele leuke jongen zal mij ooit nog willen,' zei ik nog eens.

Mijn vader, die het voorgaande gemist had, was ontzet. 'Alice toch, waarom zeg je nou zoiets?'

'Omdat het de waarheid is,' riep ik uit. 'Omdat ik verkracht ben en niemand me nog zal willen.'

'Dat is volslagen belachelijk,' zei hij. 'Je bent mooi; natuurlijk zijn er leuke jongens die je mee uit zullen vragen.'

'Onzin. Leuke jongens vragen geen verkrachte meisjes mee uit.'

Inmiddels huilde ik met gierende uithalen. Mijn zus liep weg en ik riep haar na: 'Prima, schrijf het maar in je dagboek: "Vandaag is er een leuke jongen bij me langsgekomen." Dat zal ík nooit schrijven.'

'Laat je zus hierbuiten,' zei mijn moeder.

'Wat maakt haar zo bijzonder? Zij mag boven in haar kamer blijven, terwijl jullie mij bewaken alsof ik me van kant ga maken. Pap loopt rond alsof ik uit elkaar val zodra hij me aanraakt en jij verstopt je met je opvliegingen in de bijkeuken!'

'Alice toch,' zei mijn vader, 'je bent gewoon van streek.'

Mijn moeder begon over haar borst te wrijven.

'Je moeder en ik doen ons best,' zei mijn vader. 'We weten gewoon niet goed wat we moeten doen.'

'Jullie zouden om te beginnen het woord hardop kunnen zeggen,' zei ik, gekalmeerd, mijn gezicht warm van het schreeuwen, terwijl er weer tranen opwelden.

'Welk woord?'

'*Verkrachting*, pap,' zei ik. '*Verkrachting*. De reden dat ik word aangegaapt, de reden dat jij niet weet wat je doen moet, dat die oude dames op bezoek komen en mam voortdurend loopt te flippen, en dat Jonathan Gulick keek alsof ik abnormaal ben, ja!'

'Rustig maar, Alice,' zei mijn vader, 'je maakt je moeder overstuur.'

Het was waar. Mijn moeder was ongemerkt naar het verste puntje van de bank geschoven – bij ons vandaan. Ze zat voorovergebogen met één hand tegen haar hoofd; met de andere wreef ze over het midden van haar borst. Op dat moment voelde ik een enorme wrok jegens mijn moeder. Ik baalde ervan dat de aandacht altijd naar de zwakste uitging.

De bel ging. Het was Tom McAllister. Hij was een jaar ouder dan ik en hij was de knapste jongen die ik kende. Mijn moeder vond dat hij op Tom Selleck leek, de acteur. Ik had Tom niet meer gezien sinds de nachtmis op kerstavond. We hadden een lied gezongen. Aan het slot van het gezang, toen ik me op de kerkbank omdraaide, glimlachte hij me toe.

Toen mijn vader de deur opendeed om hem binnen te laten, glipte ik via de gang naar de badkamer op de begane grond om mijn gezicht te wassen. Ik waste het met koud water en probeerde mijn haar met mijn vingers te kammen.

Ik trok mijn peignoir dicht om me heen, zodat hij de halsketting van blauwe plekken die de handen van de verkrachter hadden achtergelaten zou verhullen. Ik huilde elke dag zoveel dat mijn ogen permanent opgezet waren. Ik wilde dat ik er beter uitzag. Mooi, net als mijn zus.

Mijn vader en moeder hadden Tom naar de veranda meegenomen. Toen ik bij hen ging zitten stond hij op van de bank.

'Deze zijn voor jou,' zei hij, en hij gaf me een boeket bloemen. 'Ik heb ook een cadeautje voor je. Mijn moeder heeft het helpen uitzoeken.'

Hij keek me aan. Maar onder zijn onderzoekende blik voelde ik me anders dan onder de blik van Jonathan Gulick.

Mijn moeder bracht ons iets fris te drinken en na enkele woorden met Tom gewisseld te hebben over zijn opleiding aan Temple University nam ze de bloemen mee naar binnen om ze in water te zetten, en ook mijn vader verdween van de veranda en ging in de kamer zitten lezen.

We zaten op de bank. Ik was in de weer met het openmaken van het cadeautje. Het was een mok, met een afbeelding van een kat die een bos ballonnen vasthield – het soort geschenk waarop ik in een andere stemming zou hebben neergekeken. Nu vond ik het prachtig en mijn bedankje aan Tom was welgemeend. Hij was míjn leuke jongen.

'Je ziet er beter uit dan ik had verwacht,' zei hij.

'Dank je.'

'De eerwaarde Breuninger deed het voorkomen alsof je ernstig mishandeld was.'

Ik besefte dat hij, anders dan de oude dames, niets achter die woorden had gezocht.

'Je weet het toch?' vroeg ik.

Zijn gezicht stond effen. 'Wat?'

'Wat me echt is overkomen.'

'In de kerk zeiden ze dat je in een park was overvallen.'

Ik keek hem aandachtig aan. Resoluut zei ik: 'Ik ben verkracht, Tom.'

Hij schrok.

'Als je wilt mag je weggaan,' zei ik. Ik staarde naar de mok in mijn handen.

'Dat wist ik niet, dat heeft niemand me verteld,' zei hij. 'Het spijt me verschrikkelijk.'

Terwijl hij dat in alle oprechtheid zei, bewoog hij zich een beetje bij me vandaan. Hij ging wat meer rechtop zitten. Zonder echt op te staan leek hij zoveel mogelijk lucht in de ruimte tussen ons te willen laten.

'Nu weet je het,' zei ik. 'Denk je nu anders over me?'

Hij kon het niet winnen. Wat kon hij zeggen? Natuurlijk had dit effect op hem, dat kon niet anders, maar ik wilde niet het antwoord dat ik nu ken, ik wilde wat hij zei.

'Nee, natuurlijk niet. Het is alleen... Ik weet niet wat ik moet zeggen.'

Wat ik aan die middag overhield, behalve de belofte dat hij me gauw zou bellen en dat we elkaar weer zouden zien, was dat ene woord waarmee hij antwoord gaf op mijn vraag: *nee*.

Diep in mijn hart geloofde ik hem natuurlijk niet. Ik was slim genoeg om te weten dat hij zei wat iedere aardige jongen zou zeggen. Ik was een welopgevoed meisje; ook ik wist wat er in bepaalde situaties van me verwacht werd. Maar omdat hij een jongen was, en van mijn leeftijd, nam hij vergeleken bij de andere bezoekers heroïsche proporties aan. Geen enkele oude dame, zelfs Myra niet, kon me geven wat Tom me had gegeven, en mijn moeder wist dat. De hele week bleef ze Tom ophemelen en mijn vader, die ooit een jongen die het had ge-

waagd te vragen in welk land er Latijn werd gesproken opgewekt had zitten uitlachen, speelde het spelletje mee. Ik ook,
al wisten we allemaal dat we ons vastklampten aan een stro-
halm; het had geen zin om te doen of er niets was veranderd.

Er volgde nog een bezoek, een paar dagen later, dat Tom
ongetwijfeld veel zwaarder viel. Weer zaten we op de veranda.
Ditmaal luisterde ik en sprak hij. Na zijn vorige bezoek was
hij naar huis gegaan, zei hij, en had hij het zijn moeder verteld.
Ze had geen verbazing getoond, had het zelfs al opgemaakt
uit wat pater Breuninger gezegd had. Diezelfde avond, of de
volgende dag – dat weet ik niet meer precies – had Toms moeder hem en zijn jongere zusje Sandra naar de keuken geroepen
en gezegd dat ze hun iets te vertellen had.

Tom vertelde dat ze bij het aanrecht stond, met haar rug
naar hen toe. Terwijl ze door het raam naar buiten keek, had
ze hun verteld over de keer dat zij was verkracht. Ze was achttien toen het gebeurde. Tot die dag had ze het er nooit met
iemand over gehad. Het was gebeurd op een treinstation, toen
ze onderweg was naar haar broer, die op een internaat zat.
Wat mij nog het meest is bijgebleven is dat Tom vertelde dat
ze, toen de twee mannen haar vastgrepen, uit haar nieuwe jas
geglipt was en het op een lopen had gezet. Toch hadden ze
haar te pakken gekregen.

Terwijl de tranen Tom over de wangen rolden, dacht ik terug aan hoe mijn verkrachter me bij mijn lange haar had vastgegrepen.

'Ik weet niet wat ik moet doen of zeggen,' zei Tom.

'Je kunt niets doen,' zei ik tegen hem.

Ik wou dat ik terug kon gaan in de tijd en die laatste woorden kon terugnemen. Ik wou dat ik kon zeggen: 'Je doet al
iets, Tom. Je luistert.' Ik vroeg me af hoe zijn moeder erin geslaagd was een leven op te bouwen met man en kinderen zonder er ooit iets over te zeggen.

Na die bezoeken in de vroege zomer zagen Tom en ik elkaar in de kerk terug. Inmiddels was ik er niet langer op gefixeerd Toms belangstelling te wekken of gezien te worden met een knappe jongen. Ik keek nauwlettend naar Toms moeder. Zij wist dat ik het van haar wist, en ze wist het zeker van mij, maar we spraken elkaar nooit. Tussen Tom en mij kwam meer afstand. Dat zou sowieso zijn gebeurd, maar het verhaal van mijn verkrachting was ongevraagd hun leven binnengestormd. Het had als katalysator gefungeerd voor een onthulling bij hen thuis. Wat voor uitwerking die onthulling op hun leven heeft gehad, weet ik niet, maar via haar zoon gaf mevrouw McAllister mij twee dingen: ten eerste werd ik me ervan bewust dat er in mijn wereld nog een slachtoffer van verkrachting leefde, en ten tweede gaf ze me het bewijs, door het aan haar kinderen te vertellen, dat het vertellen van mijn verhaal een bron van kracht kon zijn.

Het verlangen om erover te praten was acuut. Het kwam voort uit een respons die mij zo eigen was dat ik het, zelfs als ik had geprobeerd het voor mezelf te houden, betwijfel of dit gelukt zou zijn.

Onze familie had geheimen en al op jonge leeftijd had ik me voorgenomen die te onthullen. Ik haatte al dat heimelijke gedoe, dat er altijd van alles en nog wat voor anderen werd verzwegen. Het eeuwig en altijd: 'Stil, anders horen de buren jullie.' Ik reageerde daar gewoonlijk op met: 'En wat dan nog?'

Laatst nog hadden mijn moeder en ik een discussie over al dan niet afgaan bij een winkel in de buurt, de Radio Shack.

'Ik weet zeker dat de winkelbediende denkt dat ik krankzinnig ben,' zei mijn moeder toen we het erover hadden een draadloze telefoon terug te brengen.

'Het is heel normaal dat mensen spullen terugbrengen, mam,' zei ik.

'Maar ik heb hem al eens geruild.'

'Nou, dan vindt die bediende je misschien een lastig mens,

maar ik betwijfel of hij denkt dat je gek bent.'

'Ik kan er gewoonweg niet nog een keer naar binnen. Ik hoor het ze al zeggen: "Kijk, daar heb je die ouwe vrouw weer die zelfs van een vork met een gebruiksaanwijzing niets zou snappen".'

'Mam,' zei ik, 'er worden aan de lopende band dingen geruild.'

Nu heeft het wel iets grappigs, maar als je jong bent betekent al die bezorgdheid over wat anderen van je denken dat je geheimen moet bewaren. Mijn oma, de moeder van mijn moeder, had een broer die is overleden tijdens een dronkenschap. Zijn lichaam werd drie weken later door zijn jongere broer ontdekt. Mijn zus en ik waren gewaarschuwd dat we oma nooit mochten vertellen dat mam aan de drank was. We werden evenmin geacht iets te zeggen over haar opvliegingen, en ze deed haar best ze te verbergen als we bij haar ouders, die in Bethesda woonden, op bezoek gingen. Hoewel mijn ouders alle duivels uit de hel vloekten, mochten wij niet vloeken. En ofschoon we hoorden wat ze dachten van de diaken van St. Peter's ('een verwaande nitwit') of van de buren ('met al dat vet vráágt hij om een hartaanval') of van de ene zus terwijl de andere zus boven, op haar kamer zat – we mochten het niet verder vertellen.

Ik leek van nature niet in staat te zijn dergelijke instructies op te volgen. Toen ik vijf was en we vanuit Rockville, Maryland, naar Pennsylvania verhuisden, moest mijn zusje de derde klas overdoen. Dat was omdat ze volgens het schooldistrict East Whiteland te jong was voor de vierde klas. Alleen om die reden moest ze nog een jaar in de derde blijven. Dat was nogal traumatisch voor haar, want voor een achtjarige die net naar een nieuwe stad is verhuisd, is er nauwelijks iets schandelijkers denkbaar dan zittenblijven. Mijn moeder zei dat niemand het hoefde te weten. Maar ze zei er niet bij dat ze daarvoor mijn mond zouden moeten dichtnaaien en zorgen dat ik het huis niet uit kwam.

Een paar dagen na de verhuizing was ik in de achtertuin met onze basset Feijoo. Ik raakte aan de praat met een buurvrouw, mevrouw Cochran, die zich naar me overboog en zich voorstelde. Ze had een zoontje van mijn leeftijd, Brian, en ze wilde ongetwijfeld maar al te graag als eerste allerlei wetenswaardigheden over ons gezin te weten komen. Ik kwam aan haar wens tegemoet.

'Mijn moeder is degene met die putjes in haar gezicht,' zei ik tegen de gechoqueerde buurvrouw. Ik doelde op mijn moeders acnelittekens. Als antwoord op de vraag: 'Zijn er meer zoals jij bij jullie thuis?' zei ik: 'Nee, maar ik heb nog wel een zus. Ze is net in de derde blijven zitten.'

En zo ging het verder. Mijn mond werd in de loop der tijd alleen maar groter, maar ik vertik het om alle schuld op me te nemen. Ik was me scherp bewust van mijn gehoor; de volwassenen vonden het prachtig.

De regels over wat wel en wat niet onthuld mocht worden waren gewoonweg te ingewikkeld voor me. Mijn ouders konden alles zeggen wat er in hen opkwam, maar zodra ik buitenshuis was mocht ik niets loslaten.

'De buren proberen je uit te horen,' zei mijn moeder vaak. 'Je moet leren om wat terughoudender te zijn. Ik begrijp niet waarom je zo nodig tegen iedereen moet kletsen.'

Ik wist niet wat *terughoudend* betekende. Ik volgde alleen hun voorbeeld. Als ze een rustig kind wilden, zei ik tijdens een schreeuwpartij in mijn middelbareschooltijd uiteindelijk tegen ze, dan moest ik misschien maar gaan roken. Op die manier zou ik longkanker krijgen in plaats van de kanker die ik volgens mijn moeders beschuldigende woorden had, namelijk mondkanker.

Brigadier Lorenz was de eerste die mijn verhaal te horen kreeg. Maar hij onderbrak me regelmatig met de woorden: 'Dat doet er niet toe.' Hij was in mijn verhaal op zoek naar feiten die eventuele formele aanklachten probleemloos zouden ondersteunen. Hij was wat hij was: een 'alleen de feiten graag dame'-politieman.

Aan wie kon ik mijn verhaal kwijt? Ik was bij mijn ouders thuis. Ik had niet het idee dat mijn zus ermee zou kunnen omgaan en Mary Alice was ver weg, ze had een baantje aan de kust van Jersey. En het was niet iets wat ik over de telefoon kon doen. Ik probeerde het aan mijn moeder te vertellen.

Ik was van heel wat zaken deelgenoot gemaakt. Zijdelingse opmerkingen van mijn moeder in de trant van: 'Je vader weet niet wat genegenheid is', toen ik elf was, en de discussies die we tijdens mijn grootvaders langdurige ziekbed en zijn dood hadden gevoerd. Er werd niets voor me verborgen gehouden. Ik vermoed dat mijn moeder daar al vroeg toe heeft besloten, als reactie op haar eigen moeder. Mijn grootmoeder is stoïcijns en zwijgzaam. In tijden van crisis zijn haar wijze woorden van de oude school: 'Als je er niet aan denkt, gaat het vanzelf over.' Mijn moeder wist door haar eigen ervaringen dat dit niet waar was.

Een persoonlijk gesprek met haar was dus niet zonder precedent. Toen ik achttien was, liet ze me een keer plaatsnemen en vertelde me tot in detail over haar alcoholisme, het begin en de gevolgen ervan. Ze geloofde dat ze me, door me van dat soort dingen deelgenoot te maken, in staat zou stellen ze te vermijden of als het nodig was ze te herkennen als ze zich voordeden. Door er met haar kinderen over te praten, erkende ze bovendien dat het om reële problemen ging en dat die ook gevolgen voor ons hadden; dat dergelijke dingen het hele gezin, en niet alleen de direct betroffene, vormden.

Mijn geheugen zegt dat het misschien 's avonds was; ik weet het niet zeker, maar het was in elk geval een paar weken na de verkrachting en het was aan de keukentafel. Als mijn moeder en ik niet alleen thuis waren, zat mijn vader ongetwijfeld in zijn werkkamer en mijn zus op haar kamer, en als er voetstappen naderden zouden we ze zeker horen.

'Ik moet je vertellen wat er in de tunnel is gebeurd,' zei ik. De placemats van het avondeten lagen nog op tafel. Mijn moeder zat te friemelen aan de hoeken van de hare.

'Je kunt het proberen,' zei ze, 'maar ik kan niet beloven dat ik ertegen kan.'

Ik begon. Ik vertelde haar over het huis van Ken Childs, over de foto's die hij in zijn flatje had genomen. Ik kwam op het pad in het park. Ik vertelde haar over de handen van de verkrachter, hoe hij me met beide armen vastgreep, over de worsteling op het klinkerpad. Toen ik bij de tunnel kwam, en mijn kleren begon uit te trekken en hij me aanraakte, onderbrak ze me.

'Ik kan het niet, Alice,' zei ze. 'Ik wil wel, maar ik kan niet.'

'Het is goed voor me om te proberen erover te praten, mam,' zei ik.

'Dat begrijp ik, maar ik geloof niet dat ik de geschikte persoon ben.'

'Ik heb niemand anders,' zei ik.

'Ik kan een afspraak voor je maken met dr. Graham.'

Dr. Graham was mijn moeders psychiater. Eigenlijk was ze de gezinspsychiater. Ze was begonnen als psychiater van mijn zus, en wilde ons toen zien, als gezin, om te kijken wat voor effect de gezinsdynamiek op mijn zus had. Mijn moeder had me zelfs na een zeer ongelukkige valpartij van de wenteltrap een paar maal naar dr. Graham gestuurd. Ik liep altijd op kousenvoeten de trap op en af en gleed vaak uit over het gepolitoerde hout. Elke keer stuiterde ik op mijn achterste naar beneden, tot ik op de overloop belandde of mijn ledematen op een zodanige manier in de knoop geraakt waren dat ik vlak boven de plavuisvloer in de hal bij de voordeur tot stilstand kwam. Mijn moeder had bedacht dat die onhandigheid wellicht voortvloeide uit een drang tot zelfvernietiging. Ik was ervan overtuigd dat het niet om zoiets subtiels ging. Ik was gewoon een kluns.

Nu had ik een echte reden om een bezoek aan een psychiater te brengen. In het verleden was ik er prat op gegaan dat ik het enige lid van het gezin was dat geen therapie had gehad –

het gesprek over mijn valpartijen rekende ik niet tot therapie – en ik had mijn zus het leven heel erg zuur gemaakt toen ze onder behandeling van dr. Graham was. Mary begon met de therapie in hetzelfde jaar dat de Talking Heads de popsong uitbrachten die haar kleine zusje perfect tegen haar kon gebruiken: 'Psycho Killer.' Zusterlijke wreedheid met een melodie. We moesten zuinig aan doen om haar therapie te kunnen bekostigen. Ik redeneerde dat wat mijn ouders aan haar uitgaven, ze ook aan mij behoorden te spenderen. Het was niet mijn schuld dat Mary gek was.

Een revanche had ze wel verdiend, maar Mary plaagde mij die zomer niet. Ik zei tegen haar dat ik volgens mam naar dr. Graham moest en we waren het er allebei over eens dat het misschien goed voor me zou zijn. Mijn motivatie was voornamelijk esthetisch. Wat mij aansprak was hoe dr. Graham eruitzag. Ze was de vleesgeworden feministe. Ze was bijna een meter tachtig, droeg wijde jurken over haar forse, maar niet zware lijf, en ze vertikte het haar benen te scheren. Ze had in mijn middelbareschooltijd om mijn grapjes gelachen, en na onze schaarse sessies naar aanleiding van mijn valpartijen had ze in mijn bijzijn tegen mijn moeder gezegd dat ik, gezien het gezin waar ik uit kwam, ongelooflijk goed aangepast was. Met mij was niets aan de hand, had ze destijds gezegd.

Mijn moeder bracht me naar haar praktijk in Philadelphia. Het was een andere praktijkruimte dan vroeger, in het kinderziekenhuis; dit was haar particuliere praktijk. Ze zat op me te wachten; ik ging naar binnen en nam plaats op de bank.

'Wil je me vertellen waarom je hier bent, Alice?' vroeg ze. Ze wist het al. Mijn moeder had het haar verteld toen ze belde om de afspraak te maken.

'Ik ben verkracht in een park vlak bij de universiteit.'

Dr. Graham kende ons gezin. Wist dat zowel Mary als ik maagd was.

'Nou,' zei ze, 'dan ben je nu zeker wat minder geremd op het gebied van seks?'

Ik geloofde mijn oren niet. Ik weet niet meer of ik zei: 'Wat een rotopmerking. Dat slaat toch nergens op?' Ik had het in elk geval wel willen zeggen. Ik weet nog wel dat dit het eind van de sessie betekende, dat ik opstond en wegliep. Wat dr. Graham zei, waren de woorden van een feministe die in de dertig was. Iemand, dacht ik, die beter had moeten weten. Maar ik zou erachter komen dat niemand – ook vrouwen niet – wist wat hij met een verkrachtingsslachtoffer aan moest.

Zodoende vertelde ik het aan een jongen. Hij heette Steve Carbonaro. Ik kende hem van de middelbare school. Hij was intelligent en mijn ouders mochten hem graag – hij schatte hun tapijten en boeken naar waarde. Hij kwam uit een groot Italiaans gezin en wilde daaraan ontsnappen. Als middel daartoe had hij poëzie gekozen, en op dat gebied had ik meer met hem gemeen dan met wie ook. Op ons zestiende lazen we elkaar op de bank van mijn ouders voor uit *The New Yorker Book of Poetry* en hij had me mijn eerste zoen gegeven. Ik heb nog altijd mijn dagboekaantekening van die avond. Toen hij naar huis was gegaan schreef ik: 'Mam zat aanstellerig naar me te grijnzen.' Ik ging naar de kamer van mijn zus. Zij was nog niet door een jongen gezoend. In mijn dagboek schreef ik: 'Jech, jek, jakkes! Ik word er niet goed van. Ik heb Mary verteld dat tongzoenen walgelijk is en dat ik niet begrijp wat er zo leuk aan is. Ik zei dat ze, als zij het ook walgelijk vond, met me kon praten wanneer ze maar wilde.'

Op school was ik een onwillige partner voor Steve Carbonaro. Ik wilde niet met hem naar bed. Toen hij me onder druk zette, gaf ik de volgende verklaring voor mijn houding: Ik had geen onbedwingbare neiging om nee te zeggen, maar die had ik evenmin om ja te zeggen, en daarom zou ik het bij nee houden tot ik een meer uitgesproken mening had.

Op mijn zeventiende, in ons laatste schooljaar, had Steve verkering met een meisje dat op school bekendstond als een afgelikte boterham. Op het eindfeest, waar ik met Tom McAllister aan het dansen was, dronk Steve zich een stuk in de kraag. Toen ik hem en zijn vriendin tegenkwam, zei ze verbitterd tegen me dat het goed met haar ging als je naging dat ze die ochtend een abortus had ondergaan. Later die avond, op een feest bij Gail Stuart, kwam Steve met een ander meisje opdagen, Karen Ellis. Zijn vriendin had hij thuisgebracht.

Maar in mei 1981 deed al dat jeugdige gestoethaspel er niet toe. Twee uur in een donkere tunnel zorgden ervoor dat mijn innerlijke strijd om al dan niet met schooljongens als Steve naar bed te gaan ver van me af stond. Steve had zijn eerste studiejaar aan Ursinus College afgerond. Toen hij terugkeerde, bleek hij een nieuwe passie te hebben opgevat, en wel voor de musical *De man van La Mancha*. Mijn moeder en ook mijn vader, die heel wat minder makkelijk te charmeren was, vonden zijn belangstelling voor de mythe van La Mancha geweldig. Waarmee kon je een professor in de achttiende-eeuwse Spaanse taal- en letterkunde beter inpakken dan met een musical die gebaseerd was op Cervantes? Als je niet op een eeuw keek, had Steve Carbonaro het niet beter kunnen uitzoeken. Die zomer bracht hij vele uren op onze veranda door in het gezelschap van mijn ouders, van wie hij koffie kreeg en met wie hij over zijn lievelingsboeken praatte, en over wat hij later wilde worden. Ik denk dat hun belangstelling van onschatbare waarde voor hem was, en zijn aandacht voor mij was een godsgeschenk voor mijn ouders.

De eerste keer dat hij die zomer bij ons op bezoek kwam, vertelde ik hem dat ik verkracht was. We zijn geloof ik een paar keer samen uit geweest, gewoon als vrienden, voor ik hem de rest vertelde. Het was op de bank in de zitkamer. Mijn ouders bewogen zich zo stil mogelijk in de kamer boven ons. Telkens als Steve kwam, dook mijn vader zijn werkkamer in, of hij ging bij mijn moeder op haar slaapkamer zitten, waar ze, onderdrukt fluisterend, probeerden te gissen naar wat zich beneden hen afspeelde.

Ik vertelde hem alles, voor zover ik het kon opbrengen. Ik was van plan geweest hem alles tot in de details te vertellen, maar dat kon ik niet. Gaandeweg stelde ik mijn verhaal bij, stopte bij blinde hoeken waar ik mogelijkerwijs mijn zelfbeheersing zou verliezen. Ik hield me aan de feiten, weidde niet uit. Ik nam niet de tijd om te onderzoeken hoe ik het had ervaren om de tong van de verkrachter in mijn mond te voelen of hoe het was geweest om hem terug te moeten zoenen.

Hij werd zowel aangetrokken als afgestoten door wat hij hoorde. Hier, voor zijn ogen, voltrok zich een live-voorstelling, een echte tragedie, een drama dat niet uit een boek kwam of plaatsgreep in de gedichten die hij schreef. Hij noemde me Dulcinea. Hij zong de liedjes uit *De man van La Mancha* voor me in zijn witte Kever, en kreeg me zover dat ik meezong. Het zingen van deze liedjes was voor Steve cruciaal. Hij deelde zichzelf de rol van de centrale figuur toe, die van Don Quichot de La Mancha, een man die door niemand wordt begrepen, een romanticus die van de scheerkom van een barbier een kroon maakt en van de hoer Aldonza een dame, Dulcinea. De laatste, dat was ik. Na een lied en een scène die de titel 'De ontvoering' draagt en waarin Aldonza wordt gekidnapt en, zo laat men doorschemeren, het slachtoffer wordt van een groepsverkrachting, treft Don Quichot haar aan nadat ze door haar ontvoerders is afgedankt. Dankzij zijn verbeeldingskracht en wilskracht volhardt Don Quichot erin in deze mishandelde, verkrachte vrouw zijn lieftallige maagd Dulcinea te zien.

Steve had gespaard voor entreekaartjes voor de voorstelling in de Philadelphia Academy of Music, met Richard Kiley in de hoofdrol. Het was mijn vervroegde verjaarscadeau. We kleedden ons chic aan. Mijn moeder nam foto's. Mijn vader zei dat ik er 'als een echte dame' uitzag. Ik voelde me verlegen met al die aandacht, maar het was een avond uit, met een jongen, een jongen die het wist en die me niet had afgewezen. Om die reden werd ik verliefd op hem.

En toch, op de een of andere manier, toen ik het op het toneel opgevoerd zag, met Aldonza die door een groep mannen achtervolgd, bepoteld en misbruikt wordt, haar borsten vastgegrepen als stukken vlees, kon ik de illusie die voor Steve Carbonaro zo wezenlijk was voor onze relatie niet volhouden. Ik was geen hoer die hij dankzij zijn verbeeldingskracht en rechtvaardigheidsgevoel kon verheffen tot een dame. Ik was een achttienjarig meisje dat archeologe had willen worden toen ze vier was, en dichteres of Broadway-ster toen ze wat ouder was. Ik was veranderd. De wereld waarin mijn ouders en Steve Carbonaro leefden was de mijne niet meer. In mijn wereld zag ik overal geweld. Het was geen liedje of een droom of de plot van een verhaal.

Toen ik na *De man van La Mancha* vertrok, voelde ik me bezoedeld.

Die avond was Steve opgetogen. Hij had gezien wat hij dacht dat de waarheid was, de waarheid van een romantische negentienjarige, opgevoerd op het toneel. Hij bracht Dulcinea naar huis, zong haar toe in de auto, en op zijn aandringen zong zij hem op haar beurt toe. We bleven nog lang in de auto zitten. De ramen besloegen door al het zingen. Ik ging naar binnen. Voor ik dat deed gebeurde nog eenmaal wat die zomer zo belangrijk voor me was: een leuke jongen zoende me welterusten. Alles was besmet. Zelfs een kus.

Nu ik hierop terugkijk, terwijl ik opnieuw luister naar de teksten van de liedjes, ontgaat het me niet, zoals toen, dat Don Quichot aan het slot sterft, dat Aldonza verder leeft, dat zíj het is die het refrein zingt van 'De onmogelijke droom', dat zíj het is die overeind blijft om de strijd aan te binden.

Het eindigde tussen ons niet op een grootse manier; er was geen helder flonkerende ster, en ook geen queeste. Toen puntje bij paaltje kwam vond Don Quichot het bar moeilijk om van verre, kuis en puur lief te hebben. Hij vond iemand die het bed met hem wilde delen. De zomer verstreek. Het was tijd om weer aan de studie te gaan. Don Quichot zou voor zijn tweede jaar naar Penn University overstappen; mijn vader schreef een geestdriftige aanbevelingsbrief voor hem. En ik ging, uiteindelijk met de steun van mijn ouders, terug naar Syracuse. Alleen.

Zes

In mijn eindexamenjaar schreef ik me in bij drie hogescholen: de universiteit van Syracuse, Emerson College in Boston en de universiteit van Pennsylvania. Bij deze laatste zou ik als dochter van een faculteitsmedewerker zonder problemen toegelaten moeten worden. Ik wilde niet naar Penn, zo herinner ik het mij tenminste. Ik had gezien hoe mijn zus naar de campus van Penn was verhuisd, en weer snel met al haar spullen terugverhuisd was naar mijn ouders, en haar eerste jaar elke dag op en neer had gereisd. Als ik dan toch naar de universiteit moest – en het grootste deel van de middelbare school had ik gezegd dat ik dat niet wilde – dan wilde ik ook de voordelen van ver weg zijn.

Mijn ouders kwamen me hierin tegemoet; ze wilden dolgraag dat ik naar de universiteit ging. Ze zagen het als een wezenlijke bron van toekomstmogelijkheden, als datgene wat hun eigen leven veranderd had, vooral dat van mijn vader. Geen van zijn beide ouders had de middelbare school afgemaakt en hij schaamde zich hiervoor; zijn academische prestaties waren gestimuleerd door de behoefte zich te distantiëren van zijn moeders slechte taalgebruik en zijn vaders schuine dronkemansmoppen.

In mijn op een na laatste schooljaar bracht ik met mijn vader een bezoek aan Emerson, waar langharige studenten die hij 'teruggeworpenen' noemde, me aanraadden me niets aan te trekken van wat zij als onderdrukkende regels beschouwden.

'Je mag hier geen elektrische apparaten hebben,' zei de studentenmentor van de flat waar we een rondleiding kregen. Hij had vies donkerbruin haar en een vieze baard. Hij deed me heel erg denken aan John de buschauffeur, die mij in de brugklas naar school had gebracht en zelf schoolverlater was. Allebei de jongens riekten naar oprechte, authentieke rebellie. Ze stonken naar marihuana.

'Ik heb een broodrooster en een föhn,' zei deze John opschepperig, en hij wees naar een met een vetlaag bedekte broodrooster die tussen twee planken van een met de hand gemaakt wandrek ingeklemd stond. 'Je moet ze nooit tegelijkertijd gebruiken, dat is het geheim van de smid.'

Hoewel mijn vader dit wel amusant vond, was hij ook geschokt door deze jongen, die zo'n schurftige aanblik bood maar desondanks een gezaghebbende positie bekleedde in de studentenflat. Waarschijnlijk stond mijn vader in dubio. Emerson had een artistiekerig imago in een stad van monolieten als Harvard en MIT. Zelfs Boston University, waarvan we ook de campus hadden bezocht en waar mijn vader zeer over te spreken was, stond ver boven Emerson in de voedselketen. Maar mij beviel Emerson wel. Ik vond het leuk om, toen we vlakbij het bord waren, te zien dat twee van de letters ontbraken. Dit was mijn soort plek. Ik dacht dat ik er wel aan zou kunnen wennen om niet tegelijk toast te maken en mijn haar te föhnen.

Die avond had ik plezier met mijn vader. Dat is zeldzaam. Mijn vader heeft geen hobby's, zou nog geen balsport herkennen als hij een bal tegen zijn hoofd kreeg, en hij heeft geen vrienden, alleen collega's. Het idee dat ontspanning een mens goed kan doen, is hem vreemd. 'Plezier is saai,' zei hij tegen me toen ik klein was en probeerde hem over te halen een bordspelletje met me te doen dat ik op de grond had klaargezet. Het werd een van zijn favoriete uitspraken. Hij meende het.

Maar ik had er altijd een vaag vermoeden van gehad dat mijn vader een andere kant had als hij niet bij ons en niet bij mijn moeder was. Dat hij in andere landen of met zijn mannelijke ouderejaars wel plezier had. Ik vond het heerlijk om mijn vader voor mezelf te hebben, en bij ons bezoek aan Emerson deelden we een hotelkamer om goedkoper uit te zijn.

Die avond gleed ik na een lange dag in Boston in het lits-jumeaux tussen de lakens, aan de kant van de badkamer. Mijn vader ging naar beneden, naar de lounge van het hotel om te lezen en wellicht ook mijn moeder te bellen. Ik was opgewonden en kon niet slapen. Eerder die avond had ik een emmer met piepkleine ijsklontjes bij de ijsmachine op de gang gehaald. Ik plande mijn offensief. Ik nam een deel van de ijsklontjes en legde die in mijn vaders bed, aan het voeteneinde. De rest bewaarde ik en zette ik bij mijn bed.

Ik deed alsof ik sliep toen mijn vader terugkwam. Hij deed zijn pyjama aan in de badkamer, poetste zijn tanden, knipte het licht uit. Ik kon zijn contouren onderscheiden in het duister toen hij de dekens wegtrok om in bed te kruipen. Ik was opgetogen, zij het een tikkeltje angstig. Misschien zou hij wel gewoon heel kwaad worden. Ik begon af te tellen, en toen kwam het: een woeste schreeuw gevolgd door gevloek. 'Godverdegloeiende, wat...?

Ik kon me niet meer inhouden. Ik lachte me dood.

'Alice?

'Ik heb je mooi te pakken,' zei ik.

Eerst was hij boos, maar toen gooide hij een ijsblokje naar me toe. Meer was er niet nodig.

Het was oorlog. Ik gooide terug. Ons bed was onze bunker. Hij gooide met handenvol tegelijk en ik gooide de ijsblokjes stuk voor stuk terug, vuurde salvo's af die ik zo timede dat ze hem troffen precies op het moment dat hij weer wilde aanvallen. Hij lachte en ik ook. Hij had heel even geprobeerd zich als een ouder te gedragen, maar dat hield hij niet vol.

Ik werd volgens hem te hysterisch, een toestand die mijn moeder 'hyper' noemde, dus stopten we ermee. Maar voor het zover was... O, om mijn vader zo te zien, zo vrolijk lachend. Op zulke momenten deed ik alsof hij de grote broer was die ik nooit had gehad. Het was aan mij om hem ertoe aan te zetten, maar wanneer dat onderdrukte jongetje eenmaal in hem bevrijd was, dan wenste ik uit de grond van mijn hart dat hij altijd zo zou blijven.

Wat Hollywood misschien voor een kleinsteeds meisje was, vertegenwoordigde Syracuse voor mij: de grote ommekeer, mijn ontsnapping. In vergelijking met de kleine afstand die mijn zus van mijn ouders scheidde, was Syracuse ver van huis. Ver genoeg om een nieuw leven te beginnen. Mijn kamergenote heette Nancy Pike. Ze was een geëxalteerd propje uit Maine. In de zomer had ze mijn naam achterhaald en me een brief geschreven. Hij was zes enthousiaste pagina's lang en vergastte me op wat ze allemaal mee zou nemen, inclusief bijbehorende omschrijvingen: 'Ik heb een waterkoker. Dat is een soort kannetje dat doet denken aan een koffiepercolator maar dat alleen voor warm water is en een stekker heeft die in het stopcontact moet. Het is een ideaal ding om soep mee te maken, en water voor de thee, al moet je er nooit soep in doen.'

Ik zag erg tegen onze ontmoeting op.

Toen mijn moeder, vader en ik op de verhuisdag arriveerden, liep mijn hoofd om. Dit was mijn nieuwe leven en hier waren alle nieuwe mensen die daar deel van zouden uitmaken. Een studentenflat bood mogelijkheden waar ik mijn ouders liever niet op wees. Mijn moeder had haar Donna Reed-gezicht opgezet: een buitengewoon misselijkmakende glimlach waar het positief denken vanaf droop, die ze god mag weten waar had opgeduikeld. Mijn vader wilde de spullen uit de auto halen om het zo snel mogelijk achter de rug te hebben. Zoals hij ons die dag herhaaldelijk met klem had verzekerd, was hij 'niet gemaakt om zware dingen te tillen'.

Nancy was iets eerder aangekomen; ze had haar bed gekozen, een regenboogkleurig wandkleed opgehangen en was begonnen haar spulletjes weg te bergen. Haar ouders en haar broertjes en zusjes waren gebleven om kennis te maken met mij en mijn familie. Mijn moeders Donna Reed-gezicht begaf het. Paniek brak door. Mijn vader richtte zich in zijn volle academische, Ivy League-professor-lengte op, de houding waarin hij neerkeek op iedereen die belangstelling toonde voor sport of het dagelijks leven. 'Ik ben twee eeuwen te laat geboren', is een van zijn geliefde uitspraken, net als: 'Ik heb geen ouders gehad, ik ben als een uniek geheel uit de Aarde voortgekomen.' Mijn moeder stond altijd klaar met een gevatte opmerking: 'Je vader kijkt op iedereen neer, dat komt doordat hij hoopt dat op die hoogte niemand zijn slechte gebit kan zien.' Rare familie Sebold ontmoet geëxalteerde familie Pike. De Pikes dropen af en namen Nancy mee uit lunchen. Het woord dat toen het meest op hen van toepassing was, is denk ik 'terneergeslagen'. Hun lieve dochter had een excentriekelinge getroffen.

Nancy en ik zeiden niet veel tegen elkaar in die eerste week. Zij liep over van enthousiasme en ik lag voornamelijk op mijn bed naar het plafond te staren.

Bij de opgewekte, blije kennismakingsoefeningen die de studentenmentoren ons lieten doen ('Oké, we gaan een spel doen dat Levensprioriteiten heet. Noteer: studeren, vrijwilligerswerk, toegelaten zien te worden tot een studentensociëteit. Kan iemand me vertellen wat zij als prioriteit kiest en waarom?) stak mijn kamergenote voortdurend haar vinger op. Op een middag waaraan geen einde leek te komen, toen de meisjes van onze verdieping in kleermakerszit op het gras buiten de eetzaal zaten te luisteren naar iemand die vertelde hoe je de was moest doen, dacht ik dat mijn ouders me in een kamp voor zwakzinnigen hadden achtergelaten.

Ik stampte de studentenflat in. Ik was er nu een week en ik had het vertikt om met de andere meisjes in de eetzaal te gaan eten. Toen Nancy me vroeg naar het waarom, zei ik dat ik vastte. Later, toen ik honger had, vroeg ik of ze eten voor me mee wilde nemen. 'Het moet wit voedsel zijn,' zei ik. 'Kleurloos. Erik Satie at uitsluitend wit voedsel.' Mijn kamergenote bracht me bergen cottagecheese en reusachtige tapiocapuddingen. Ik lag op bed, haatte Syracuse en luisterde naar Erik Satie, op wiens hoestekst mijn nieuwe dieet gebaseerd was.

Op een avond hoorde ik geluid uit de kamer naast me komen. Al de anderen zaten in de eetzaal. Ik liep de gang op. Een van de deuren stond op een kier.

'Hallo?' zei ik.

Het was het mooiste meisje van de verdieping. Degene naar wie mijn moeder op de dag van mijn aankomst had gebaard. 'Wees maar blij dat die bloedmooie blondine niet jouw kamergenote is. De jongens zouden buiten de deur in de rij staan.'

'Hoi.'

Ik ging naar binnen. Ze had net een hele kist vol lekkere dingen van thuis ontvangen. Hij stond open tegen de muur. Na een week van wit voedsel was dit een verademing. M&M's en koekjes en crackers en zuurstokken en vruchtensnoepjes. Lekkernijen waarvan ik nog nooit had gehoord of nooit mocht hebben.

Maar ze was niet aan het eten. Ze was haar haren aan het vlechten. Een boerenvlecht. Ik zei dat ik daar grote bewondering voor had en dat ik alleen maar gewone vlechten kon maken.

'Als je wilt, maak ik er een bij jou.'

Ik ging op haar bed zitten; ze ging achter me staan, pakte een paar haarlokken op en vlocht een hoofdhuid-gevoelloos-makende strakke boerenvlecht aan de achterkant van mijn hoofd.

Toen ze klaar was bedankte ik haar en keek in de spiegel. We gingen zitten en toen ieder op een bed liggen. We zwegen en staarden naar het plafond.

'Kan ik iets aan je kwijt?' vroeg ik.

'Tuurlijk.'

'Ik haat het hier.'

'O, mijn god!' zei ze, en ze schoot overeind, blozend van blijdschap. 'Ik haat het hier ook!'

We vielen aan op haar kist met voedsel. Ik herinner me dat we feitelijk ín de kist zaten, maar dat kan niet waar zijn, toch?

Mary Alices kamergenote was wat we noemden ervaren. Ze kwam uit Brooklyn. Ze heette Debbie en haar bijnaam was Double D. Ze rookte en had geen hoge dunk van ons. Ze had een vriendje van thuis dat ouder was. En ik bedoel óúder. Voor in de veertig, maar met de leeftijdloosheid van Joey Ramone. Hij werkte ergens als deejay en had een zware, doorrookte stem. Als hij haar kwam opzoeken gingen ze naar een hotel en kwam Debbie thuis met blozende wangen en wilde ze niets van ons weten. Mary Alice had lange tenen en gebruikte ze om ermee in de kist te graven en me crackers te voeren. We kleedden ons in bizarre outfits en stuurden bonnetjes van een cacaodrank op voor een heus kartonnen Swiss Miss-chalet. Debbie bedroog haar vriend met een mannelijke cheerleader van school. Haar nieuwe vriendje heette Harry Weiner en natuurlijk maakten Alice en ik ons daar tot in den treure vrolijk over. Op een keer, bij een spelletje *Truth or Dare*, waarbij je of naar waarheid een persoonlijke vraag moest beantwoorden of iets heel gewaagds moest doen, verstopte ik me in het Swiss Miss-chalet terwijl Debbie en Harry het deden op haar bed. Op een gegeven moment begon ik me te ongemakkelijk te voelen, en ik kroop – dan maar een schijterd – op handen en voeten, met het kartonnen chalet als een soort camouflage om me heen, naar de deur om me uit de voeten te maken. Debbie was razend. Ze vroeg overplaatsing naar een andere kamer aan. Mary Alice was me oneindig dankbaar.

Binnen enkele weken na het begin van het studiejaar kwam er een groep eerstejaarsstudentes op onze gang bij elkaar. We zaten op de grond, met onze rug tegen de muur geleund en onze benen voor ons uitgestrekt of gevouwen in kleermakerszit. De vroegere *Homecoming Queens* en de toekomstige flirts trokken hun benen aan één kant onder zich, terwijl de sportievelingen met een sportbeurs, zoals mijn vriendin Linda, er geen ogenblik bij stilstonden hoe ze zaten of hoe ze eruitzagen als ze zich onder medestudentes bevonden. Geleidelijk kwamen de verhalen los over wie er nog maagd was en wie niet.

Van sommigen lag het voor de hand. Neem nou Sara, die hasj verkocht op haar met black light verlichte kamer en die een stereo-installatie bezat die meer had gekost dan de auto van de meeste van onze ouders, en waarop ze de klassieke psychedelische songs van Traffic en Led Zeppelin afspeelde. 'Er is een of andere vent binnen,' zei haar kamergenote vaak, en dan wierpen we het meisje een slaapzak toe en zeiden tegen haar dat ze niet moest snurken.

En dan hadden we Chippie. Ik had het woord niet eerder gehoord. Wist niet dat het 'hoer' betekende. Dacht dat het echt haar naam was en zei op een ochtend toen ik op weg was naar de doucheruimte onschuldig: 'Hé, Chippie, hoe gaat het?' Ze barstte in tranen uit en heeft nooit meer iets tegen me gezegd.

Er was ook een meisje dat tweedejaars was en dat een kamer had aan het eind van de gang. Ze ging vaak uit met een jongen uit de stad en poseerde voor Joey Belfast, een semi-beroemde schilder van de faculteit voor schone kunsten. De stadsjongen schepte er genoegen in om haar vast te binden aan haar bed en als ze zich 's ochtends vroeg naar de toiletruimte haastte, zagen we haar in leren en suède beha's en slipjes. De stadsjongen reed op een motorfiets en had een geatrofieerd linkerbeen. Eén keer, op de avond dat de campusbewaking langskwam omdat ze zoveel lawaai hadden gemaakt, zag ik het litteken dat uit de bovenkant van zijn laars te voorschijn kwam en langs zijn heup en de achterkant van zijn lichaam omhoogkronkelde. Ze was stoned en lag gillend op haar bed, waar ze aan vastgeketend was. Kort daarop verhuisde ze naar een kamer buiten de campus.

Deze meisjes plus Debbie waren de enige vier bewoonsters op een gang van vijftig van wie ik zeker wist dat ze geen maagd meer waren. De rest was het wel, nam ik aan, omdat dit ook voor mij gold.

Maar zelfs Nancy had een verhaal. Ze was haar maagdelijkheid verloren in een Datsun, aan haar vriendje van de middelbare school. Tree in een Toyota. Diane in de kelder van het huis waar haar vriendje met zijn ouders woonde. Tijdens de daad hadden de ouders tegen het raam geklopt. De andere verhalen ben ik vergeten, ik herinner me alleen dat het merk van de auto waarin ze het hadden gedaan verschillende meisjes hun bijnaam bezorgde. De meer glorierijke verhalen waren een zeldzaamheid: een vriendje dat een ring had gekocht, een speciale avond had uitgezocht en bloemen had meegebracht, of het pied-à-terre van een oudere broer voor die dag had geregeld. Als deze meisjes aan het woord waren geloofden we ze sowieso niet. Je kon beter Datsun of Toyota of Ford zeggen; het was de tol die je moest betalen, een manier om erbij te horen.

Toen de avond der onthullingen voorbij was, bleken van degenen die niet op hun kamer waren gebleven alleen Mary Alice en ik nog maagd te zijn.

Dergelijke seksuele escapades, hoe onhandig ook, achter in auto's of in de kelder bij iemands ouders thuis, leken me geweldig. Nancy schaamde zich dat ze 'het', zoals we maagdelijkheid aanduidden, verloren was in een Datsun, maar uiteindelijk was het een normale stap op weg naar de volwassenheid.

Uit brieven die ik dat jaar in de vakanties ontving, bleek dat Tree en Nancy elke avond doorbrachten met hun vriendje van school. In Trees geval was er sprake van een ring. Deze meisjes begonnen langzamerhand mijn referentiekader te vormen.

Ik kreeg ook brieven van de jongens met wie ik had samengewerkt tijdens mijn vakantiebaan in de zomer na mijn eindexamen, met name van een oudere jongen, Gene. Ik smeekte Gene of hij me een foto wilde sturen. Natuurlijk deed ik tegenover de andere meisjes alsof hij meer was dan gewoon een vriend, en ik wilde iets tastbaars, een bewijs, dat ik kon laten zien.

De foto die hij stuurde was duidelijk enkele jaren oud. Daarop was hij dunner en had hij meer haar, maar hij had een krulsnor die hem een ontegenzeggelijk mannelijk uiterlijk gaf. Toen ik die foto tegen het eind van het eerste semester eindelijk kreeg, liet ik hem aan iedereen zien. Mary Alice wond er geen doekjes om. 'Is die nog uit de jaren zeventig? Het begint me opeens paars en oranje voor de ogen te schemeren.' Nancy deed alsof ze onder de indruk was, maar Tree en zij hadden het te druk met contact onderhouden met hun echte vriendjes: jongens met wie ze op de middelbare school hadden gezeten, die hun beloofd hadden dat ze op een dag met hen zouden trouwen.

Wat Mary Alice betreft, zij was bezeten van, in deze volgorde: Bruce Springsteen, Keith Richards en Mick Jagger. Voor Bruce – hij was veruit onze favoriet – stond ze echt in vuur en vlam. Voor haar verjaardag had ik een T-shirt laten bedrukken. MRS. BRUCE SPRINGSTEEN, stond er in overdreven grote, opgestreken letters op. Ze sliep er elke nacht in.

Nu ik erop terugkijk, kan ik wel zeggen dat ik het grootste deel van mijn eerste jaar verliefd was op Mary Alice. Ik vond het heerlijk om te zien hoe ze overal mee wegkwam en om betrokken te zijn bij haar zorgvuldig uitgedachte dolle streken. Het stelen van een taart werd een operatie die James Bond waardig was. Het betekende dat we de tunnel moesten ontdekken tussen de twee studentenflats, die leidde naar een deur die altijd op slot zat, wat heel ongebruikelijk was. Er moesten sleutels gestolen worden en mensen worden afgeleid, en ten slotte, laat op de avond, moesten we een roze taart onopgemerkt naar onze kamer zien te smokkelen.

Maar mijn vriendinnen uit de studentenflat gingen ook graag naar de kroegen aan Marshall Street, vlak bij ons, en in het voorjaar gingen ze regelmatig naar bierfeesten die door de diverse studentenverenigingen voor jongens georganiseerd werden. Ik haatte dat soort feesten. 'We zijn niet meer dan vlees!' riep ik boven de muziek uit naar Tree, die voor me in de rij stond bij een biervat. 'Nou en?' riep ze terug. 'Het is toch leuk?' Tree werd een soort jonger zusje. Mary Alice was altijd populair, hoe ze zich ook voelde. Er was geen enkele jongenssociëteit die een echte blondine met haar vriendinnen zou weigeren.

Ik volgde colleges poëzie. Bij mij in de klas zaten twee jongens, Casey Hartman en Ken Childs, die heel anders waren dan de jongens bij ons in de flat. Het waren tweedejaars, dus in mijn ogen waren ze praktisch volwassen. Ze deden de kunstrichting en hadden poëzie als bijvak gekozen. Ze lieten me het gebouw van de faculteit voor de schone kunsten zien, een prachtig oud pand dat nog gerestaureerd moest worden. Er waren ateliers waarin zich verhogingen bevonden die met vloerbedekking waren bekleed ten behoeve van de modellen voor de teken- en schilderafdeling, en oude banken en stoelen waar de studenten op neerploften. Het rook er naar verf en terpentijn, en het bleef de hele nacht open zodat de studenten er aan het werk konden, omdat je je huiswerk, zoals lassen, lang niet altijd thuis kon doen, zoals bij de meeste studierichtingen.

Ze wezen me op een goed Chinees restaurant en Ken nam me mee naar het Emersonmuseum in het centrum van Syracuse. Ik bleef hen steeds vaker na de les opwachten en ging met hen mee naar openingen van tentoonstellingen van hen en van hun vrienden. Ze kwamen allebei uit Troy, New York. Casey had een kunstbeurs en was altijd blut. Als ik met hem afsprak, gebeurde het wel dat hij van een en hetzelfde zakje drie koppen thee dronk. Ik kende Caseys verhaal slechts fragmentarisch. Zijn vader zat in de gevangenis. Zijn moeder was overleden.

Op Casey was ik hevig verkikkerd. Maar hij vertrouwde al die vrije-kunstenmeisjes niet; ze vonden hem romantisch en de littekens die een moedervlek en mishandelingen hadden nagelaten beschouwden ze als iets wat ze wilden helen. Hij praatte snel, als een sputterend koffiezetapparaat, en soms was hij niet te volgen. Het maakte mij niet uit. Hij was een zonderling en heel wat menselijker, vond ik, dan de jongens die sociëteitslid waren of bij ons in de eetzaal zaten.

Maar Ken was degene die mij leuk vond en die, net als ik, graag aan het woord was. Met z'n drieën vormden we een gefrustreerde driehoek. Ik klaagde erover dat veel van de meisjes in Marion me zo wereldwijs toeschenen en ik me bij hen vergeleken zo duf voelde. Ken en Casey zeiden eerst niets, maar later kwam het eruit: zij voelden zich net zo.

Als er een feest in onze flat was – en in die tijd was het nog toegestaan om bierfeesten in je kamer te geven – ging ik meestal weg en maakte een wandeling over het binnenplein van het universiteitscomplex. In de regel belandde ik in het gebouw van de kunstfaculteit, waar ik oploskoffie maakte in de kelder en op een van de stoelen of banken met kapotte springveren die door het gebouw verspreid stonden urenlang Emily Dickinson of Louise Bogan las. Ik begon deze plek als een thuis te beschouwen.

Soms ging ik terug naar Marion in de hoop dat het feest voorbij was, maar merkte dan dat het nog in volle gang was. Als dit het geval was ging ik niet eens naar binnen; ik draaide me gewoon weer om en liep terug. Ik sliep dan in een van de leslokalen op zo'n met vloerbedekking beklede verhoging die bedoeld was om de voeten van de modellen warm te houden. Ze waren niet zo groot dat je er languit op kon liggen, dus rolde ik me op tot een bal.

Op een nacht lag ik in het donker in een klaslokaal. Ik had de deur dichtgedaan en achterin een slaapplaats gemaakt. Het licht in de gangen bleef altijd branden en om de lichtpeertjes zaten kokertjes van metaalgaas zodat ze niet zouden breken of gestolen zouden worden. Net toen ik wegdoezelde ging de deur naar de gang open en tekende zich het silhouet van een man af. Hij was lang en droeg een hoge hoed. Ik kon niet zien wie het was.

Hij deed het licht aan. Het was Casey. 'Sebold,' zei hij, 'wat doe jíj hier?'

'Slapen.'

'Welkom, kameraad,' zei hij, en hij tikte tegen zijn hoed. 'Vannacht zal ik je Cerberus zijn.'

Hij zat in het donker en keek naar me terwijl ik sliep. Ik weet nog dat ik me voor ik indutte afvroeg of Casey me ooit aantrekkelijk genoeg zou vinden om me te zoenen. Het was voor het eerst dat ik een nacht doorbracht in het gezelschap van een jongen die ik leuk vond.

Ik kijk terug en zie Casey als een waakhond. Ik wil zeggen dat ik me onder zijn wakend oog veilig voelde, maar de persoon die dit schrijft is niet meer dezelfde als het meisje dat zich opkrulde op de beklede verhogingen in donkere klaslokalen. De wereld was toen voor mij nog één geheel, in tegenstelling tot nu. Tien dagen later, op de avond van de laatste schooldag van dat jaar, zou ik betreden wat ik sindsdien beschouw als mijn terrein, in een wereld die in tweeën uiteengevallen is en waarvan de delen nauwkeurig bepaald en begrensd zijn. Er zijn twee mogelijkheden: een veilige wereld en een onveilige.

Zeven

In de zomer van 1981 was het voor mijn ouders een zeer zware last om de vader en moeder van een verkrachte dochter te zijn. De meest prangende vraag die hun boven het hoofd hing was wat ze met me aan moesten. Waar moest ik heen? Hoe zou ik de minste schade oplopen? Was het überhaupt denkbaar dat ik naar Syracuse terug zou gaan?

De meest voor de hand liggende optie was Immaculata College.

Het jaar was te ver gevorderd om nog tot een gewone universiteit te worden toegelaten; daar was de toelatingsprocedure voor het komende studiejaar voor zowel de eerstejaars als de nieuwkomers van andere hogescholen al afgesloten. Maar mijn moeder was ervan overtuigd dat ik op Immaculata aangenomen zou worden. Het was een katholieke onderwijsinstelling en ze zei dat het grote voordeel van Immaculata was dat ik thuis kon blijven wonen. Mijn vader of moeder kon me er elke dag naartoe brengen – het was iets meer dan acht kilometer over Route 30 – en me weer ophalen als de lessen waren afgelopen.

De prioriteiten van mijn ouders waren mijn veiligheid en de gelegenheid om niet een schooljaar te hoeven missen. Ik deed mijn best om naar mijn moeder te luisteren. Mijn vader was zo mismoedig geworden door haar plan dat hij het nauwelijks over zijn hart kon verkrijgen om de vereiste handtekening onder mijn aanmelding te zetten (aan de andere kant had hij weinig keus). Van meet af aan zag ik Immaculata enkel en alleen als een gevangenis. Ik zou er slechts om één reden naartoe gaan: dat ik verkracht was.

Het was ook te gek voor woorden. Het idee dat ik, uitgerekend ík, naar een godsdienstige hogeschool zou gaan! Met de deken van onze kerk was ik regelmatig theoretische discussies aangegaan, ik had alle mogelijke choquerende verhalen die me ter ore waren gekomen ingestudeerd en ik had tot groot plezier van mijn familie en zelfs van pater Breuninger zelf pater Breuningers preken geïmiteerd. Ik denk dat het feit dat Immaculata mij boven het hoofd hing me meer dan wat ook inspireerde om met waterdichte argumenten op de proppen te komen.

Ik wilde naar Syracuse terug, zei ik, omdat de verkrachter me al zoveel had afgenomen. Ik wilde me niet nog meer door hem laten afpakken. Als ik weer thuis zou komen wonen en mijn oude slaapkamer zou betrekken, zou ik nooit weten hoe mijn leven had kunnen zijn.

Bovendien was ik toegelaten tot een workshop poëzie die gegeven zou worden door Tess Gallagher en een workshop fictie van Tobias Wolff. Als ik niet terugging zou ik deze beide kansen mislopen. Mijn ouders wisten allebei dat taal mijn grote passie was. Aan Immaculata zou ik geen les krijgen van docenten van het kaliber van Gallagher en Wolff. Die school bood geen enkele workshop creatief schrijven.

Om die reden lieten ze me teruggaan. Mijn moeder spreekt er nog steeds over als een van dingen die haar het zwaarst zijn gevallen, veel moeilijker dan ongeacht welke lange autorit ze moest maken over talloze bruggen en door ontelbare tunnels.

Ik wil niet beweren dat ik niet bang was. Dat was ik wel. En mijn ouders ook. Maar we probeerden alle risico's uit te sluiten. Ik zou uit het park blijven en mijn vader zou telefoontjes plegen en brieven schrijven om een eenpersoonskamer voor me te bemachtigen in Haven Hall, de enige studentenflat waar alleen meisjes woonden. Ik zou telefoon op mijn kamer krijgen. Ik zou een escorte vragen aan de bewakers van de campus als ik na het donker ergens naartoe moest lopen. Ik zou na vijf uur 's middags niet in mijn eentje naar Marshall Street gaan. Ik zou niet naar de studentencafés gaan. Dit klonk niet als de vrijheid die het studentenleven verondersteld werd te bieden, maar ja, ik wás ook niet vrij. Dat had ik geleerd op de manier waarop ik volgens mijn moeder alles leerde: de moeilijke manier.

Haven Hall had een zekere reputatie. Groot en rond als het was, en gebouwd op een soort betonnen bak, was het een vreemde eend in de bijt van de andere studentenflats op de heuvel, die allemaal vierkant of rechthoekig waren. Onze eetzaal, waar beter eten werd geserveerd dan in de meeste andere, lag iets boven het straatniveau.

Maar de merkwaardige architectuur en het goede eten waren niet doorslaggevend voor de reputatie die Haven op de hele campus genoot. Dat waren de bewoonsters. Het gerucht ging dat er alleen maagden en paardenliefhebsters (lees: lesbiennes) in de eenpersoonskamers van Haven Hall woonden. Ik kwam er al snel achter dat er zich onder de zogeheten 'knijpkutjes en potten' een heel scala van vrouwelijke devianten bevond. Haven was het thuis van maagden, ja, en van lesbiennes, maar ook van atletes met een sportbeurs, rijke meisjes, buitenlandse meisjes, studiebollen en meisjes uit minderheidsgroeperingen. Er waren er die een goede baan hadden – de studentes die veel reisden en bijvoorbeeld een contract hadden met Labello, waarvoor ze in de weekends vliegreisjes naar de Zwitserse Alpen moesten maken. Er waren dochters van bekende mensen en lichtzinnige meisjes die hun leven aan het beteren waren. Studentes die van andere universiteiten kwamen en oudere studentes en meisjes die om uiteenlopende redenen nergens bij hoorden.

Het was niet een bijzonder vriendelijk oord. Ik herinner me niet wie er aan de ene kant naast me woonde. En met het meisje aan de andere kant – een Israëlische uit Queens die studeerde aan de S.I. Newhouse School of Communications en die onophoudelijk haar radiostem oefende – ben ik evenmin bevriend geraakt. Mary Alice en mijn andere vriendinnen uit mijn eerste jaar, Tree, Diane, Nancy en Linda, woonden allemaal in Kimmel Hall, dat nauw gelieerd was aan Marion Hall.

Ik nam mijn intrek in Haven, zei mijn ouders gedag en bleef op mijn kamer. De volgende dag waagde ik me op straat en liep van Haven naar Kimmel; de vlammen sloegen me aan alle kanten uit. Ik nam iedereen in me op, op de uitkijk naar Hem. Omdat Kimmel een flat was voor tweedejaars en veel van de bewoners van Marion vanwege de bestaande banden naar Kimmel waren verhuisd, kende ik de meeste jongens en meisjes die er woonden. Zij kenden mij ook. Het was alsof ze toen ze mij in het oog kregen een geestverschijning zagen. Niemand verwachtte me terug te zien op de campus. Het feit dat ik mijn gezicht daar weer vertoonde, maakte dat ze me nog vreemder vonden. Op de een of andere manier vormde mijn terugkeer voor hen een legitimatie om een oordeel over me te vellen; ik had er door terug te komen tenslotte zelf om gevraagd, of niet soms?

In de hal van Kimmel liep ik twee jongens tegen het lijf die het jaar daarvoor op de etage onder me hadden gewoond. Toen ze me zagen bleven ze stokstijf staan, maar ze zeiden niets. Ik keek naar de grond, ging bij de lift staan en drukte op de knop. Door de voordeur kwamen nog een paar jongens naar binnen, die hun gedag zeiden. Ik draaide me niet om, maar toen de lift kwam stapte ik naar binnen en ging met mijn gezicht naar de liftdeuren staan. Toen ze dichtgingen zag ik vijf jongens naar me staren. Ik hoorde nog net wat er gezegd werd. 'Dat is het meisje dat op de laatste schooldag verkracht werd,' zei een van de jongens die me kende. Met wat ze verder zeiden, of waarover ze speculeerden, heb ik me maar niet beziggehouden. Het kostte me al moeite genoeg om gewoon de paden te bewandelen en met de lift te gaan.

Maar de eerste etage was het domein van de meisjes, en dus dacht ik dat het ergste voorbij was. Dat was een misrekening. Ik stapte de lift uit en er kwam iemand op me af stuiven, een meisje dat ik in mijn eerste jaar nauwelijks gekend had.

'O Alice,' zei ze op zalvende toon. Zonder te vragen pakte ze mijn hand en hield die vast. 'Je bent terug!'

'Ja,' zei ik. Ik bleef staan en keek naar haar. Het schoot me te binnen dat ik ooit haar tandpasta had geleend in de badkamer.

Hoe kan ik beschrijven hoe ze eruitzag? Ze was een en al slijmerigheid, ze vond het zó erg voor me en ze vond het gewéldig om met me te praten. Ze hield de hand vast van het meisje dat op de laatste dag van het eerste studiejaar was verkracht.

'Ik had niet gedacht dat je nog terug zou komen,' zei ze. Ik wilde mijn hand terug.

De lift was naar beneden gegaan en weer omhooggekomen. Een groepje meisjes stapte uit.

'Mary Beth,' zei het meisje dat bij me stond. 'Mary Beth, hier ben ik.'

Mary Beth, een onopvallend, onaantrekkelijk meisje dat ik niet herkende, kwam naar ons toe.

'Dit is Alice; ze woonde vorig jaar bij mij op de gang.'

Mary Beth knipperde met haar ogen.

Waarom verroerde ik me niet? Liep ik niet weg, de gang op? Ik weet het niet. Ik denk dat ik te perplex was. Ik begreep een taal die mij voorheen vreemd was geweest. 'Dit is Alice' vertaalde zich in 'het meisje over wie ik je verteld heb, je weet wel, dat verkracht is'. Mary Beths ogengeknipper vertelde me dat. En als dat nog niet genoeg was geweest, dan was haar volgende opmerking dat in elk geval wel.

'Wauw,' zei dit onaantrekkelijke meisje, 'Sue heeft me alles over je verteld.'

Mary Alice onderbrak ons doordat ze haar kamer uit kwam en mij zag staan. Omdat Mary Alice zo mooi was, dachten mensen vaak dat ze een snob was als ze zich niet voor hen uitsloofde. Maar voor mij waren op momenten als dit de reacties van andere mensen op haar een pluspunt. Ik was nog steeds verliefd op haar en mijn adoratie betrof nu ook alles wat zij wel en ik niet meer was: onvervaard, vol vertrouwen, onschuldig.

Ze nam me mee naar haar kamer, die ze deelde met Tree. Daar zaten alle meisjes van ons eerste jaar, met uitzondering van Nancy. Tree probeerde het wel, maar we zouden nooit meer over dat ongemakkelijke moment in de douche na de verkrachting heen komen. Ik voelde me onbehaaglijk. Diane was er ook. Ze deed zo haar best om op Mary Alice te lijken – ze imiteerde haar woordgebruik en wedijverde met haar in het bedenken van wilde plannen – dat ik haar niet vertrouwde. Ze begroette me vriendelijk, zij het gretig, en keek naar ons wederzijdse idool voor een eventuele vingerwijzing. Linda bleef bij het venster staan. Ik had haar altijd graag gemogen. Ze was gespierd en gebruind en had korte zwarte krulletjes. Ik zag haar als een sportieve versie van mezelf – een outsider die zich wist te handhaven met iets waardoor ze zich binnen de groep onderscheidde. Zij was een echte sportvrouw; ik was een rare vogel, net grappig genoeg om erbij te horen.

Misschien voelde ze zich schuldig omdat ze was flauwgevallen, maar hoe het ook zij, Linda was niet in staat me erg lang aan te kijken. Ik weet niet meer wie het was, of hoe we erop kwamen, maar iemand vroeg me die dag waarom ik eigenlijk was teruggekomen.

Het klonk agressief. De toon waarop het werd gevraagd impliceerde dat ik door terug te komen iets verkeerds had gedaan – iets abnormaals. Dat was Mary Alice niet ontgaan en ze werd er onaangenaam door getroffen. Ze zei iets korts en krachtigs, iets in de geest van: 'Omdat het verdomme haar goed recht is', en we liepen de kamer uit. Ik bedacht dat ik ontzettend bofte met Mary Alice en stond maar niet stil bij wat ik was kwijtgeraakt. Ik was terug op de universiteit. Ik moest colleges volgen.

Sommige eerste indrukken zijn onuitwisbaar; dat geldt ook voor mijn indrukken van Tess Gallagher. Ik had me ingeschreven voor twee van haar colleges: haar workshop en een overzichtscollege literatuur voor tweedejaars. Het literatuurcollege was twee keer per week om halfnegen 's ochtends, geen populair tijdstip bij studenten.

Ze kwam de klas in en liep naar voren. Ik zat achterin. Het ritueel van de eerste les, het elkaar taxeren, nam een aanvang. Ze was geen dinosaurus. Dat was mooi. Ze had lang bruin haar, dat ze met kammetjes bij haar slapen had vastgezet. Dat wees op menselijke trekjes. Het meest opvallend echter waren haar hoge wenkbrauwbogen en fraai gewelfde lippen.

Ik nam dat allemaal in me op terwijl ze zwijgend voor ons stond te wachten tot de laatkomers ook hadden plaatsgenomen en hun rugzakje hadden open- of dichtgeritst. Ik had schrijfgerei bij de hand, een schrijfblok voor me.

Ze zong.

Ze zong een Ierse ballade, a capella. Haar stem was tegelijkertijd vol en bedeesd. Onverschrokken zong ze verder en we staarden haar aan. Ze was blij en bedroefd tegelijk.

Het lied was afgelopen. We waren overdonderd. Ik geloof niet dat iemand iets zei, geen domme vragen of ze wel in het goede lokaal zaten. Voor het eerst sinds ik in Syracuse terug was, had ik een goed gevoel. Ik maakte hier iets heel bijzonders mee; die ballade bevestigde me in het gevoel dat ik met mijn terugkeer een goede keus had gemaakt.

'Goed,' zei ze, terwijl ze ons doordringend aankeek, 'als ik 's ochtends om halfnegen a capella een ballade kan zingen, dan kunnen jullie op tijd naar de les komen. Als je denkt dat je dat niet voor elkaar krijgt, houd er dan maar gelijk mee op.'

Yes, zei ik inwendig. *Yes!*

Ze vertelde ons iets over haarzelf. Over haar eigen werk als dichteres, over haar huwelijk op jeugdige leeftijd, haar liefde voor Ierland, haar betrokkenheid bij de protesten tegen de oorlog in Vietnam, haar langzame weg naar het dichterschap. Ik was verrukt.

De les eindigde met een huiswerkopdracht voor de volgende les uit de *Norton Anthology*. Ze verliet het lokaal terwijl de studenten hun spullen nog aan het pakken waren.

'Shit,' zei een jongen met een L. L. Bean-shirt tegen zijn vriendin, die een T-shirt van Delta Fi Sigma aanhad. 'Ik heb het hier wel gezien, deze dame is echt mesjokke.'

Ik legde mijn boeken op een stapeltje, met Gallaghers literatuurlijst erbovenop. Naast de verplichte tweedejaars *Norton* beval ze elf poëziebundels aan die bij een boekwinkel buiten de campus verkrijgbaar waren. Opgetogen over deze dichteres, en met het vooruitzicht van enkele vrije uren voordat mijn eerste workshop fictie bij Wolff zou beginnen, kocht ik thee bij een tentje onder de kapel en stak toen het binnenplein over. Het was zonnig weer en ik dacht aan Gallagher en probeerde me Wolff voor te stellen. De titel van een van de boeken op de lijst sprak me wel aan: *In a White Light* van Michael Burkard. Daar dacht ik aan terwijl ik onder het lopen de *Norton* inkeek, toen ik Al Tripodi tegen het lijf liep.

Ik kende Al Tripodi niet. Maar, zoals me nu steeds vaker overkwam, Al Tripodi kende mij wel.

'Je bent terug,' zei hij. Hij deed twee stappen naar voren en omhelsde me.

'Het spijt me,' zei ik, 'maar ik ken je niet.'

'O, nee, natuurlijk niet,' zei hij, 'maar ik ben ontzettend blij dat ik je zie.'

Hij had me van mijn stuk gebracht, maar hij wás blij, werkelijk. Ik zag het aan zijn ogen. Al was een wat oudere student, kalend, en hij had een trillende snor die met zijn blauwe ogen om de aandacht streed. Hij zag er misschien ouder uit dan hij was. De lijnen en rimpels in zijn gezicht zag ik later terug bij mannen die helemaal gek waren van het cross-country crossen zonder helm op.

Het bleek dat hij iets van doen had gehad met de bewaking op de campus en dat hij de nacht dat ik verkracht was in de buurt was geweest. Ik voelde me niet op mijn gemak, blootgesteld, maar hij leek me heel aardig.

Het maakte me ook boos. Ik kon er niet aan ontsnappen. Ik

begon me af te vragen hoeveel mensen ervan wisten, hoe wijd het nieuws zich verbreid had en wie het had verbreid. Mijn verkrachting had de stedelijke krant gehaald maar mijn naam was niet genoemd; er stond alleen 'studente van de universiteit van Syracuse'. Maar ik redeneerde dat ik gezien mijn leeftijd, ook al was de naam van onze flat genoemd, er nog steeds een van vijftig mogelijkheden was. Naïef misschien, maar ik had er niet bij stilgestaan dat ik iedere dag met deze vragen geconfronteerd zou worden: Wie wist ervan? Wie niet?

Maar je kunt een verhaal niet onder controle houden en het mijne was de moeite van het vertellen waard. De mensen, zelfs degenen die van nature respect voor anderen hadden, voelden bovendien minder schroom om het te vertellen omdat ze veronderstelden dat ik mijn gezicht niet weer zou laten zien. Toen ik de stad uit ging, hield de politie zich al niet meer met mijn zaak bezig; voor mijn vrienden, met uitzondering van Mary Alice, gold hetzelfde. Op raadselachtige wijze werd ik een verhaal in plaats van een persoon, en verhalen geven de verteller een soort eigendomsrecht.

Ik herinner me Al Tripodi omdat hij mij niet alleen zag als 'het verkrachtingsslachtoffer'. Het was iets in zijn ogen – de manier waarop hij geen afstand tussen ons creëerde. Ik ontwikkelde een aftastmechanisme waarmee ik situaties onmiddellijk kon inschatten. Ziet deze persoon mij of ziet hij verkrachting? Tegen het eind van het jaar kwam ik het antwoord op die vraag te weten. Ik werd er in elk geval beter in. Vaak, omdat het te pijnlijk was, verkoos ik me de vraag niet te stellen. In dat soort contacten, waarin ik me afsloot opdat ik koffie kon bestellen of een andere student om een pen kon vragen, leerde ik een deel van mezelf af te grendelen. Ik heb nooit precies geweten hoeveel mensen de krantenberichten en de geruchten die vanuit Marion verspreid werden met mij in verband brachten. Soms kreeg ik dingen over mezelf te horen. Kreeg mijn eigen verhaal te horen. 'Heb jij in Marion gewoond?' vroeg bijvoorbeeld iemand. 'Kende je dat meisje?'

Soms luisterde ik om na te gaan wat ze wisten, hoe mijn leven in het spelletje 'bericht doorfluisteren' vervormd werd. Soms keek ik hen recht in de ogen en zei: 'Ja, dat meisje ben ik.'

Tijdens de les hield Tess Gallagher mijn pen in beweging. Ik schreef in mijn schrijfblok dat ik gedichten zou moeten schrijven die 'iets te betekenen hebben'. Dat Gallagher van ons verwachtte dat we de moeilijkste onderwerpen zouden aanpakken, dat we ambitieus zouden zijn. Ze maakte het ons niet gemakkelijk. We moesten elke week, net zoals zij vroeger, een gedicht uit ons hoofd leren en het voordragen. Ze liet ons van alles lezen en analyseren, bracht ons begrip en gevoel voor rijmschema's en voor metrum bij, en we kregen opdracht een villanella en een sestina te schrijven. Door ons achter de vodden te zitten en streng op te treden, hoopte ze ons aan te moedigen om gedichten te schrijven die iets te betekenen hadden, en definitief af te rekenen met het idee dat goede poëzie voortkwam uit geveinsde wanhoop. Het werd al heel snel duidelijk hoe je Gallagher op de kast kreeg. Toen Raphael, die een puntig sikje en een in de was gezette snor had, zei dat hij geen gedicht had om in te leveren omdat hij gelukkig was en hij alleen kon schrijven als hij depressief was, kneep Gallagher haar gewelfde lippen op elkaar; haar buitengewoon hoge wenkbrauwen gingen nog verder omhoog en ze zei: 'Poëzie is geen attitude. Het is hard werken.'

Ik had nog niets over de verkrachting geschreven, alleen wat stukjes in mijn dagboek in de vorm van een serie brieven aan mezelf. Ik besloot een gedicht te schrijven.

Het was vreselijk. Wat ik me ervan herinner was dat het vijf pagina's lang was; de verkrachting was niet meer dan een warrige metafoor die ik wanhopig probeerde te vangen in een soort uiterst langdradige zelfkastijding en die over de samenleving en geweld en over het verschil tussen de werkelijkheid en televisie pretendeerde te gaan. Ik wist dat ik beter kon, maar ik dacht dat het gedicht aantoonde dat ik slim was, dat ik in staat was gedichten te schrijven die niet alleen iets betekenden, maar ook structuur hadden (ik had het in vieren verdeeld, genummerd met Romeinse cijfers!).

Gallagher was aardig. Ik had het gedicht niet ingeleverd voor behandeling in de werkgroep en we zouden het samen in haar werkkamer bespreken. Haar kamer was, net als die van Tobias Wolff aan de overkant van de gang, klein en stond vol met boeken en naslagwerken, maar terwijl Wolffs kamer de indruk wekte dat hij zich er nog niet echt in gesetteld had, zag die van Gallagher eruit alsof ze er al jaren in huisde. Haar kamer was knus. Er stond een mok met thee op haar bureau. Over de rugleuning van haar stoel was een kleurige Chinese zijden sjaal gedrapeerd, en die dag had ze met lovertjes bezaaide kammetjes in haar lange, golvende haar gestoken.

'Laten we het hebben over het gedicht dat je me gegeven hebt, Alice,' zei ze.

En op de een of andere manier kwam het ervan dat ik haar mijn verhaal vertelde. En ze luisterde. Ze was niet sprakeloos, niet geschokt, zelfs niet bang dat ik, als haar studente, hierdoor misschien een last voor haar zou worden. Ze was niet moederlijk of koesterend, hoewel ze dat mettertijd wel allebei werd. Ze was nuchter, knikte me bemoedigend toe. Ze luisterde naar de pijn in mijn woorden, niet naar het verhaal zelf. Ze probeerde aan te voelen wat het voor mij betekende, wat het belangrijkste was, wat ze uit die brij van ervaringen en verlangens die ze in mijn stem hoorde kon pikken en aan me kon teruggeven.

'Hebben ze die man te pakken gekregen?' vroeg ze toen ze me een tijdje had aangehoord.

'Nee.'

'Ik heb een idee, Alice,' zei ze. 'Wat denk je ervan om een gedicht te schrijven dat begint met deze woorden.' En ze schreef ze op. *If they caught you – Stel dat je wordt opgepakt...*

If they caught you,
long enough for me
to see that face again,
maybe I would know
your name.

I could stop calling you 'the rapist',
and start calling you John or Luke or Paul.
I want to make my hatred large and whole.

If they found you, I could take
those solid red balls and slice them
separately off, as everyone watched.
I have already planned what I would do
for a pleasurable kill, a slow, soft, ending.

First,
I would kick hard and straight with a boot,
into you, stare while you shot quick and loose,
contents a bloody pink hue.
Next,
I would slice out your tongue,
You couldn't curse, or scream.
Only a face of pain would speak
for you, your thick ignorance through.
Thirdly,
Should I hack away those sweet
cow eyes with the glass blades you made
me lie down on? Or should I shoot, with a gun,
close into the knee; where they say
the cap shatters immediately?

I picture you now,
your fingers rubbing sleep from
those live blind eyes, while I rise restlessly.

I need the blood of your hide
on my hands. I want to kill you
with boots and guns and glass.
I want to fuck you with knives.

Come to me, Come to me,
Come die and lie, beside me.

Toen ik klaar was met het gedicht zat ik te trillen. Ik was op mijn kamer in Haven Hall. Al was het als gedicht misschien niet zo sterk, waren de ritmes hevig beïnvloed door Plath en was er regelmatig sprake van wat Gallagher later 'overkill' zou noemen, het was de eerste keer dat ik mij rechtstreeks tot de verkrachter wendde. Ik sprak hem toe.

Gallagher was verrukt. 'Dat is het precies,' zei ze tegen me, 'nu heb je het begrepen.' Ik had een belangrijk gedicht geschreven, vertelde ze me, en ze wilde het in de werkgroep behandelen. Dit was een grote stap. Het betekende dat ik met veertien vreemden – van wie Al Tripodi er een zou blijken te zijn – in een lokaal zou zitten en hun in feite zou vertellen dat ik verkracht was. Aangemoedigd en gesteund door Gallagher, maar nog steeds bevreesd, stemde ik ermee in. Ik brak me het hoofd over een titel. Uiteindelijk koos ik *Conviction*, wat zowel 'veroordeling' als 'innerlijke overtuiging' betekent.

Ik deelde het gedicht rond en toen las ik het, zoals te doen gebruikelijk, hardop voor aan mijn medestudenten. Terwijl ik las, sloegen de vlammen me aan alle kanten uit. Mijn huid gloeide en ik kon voelen hoe het bloed naar mijn gezicht werd gestuwd en de puntjes van mijn oren en mijn vingertoppen deed tintelen. Ik voelde hoe de klas me omringde. Ze waren geboeid. Ze staarden me aan.

Toen ik klaar was liet Gallagher me het opnieuw voorlezen. Maar eerst zei ze tegen de klas dat ze van iedereen commentaar verwachtte. Ik las het opnieuw en dit keer voelde het als een marteling, een herhaling van iets wat me de eerste keer al moeite genoeg had gekost. Ik vraag me nog steeds af waarom Gallagher erop stond dat 'Conviction' in de werkgroep besproken zou worden en dat na afloop íedere student er iets over moest zeggen, want dat laatste was niet gebruikelijk. Naar haar maatstaven was het een belangrijk gedicht, omdat het over iets belangrijks ging. Misschien was het haar bedoeling om het op deze manier te onderstrepen, niet alleen tegenover de klas maar ook tegenover mij.

Maar de meerderheid van mijn klasgenoten had er grote moeite mee me recht in de ogen te kijken.

'Wie wil beginnen?' vroeg Gallagher. Ze was direct. Door haar houding zei ze tegen de klas: dit is wat we hier doen.

De meeste studenten waren verlegen. Ze begroeven hun reacties onder woorden als 'moedig', 'belangrijk', 'dapper'. Een enkeling was boos dat hij gedwongen werd tot een reactie; ze hadden het gevoel dat het gedicht, in combinatie met Gallaghers aanmaning, een daad van agressie was van haar en mijn kant.

Al Tripodi zei: 'Zo voel je je toch niet echt?'

Hij keek me recht aan. Ik dacht aan mijn vader. Opeens was er niemand anders meer in het lokaal.

'Hoe?'

'Je wilt hem toch niet echt in z'n knieën schieten, of dat gedoe met die messen? Zo kun je je niet voelen.'

'Ja, dat kan wel,' zei ik. 'Ik wil hem vermoorden.'

Het was stil in de klas. Alleen Maria Flores, een stille latina, moest nog iets zeggen. Toen het haar beurt was, had ze die voorbij laten gaan. Gallagher drong aan. Maria zei dat ze niet kon praten. Gallagher zei dat ze haar gedachten in de pauze op een rijtje kon zetten en dan het woord moest nemen. 'Iedereen moet er iets over zeggen,' zei ze nog eens. 'Wat Alice je gegeven heeft is een geschenk. Ik vind het belangrijk dat iedereen dat erkent en erop reageert. Door iets te zeggen schuif je bij haar aan tafel aan.'

We hielden een pauze. Al Tripodi vroeg me verder uit in de met plavuizen beklede gang vlak bij de vitrines waarin de publicaties en prijzen van de faculteit waren uitgestald op stoffige glazen etagères. Ik staarde naar de dode insecten die erin gevangen waren geraakt.

Hij kon niet begrijpen hoe ik zulke woorden kon opschrijven.

'Ik haat hem,' zei ik.

'Je bent een mooi meisje.'

Op dat moment, toen ik het voor het eerst hoorde, wist ik nog niet dat ik daar later steeds opnieuw tegenaan zou lopen: je kunt niet van haat vervuld én mooi zijn. Net als ieder ander meisje wilde ik mooi zijn. Maar ik was vervuld van haat, dat viel niet te ontkennen. Hoe zou ik in de ogen van Al Tripodi allebei kunnen zijn?

Ik vertelde hem over een droom die ik in die tijd regelmatig had. Een dagdroom. Op de een of andere manier, ik wist niet hoe, had ik toegang tot de verkrachter en kon ik met hem doen wat ik maar wilde. Ik zou de dingen in mijn gedicht doen, zei ik tegen Tripodi, en erger nog.

'Maar wat heb je daaraan?' vroeg hij me.

'Wraak,' zei ik. 'Je begrijpt het niet.'

'Dat zal dan wel. Ik heb medelijden met je.'

Ik tuurde naar de dode insecten die op hun rug lagen, zag hoe hun pootjes uitstaken en in scherpe hoeken waren teruggevouwen, hoe hun voelsprieten fragiele boogjes beschreven, als losse wimperhaartjes. Tripodi kon het niet zien, want ik vertrok geen spier, maar mijn lichaam was een muur van vlammen. Ik zou geen medelijden accepteren, van niemand.

Maria Flores kwam na de pauze niet terug. Ik was razend. Ze konden er domweg niet mee omgaan, dacht ik, en dat maakte me boos. Ik wist dat ik niet mooi was en in de aanwezigheid van Gallagher, drie uur lang op die dag, hoefde ik me niet druk te maken over mooi zijn. Door die eerste regel op te schrijven, door het gedicht in de werkgroep te behandelen, had zij de deur voor me opengezet – ik kon haten.

Precies een week later bleek Gallaghers 'Stel dat je wordt opgepakt' van een vooruitziende blik te getuigen. Op 5 oktober zag ik mijn verkrachter op straat. Aan het eind van die avond hoefde ik hem niet meer 'de verkrachter' te noemen en kon ik hem voortaan met Gregory Madison aanduiden.

Die dag had ik een werkgroepcollege van Tobias Wolff. Wolff, die ik op dezelfde dag had leren kennen als Gallagher, lag mij niet meteen. Hij was een man, en in die tijd moesten mannen me eerst verrassen voor ik er zelfs maar over dacht ze te vertrouwen. Hij was geen performer. Hij maakte duidelijk dat het niet om zijn persoonlijkheid draaide, maar om fictie. Dus nam ik, die besloten had dichter te worden en met veel geluk bij dit fictiegebeuren was toegelaten, een afwachtende houding aan. Ik was de enige tweedejaars in Wolffs klas en de enige die aparte kleren droeg. De fictieschrijvers droegen veel stijfsel en denim, shirts met het embleem van sportteams of Schotse rokjes. Dichters 'stroomden' meer. Zij droegen zeker geen shirts met sportemblemen. Ik zag mezelf als een dichter. Tobias Wolff, met zijn militaire houding en nimmer indirecte analyse van een verhaal, was niet mijn type.

Voor de les begon moest ik eerst nog iets te eten halen. Ik liep van Haven naar Marshall Street. Ik was inmiddels een maand in Syracuse en had me net als iedereen aangewend om voor snacks en schoolbenodigdheden in Marshall Street aan te wippen. Er was een klein familiebedrijfje waar ik graag kwam. De winkelier was een Palestijn van in de zestig, die vaak verhalen vertelde en 'goedendag' zei op een manier waaruit bleek dat hij het meende.

Ik liep door de straat toen ik voor me een zwarte man zag staan praten met een ongure, blanke vent. De blanke stond in een smal straatje, achter een hek. Hij had lang bruin haar dat tot op zijn schouders viel en een baard van een paar dagen. Hij droeg een wit T-shirt waarvan hij de mouwen had opgerold om de bescheiden rondingen van zijn biceps te benadrukken. De zwarte man zag ik alleen op de rug, maar ik was hyperalert. Ik ging mijn checklist af: de juiste lengte, de juiste lichaamsbouw, iets in zijn houding, pratend met een onguur type. De straat oversteken! Dat deed ik. Ik stak over en liep verder in de richting van het winkeltje van de Palestijn. Ik keek niet om. Recht tegenover de winkel stak ik opnieuw over en ik ging naar binnen. Hier vertraagde de tijd. Ik herinner me dingen op een manier die je maar zelden meemaakt. Ik wist dat ik weer naar buiten moest en probeerde mijn kalmte te herwinnen. In de winkel kocht ik perzikenyoghurt en Teem-soda, twee artikelen waaraan je als je me kende zou zien dat ik behoorlijk uit mijn evenwicht was. Toen de winkelier ze op de kassa aansloeg, was hij nors en gehaast. Er was geen 'goedendag'.

Ik liep de winkel uit, stak direct over naar de veiligheid van de overkant en wierp een snelle blik in de richting van het steegje. Van de mannen geen spoor. Aan mijn rechterhand zag ik een politieagent, aan mijn kant van de straat. Hij stapte net uit zijn surveillancewagen. Hij was heel lang, meer dan een meter tachtig, en had peentjeshaar en een snor. Hij leek geen haast te hebben. Ik keek om me heen en besloot dat ik veilig was. Het was gewoon een intensere versie geweest van de angst die ik sinds de verkrachting bij bepaalde zwarte mannen gevoeld had. Ik keek op mijn horloge en versnelde mijn pas. Ik wilde niet te laat komen voor de les van Wolff.

Toen, alsof hij uit het niets opdook, zag ik mijn verkrachter mijn kant op komen. Vanaf de overkant stak hij schuin de straat over. Ik bleef niet stilstaan. Ik schreeuwde niet.

Hij glimlachte toen hij dichterbij kwam. Hij herkende me. Voor hem was het een gewone wandeling; hij kwam een bekende tegen op straat.

Ik wist wie hij was, maar ik kon geen woord uitbrengen. Ik had al mijn energie nodig om me te concentreren op de gedachte dat hij me nu niet in zijn macht had.

'Hé, meisje,' zei hij. 'Ken ik jou niet ergens van?' Hij grijnsde me zelfingenomen toe, wist weer hoe het zat.

Ik reageerde niet. Ik keek hem recht aan. Besefte dat het zijn gezicht was dat zich in de tunnel boven het mijne had bevonden. Dat ik die lippen had gekust, in die ogen had gekeken, de geur van geplette bessen op zijn huid had geroken.

Ik was te bang om een schreeuw te geven. Achter me was een politieagent, maar ik kon niet roepen: 'Dat is de man die me heeft verkracht!' Dat gebeurt alleen in films. Ik zette mijn ene voet voor de andere. Ik hoorde hem achter mijn rug lachen. Maar ik liep nog.

Hij was niet bang. Het was bijna een halfjaar geleden dat we elkaar voor het laatst hadden gezien. Een halfjaar sinds ik in een tunnel onder hem had gelegen op een bed van gebroken glas. Hij lachte omdat hij ermee weggekomen was, omdat hij al eerder had verkracht en omdat hij het weer zou doen. Mijn ontzetting deed hem plezier. Hij kon gewoon op straat lopen, straffeloos.

Bij de volgende hoek sloeg ik af. Over mijn schouder zag ik hem op de roodharige politieagent af lopen. Hij kletste wat met hem en voelde zich zo veilig dat hij, vlak nadat hij mij had gezien, met een gerust hart een agent kon aanspreken.

Ik heb me nooit afgevraagd waarom ik naar Wolff ging om te zeggen dat ik niet naar zijn college kon komen. Het was mijn plicht. Ik was zijn student. Ik was de enige tweedejaars in die klas.

Ik liep naar het Alfagebouw boven op de heuvel en keek hoe laat het was. Voor Wolffs les begon had ik nog tijd om twee telefoontjes te plegen vanuit de telefooncel op de begane grond. Ik belde Ken Childs, vertelde hem wat er gebeurd was, vroeg hem me over een halfuur in de bibliotheek te ontmoeten. Ik wilde een tekening van de verkrachter maken en Ken zat op de kunstfaculteit. Zodra ik had opgehangen belde ik mijn ouders.

Ze kwamen allebei aan de telefoon.

'Mam, pap,' zei ik, 'ik bel vanuit het Alfagebouw.'

Mijn moeder was nu bedacht op iedere hapering in mijn stem.

'Wat is er aan de hand, Alice?' vroeg ze.

'Ik heb hem net gezien, mam,' zei ik.

'Wie heb je gezien?' vroeg mijn vader, zoals gewoonlijk net iets trager van begrip.

'De verkrachter.'

Ik herinner me niet wat hun reactie was. Dat had ook niet gekund. Ik belde ze omdat ik wilde dat ze het wisten, maar toen ik het had verteld wachtte ik niet, ik bestookte hen met feiten. 'Ik ga professor Wolff zo meteen vertellen dat ik niet naar college kan komen. Ik heb Ken Childs gebeld en hij brengt me zo naar huis. Ik wil een tekening maken.'

'Bel ons als je daar bent,' zei mijn moeder. Dat herinner ik me nog. 'Heb je de politie gebeld?' vroeg mijn vader.

Ik aarzelde geen moment. 'Nog niet,' zei ik, wat voor ons allemaal inhield dat het geen ja-of-nee vraag was. Ik zou ze bellen. Ik zou stappen ondernemen.

Ik ging de trap op naar ons leslokaal en zag Wolff op het moment dat hij het lokaal wilde binnen lopen.

De andere studenten druppelden langzaam naar binnen. Ik liep naar hem toe. 'Professor Wolff,' zei ik, 'kan ik u even spreken?'

'Het is tijd, wacht maar tot na de les.'

'Ik kan niet blijven, daar gaat het om.'

Ik wist dat hij het niet prettig zou vinden. Ik wist niet hoe ónprettig hij het zou vinden. Hij begon met me eraan te herinneren dat ik geluk had gehad dat ik zijn colleges mocht volgen en dat het overslaan van één college neerkwam op het missen van drie doorsneecolleges. Dat wist ik allemaal. Dat was ook de reden dat ik blindelings hiernaartoe was gekomen in plaats van regelrecht naar huis te lopen.

Ik smeekte Wolff om me twee minuutjes van zijn tijd te gunnen. Om me in zijn kamer te woord te staan, niet op de gang.

'Alstublieft,' zei ik. Iets in de manier waarop ik het zei raakte hem en maakte dat hij bereid was even de formele regels te vergeten die hier golden, en waar hij zoals ik wist grote waarde aan hechtte. 'Alstublieft,' zei ik, en hij reageerde met een, hoe weinig toeschietelijk ook: 'Even dan.'

Ik volgde hem de korte gang door, sloeg na hem de hoek om en wachtte tot hij zijn deur met een sleutel opengemaakt had. Achteraf gezien kan ik nauwelijks geloven hoe kalm ik bleef vanaf het moment dat ik mijn verkrachter op straat had gesignaleerd tot dat moment, in de werkkamer van Wolff, achter een gesloten deur. Nu was ik bij een man van wie ik wist dat hij me geen pijn zou doen. Voor de eerste keer dacht ik dat het geen kwaad zou kunnen om diep uit te ademen. Hij nam tegenover me plaats terwijl ik me op de stoel voor studenten liet zakken.

Ik barstte uit.

'Ik kan niet naar college komen. Ik heb net de man gezien die me heeft verkracht. Ik moet de politie bellen.'

Ik herinner me zijn gezicht, het staat me nog helder voor de geest. Hij was vader. Daar had ik wel eens iets over gehoord. Hij had nog jonge zoontjes. Hij kwam naar me toe. Hij wilde troost bieden, maar instinctief deed hij weer een stap terug. Ik was het slachtoffer van een verkrachting; hoe zou ik zijn aanraking interpreteren? Op zijn gezicht verscheen de uitdrukking van pure verwarring die iemand vertoont als hij niets kan doen om leed te verzachten.

Hij vroeg of hij iemand voor me moest bellen, hoe ik thuis zou komen, of hij iets voor me kon doen. Ik vertelde hem dat ik een vriend had gebeld die me in de bibliotheek zou ophalen en met me mee naar huis zou lopen, waar ik de politie zou bellen.

Wolff liep met me mee naar de gang. Voor hij me liet gaan – in gedachten was ik alweer bezig mijn ene voet voor de andere te zetten, dacht ik aan het telefoongesprek met de politie, herhaalde in gedachten telkens weer: *kastanjebruin windjack, blauwe spijkerbroek met opgerolde broekspijpen, Converse All-Star-sneakers* – hield Wolff me tegen en legde zijn handen op mijn schouders.

Hij keek me aan en toen hij wist dat hij op dat ogenblik mijn aandacht had, zei hij: 'Alice, er staat een hoop te gebeuren en misschien begrijp je het op dit moment nog niet, maar luister. Probeer, als je dat kunt, alles te onthouden.'

Ik moet me inhouden om die laatste drie woorden niet in hoofdletters op te schrijven. Zo had hij ze bedoeld. Het was zijn bedoeling dat ze zouden weerklinken en dat ze me ergens in de toekomst zouden treffen, ongeacht het pad dat ik verkoos te bewandelen. Hij kende me twee weken. Ik was negentien. Ik zat in zijn klas en tekende bloemen op mijn spijkerbroek. Ik had een verhaal geschreven over paspoppen die tot leven kwamen en wraak wilden nemen op kleermakers. Het was dus een roep die een grote afstand moest overbruggen. Hij wist – zoals ik later zou ontdekken toen ik bij Doubleday aan Fifth Avenue in New York binnenliep en *This Boy's Life*, Wolffs eigen verhaal, kocht – dat herinnering kan redden, macht heeft, en vaak het enige is waarop machtelozen, onderdrukten en mensen die zijn gebrutaliseerd kunnen terugvallen.

De wandeling naar de bibliotheek, slechts tweehonderd meter als je de voorzijde van het binnenplein schuin overstak, aan de overkant van de straat waar het Alfagebouw op uitkeek, maakte ik op de automatische piloot. Ik werd een machine. Ik vermoed dat mannen in oorlogstijd op die manier patrouilleren, dat ze zich volledig afstemmen op elke beweging of dreiging. Het plein is niet het plein, maar een slagveld waar de vijand zich verborgen houdt. Hij wacht met aanvallen tot het moment dat je je waakzaamheid laat verslappen. De enige oplossing is dat je haar nooit mag laten verslappen, nog geen seconde.

Terwijl al mijn zenuwen zich door mijn huid heen naar buiten probeerden te werken, kwam ik aan bij de bibliotheek, de

Bird Library. Hoewel ik nog steeds op mijn hoede was, mocht ik hier van mezelf even vrij ademen. Ik liep door de met tl-buizen verlichte ruimte. Omdat het nog vroeg in het semester was, was het niet druk in de bibliotheek. De paar mensen die ik passeerde, keek ik niet aan. Ik wilde niemands ogen ontmoeten.

Ik kon niet op Ken wachten; ik was te bang om stil te blijven staan. Ik bleef lopen. Bird was zo gebouwd dat je erdoorheen kon lopen en het gebouw aan de andere kant kon verlaten, in een soort niemandsland. Het was een straat waaraan oude houten vakwerkhuizen lagen, veelal in gebruik door studentensociëteiten, maar dit stuk hoorde niet meer bij het geheiligde universiteitsterrein. Er stonden hier minder straatlantaarns en in de tijd die het me had gekost om van Marshall Street naar Wolff te lopen om hem te zeggen dat ik niet naar college kon komen, was het donker geworden. Ik had maar één doel: ongedeerd thuiskomen om te noteren wat voor kleren hij precies had aangehad en zijn gezicht tot in de details te beschrijven.

Ik kwam er. Ik herinner me niet iemand gezien te hebben. Als ik al iemand zag, ben ik hem zonder een woord straal voorbijgelopen. Op mijn eenpersoonskamer aangekomen belde ik de politie. Ik vertelde wat er aan de hand was. Ik was in mei verkracht, zei ik, en nu was ik terug op de campus en had ik de dader gezien. Of ze wilden komen.

Daarna ging ik op mijn bed zitten en maakte een tekening. Maar eerst schreef ik Madisons kenmerken op. Ik begon met zijn haar, ging verder met zijn lengte, lichaamsbouw, neus, ogen, mond. Toen iets over de vorm van zijn gezicht: 'Korte nek. Klein, compact hoofd. Vierkante kaken. Haar hangt enigszins over voorhoofd.' En zijn huid: 'Tamelijk donker, maar niet pikzwart.' Onder aan het papier, links, maakte ik een schets van hem en ernaast noteerde ik zijn kleding: 'Kastanjebruin jack – stijl windjack, maar met dons. Spijkerbroek – blauw. Witte sneakers.'

Toen kwam Ken opdagen. Hij was buiten adem en nerveus. Ken was een kleingebouwde, fragiele man – het jaar ervoor had ik hem romantisch vergeleken met een mini-David. Tot dusverre had hij er weinig blijk van gegeven dat hij zich met mijn situatie raad wist. In de zomer had hij me één keer geschreven. Hij had me uitgelegd, en dat accepteerde ik toen, dat hij wat mij was overkomen had 'herschapen', zodat het hem niet zoveel pijn zou doen. 'Ik heb besloten dat het net zoiets is als een gebroken been en dat het, net als een gebroken been, zal helen.'

Ken deed zijn best om een betere tekening te maken dan de mijne, maar hij was te gespannen; zijn handen trilden. Hij zat op mijn bed en scheen me heel klein toe, bang. Ik besloot hem te beschouwen als een warm lichaam dat mij kende, dat het goed met me meende. Dat moest maar genoeg zijn. Hij deed verscheidene pogingen het hoofd van de verkrachter te tekenen.

Er klonken geluiden op de gang. Walkietalkies met het volume op gewichtige sterkte, het geluid van zware voetstappen. Vuisten bonsden tegen de deur en ik deed open op hetzelfde moment dat er een paar meisjes de gang op kwamen.

De bewakingsdienst van Syracuse University. Ze waren door de politie gewaarschuwd. Ze waren opgefokt. Dit was het echte werk. Twee van hen waren behoorlijk breed gebouwd en in mijn kleine kamertje leken ze nog omvangrijker.

Een paar seconden later arriveerde de politie van Syracuse. Drie politiemannen. Iemand deed de deur dicht. Ik deed mijn verhaal opnieuw en er ontstond wat geharrewar over de vraag onder wiens jurisdictie dit viel. De bewakers leken teleurgesteld dat, aangezien het eerste incident had plaatsgevonden in Thorden Park en de waarneming was gedaan in Marshall Street, het duidelijk een zaak was voor de stedelijke politie en niet voor de universitaire bewakingsdienst. Uit beroepsmatig oogpunt strekte dat hun tot eer, maar die avond waren zij niet zozeer vertegenwoordigers van de universiteit als wel jagers met een vers geurspoor.

De politie keek naar de tekeningen die Ken en ik gemaakt hadden. Ze hadden het herhaaldelijk over Ken als mijn vriendje, hoewel ik hen telkens verbeterde. Ze bekeken hem argwanend. Met zijn tengere gestalte en zijn nervositeit viel hij volkomen uit de toon in een kamer vol grote kerels die met vuurwapens en gummiknuppels gewapend waren.

'Hoe lang is het geleden dat je de verdachte hebt gezien?'

Ik vertelde het hun.

Ze concludeerden dat er, omdat ik geen blijk van herkenning had gegeven, een kans bestond dat de verkrachter nog steeds in de buurt van Marshall Street rondhing. Het was wel een ritje met een surveillancewagen waard.

Twee mannen van de politie namen mijn tekening mee en lieten die van Ken liggen.

'We maken hier kopieën van en dan laten we een opsporingsbevel uitgaan. Al onze mannen in de stad houden dit bij zich in de auto, net zo lang tot we hem gevonden hebben,' zei een van hen.

Toen we ons gereedmaakten om te vertrekken, vroeg Ken: 'Wil je dat ik meekom?'

De blikken van de politiemannen moeten hem een uiterst ongemakkelijk gevoel hebben gegeven. Hij ging mee.

We verlieten het gebouw met een escorte van zes geüniformeerde mannen. Ken en ik stapten achter in een surveillancewagen, voorin nam een politieagent plaats. De naam van de man weet ik niet meer, maar ik herinner me nog wel zijn woede.

'We krijgen die etterbak wel te pakken,' zei hij. 'Verkrachting is een van de zwaarste misdaden. Hij zal ervoor boeten.'

Hij startte de motor en zette het rood-blauwe zwaailicht aan. We scheurden naar Marshall Street, niet meer dan een paar blokken verderop.

'Kijk goed om je heen,' zei de agent. Hij manoeuvreerde de

auto met dezelfde behendigheid die ik later zou terugzien bij New Yorker taxichauffeurs.

Naast me op de achterbank liet Ken zich onderuitzakken. Hij zei dat het zwaailicht hem hoofdpijn bezorgde. Hij hield zijn hand beschuttend voor zijn ogen. Ik keek naar buiten. Terwijl we een paar maal Marshall Street op en neer reden en wat in de buurt rondreden, vertelde de agent me over zijn zeventienjarige nichtje, een onschuldig meisje. Ze was door een groep verkracht. 'Kapotgemaakt,' zei hij. 'Kapotgemaakt.' Hij had zijn knuppel vast. Hij begon ermee op de lege stoel naast hem te meppen. Telkens als hij tegen het vinyl kwam kromp Ken in elkaar. Ik had van het begin af aan al gedacht dat onze poging weinig kans van slagen had, maar nu begon ik me zorgen te maken over wat deze agent zou kunnen aanrichten.

Ik zag geen verkrachter. Dat zei ik. Ik stelde voor er een punt achter te zetten en op het politiebureau nogmaals de politiefoto's door te nemen. Maar de agent wilde een ontlading en die zou hij krijgen ook. De laatste keer dat we door Marshall Street reden, stond hij opeens boven op de rem.

'Daar, dáár,' zei hij. 'Hoe zit het met die drie?'

Ik keek en zag het meteen: drie zwarte studenten. Ik zag het aan hun manier van kleden. Ze waren bovendien lang, te lang om mijn verkrachter te kunnen zijn.

'Nee,' zei ik. 'Laten we gaan.'

'Het zijn herrieschoppers,' zei hij. 'Blijf hier.'

Hij haastte zich de auto uit en zette de achtervolging in. Hij had zijn knuppel in zijn hand.

Ken begon last te krijgen van een vorm van paniek die ik van mijn moeder kende. Hij haalde amechtig adem. Hij wilde weg.

'Wat gaat hij doen?' vroeg hij. Hij probeerde het autoportier. Het was automatisch op slot gegaan. Hier achterin zaten zowel slachtoffers als criminelen.

'Ik heb geen idee. Die jongens lijken in de verste verte niet op hem.'

Het zwaailicht boven onze hoofden stond nog steeds aan. Er kwamen mensen op de auto af lopen om naar binnen te turen. Ik was kwaad op de agent dat hij ons aan ons lot had overgelaten. Ik was kwaad op Ken omdat hij zo'n doetje was. Ik wist dat er niets goeds te verwachten viel van een boze man bij wie de adrenaline door het lijf gierde en die wraak wilde voor zijn verkrachte nichtje. Ik stond centraal in dit alles, en tegelijkertijd besefte ik dat ik niet bestond. Ik was niet meer dan een katalysator die maakte dat mensen zenuwachtig werden, schuldig, of furieus. Ik was bang, maar bovenal vond ik het weerzinwekkend. Ik wilde dat de agent terugkwam en ik zat in de auto met Ken zacht jammerend naast me, deed mijn hoofd tussen mijn knieën zodat degenen die van buiten de auto in keken niets dan 'de rug van het slachtoffer' zouden zien, en ik luisterde naar geluiden die wezen op wat zich in het zijstraatje afspeelde. Er werd iemand in elkaar geslagen, dat wist ik zo zeker als wat. Híj was het niet.

De agent kwam terug. Hij liet zich op de bestuurdersplaats neervallen en legde zijn knuppel stevig tegen de palm van zijn andere hand.

'Dat zal ze leren,' zei hij. Hij zweette, voldaan.

'Wat hebben ze gedaan?' waagde Ken. Hij was helemaal ontdaan.

'Drinken in het openbaar. Nooit een politieagent tegenspreken.'

Het is niet dat ik wat er die avond op Marshall Street gebeurde door de vingers zag. Álles was verkeerd. Het was verkeerd dat ik 's avonds laat niet door een park kon lopen. Het was verkeerd dat ik verkracht was. Het was verkeerd dat de verkrachter ervan uitging dat hij ongestraft zijn gang kon gaan en dat ik als universitair studente vast en zeker beter behandeld werd door de politie. Het was verkeerd van hem dat hij haar 'kapotgemaakt' noemde. Het was verkeerd om dat zwaailicht aan te zetten en door Marshall Street een en weer te rijden. Het was verkeerd om drie onschuldige jonge zwarte

mannen op straat lastig te vallen en misschien zelfs te mishandelen.

Er is geen máár, alleen dit: die agent woonde op dezelfde
planeet als ik. Ik paste in zijn wereld zoals ik nooit meer in die
van Ken zou passen. Ik weet niet meer of Ken vroeg of we
hem thuis wilden afzetten of dat hij met me meeging naar het
politiebureau. Hoe het ook zij, na de zoektocht rond Marshall
Street heb ik hem uit mijn leven gebannen.

We arriveerden bij het Public Safety Building. Het was inmiddels na achten. Ik was hier niet meer terug geweest sinds de
dag na de verkrachting, maar die avond voelde het bureau
veilig. Ik vond het prachtig hoe de liften uitkwamen op een
wachtruimte, aan het eind waarvan zich een enorme deur bevond die zich automatisch achter ons sloot. Door het kogelvrije glas kon je de wachtruimte in kijken, maar niemand kon
bij jou komen.

De agent ging me voor naar binnen en ik hoorde het zachte
hydraulische zoeven en de ferme klik van het slot van de deur
achter ons. Aan onze linkerhand, in de meldkamer, zat de telefoonwacht aan zijn schakelpaneel. Vlak bij hem stonden drie
of vier geüniformeerde mannen. Een paar van hen hadden een
koffiemok in hun hand. Toen we binnenkwamen vielen ze stil
en staarden naar de grond. Er waren maar twee soorten burgers: slachtoffers en misdadigers.

Mijn agent legde aan de telefoonwacht uit dat ik die verkrachtingszaak in de East Zone was. Ik was hier om politiefoto's te bekijken.

Hij wees me een plaats in een kleine archiefruimte tegenover
de meldkamer. Hij liet de deur openstaan en pakte een stel
grote zwarte ringbanden van de legplanken om ons heen. Het
waren er minstens vijf en ze waren stuk voor stuk gevuld met
portretfotootjes op pasfotoformaat. In deze vijf mappen zaten
alleen zwarte mannen, en alleen van ongeveer de leeftijd die de
dader volgens mij had.

Het vertrek leek eerder een opslagruimte voor al die ordners te zijn dan een plek waar slachtoffers aandachtig de foto's konden zitten bekijken. Het enige werkvlak was een oude metalen typetafel en het kostte me moeite om de mappen, waarvan de slappe kaft steeds doorboog onder het gewicht, op mijn schoot en het gammele tafeltje in evenwicht te houden. Maar ik was als het moest een brave student en ik bestudeerde de fotoboeken bladzij voor bladzij. Ik zag zes foto's die me deden denken aan mijn verkrachter, maar ik begon te geloven dat het bekijken van de foto's op niets zou uitlopen.

Een van de agenten bracht me slappe, maar nog warme koffie. Het was een oase van troost in een in alle andere opzichten vreemde omgeving.

'Hoe gaat het? Iets gezien?' vroeg hij.

'Nee,' zei ik. 'Het begint me zo langzamerhand te duizelen. Ik geloof niet dat hij erbij zit.'

'Blijf proberen. Hij zit nu nog vers in je geheugen.'

Ik was bijna aan het eind van map 4 toen het telefoontje kwam.

'Wijkagent Clapper belde net,' riep de telefoonwacht naar mijn agent. 'Hij weet wie jouw man is.'

De agent liet me in de archiefkamer achter en liep naar de meldkamer. De geüniformeerde agenten die daar rondhingen in afwachting van een opdracht kwamen om hem heen staan. Ik luisterde naar de Abbott en Costello-achtige vertoning die toen volgde.

'Hij zegt dat het Madison is,' zei de telefoonwacht.

'Welke Madison?' vroeg mijn agent. 'Mark?'

'Nee,' zei iemand anders, 'die is al opgeborgen.'

'Frank?'

'Nee, die heeft Hanfy vorige week gearresteerd. Het moet Greg zijn.'

'Ik dacht dat die al vastzat.'

En zo ging het verder. Een van de mannen zei dat hij met pa

Madison te doen had – het viel niet mee om in je uppie zonen groot te brengen.

Toen kwam mijn agent weer bij me. 'Ik heb een paar vragen aan je,' zei hij. 'Ben je zover?'

'Ja.'

'Beschrijf nog eens die politieagent die je zag.'

Dat deed ik.

'En waar zag je zijn auto?'

Ik zei dat hij op de Huntington Hall-parkeerplaats had gestaan.

'Bingo,' zei hij. 'Het ziet ernaar uit dat we onze man hebben.'

Hij vertrok weer en ik sloeg de map dicht die nog open op het typetafeltje lag. Plotseling wist ik niet meer wat ik met mijn handen moest doen. Ze trilden. Ik stak ze onder mijn bovenbenen en ging erop zitten. Ik begon te huilen.

Een paar minuten later hoorde ik de telefoonwacht zeggen: 'Daar is hij!' en degenen die zich aan onze kant van de afgesloten deur bevonden juichten.

Ik stond op en zocht wanhopig naar een plek in het vertrek waar ik me kon verstoppen. Ik koos de hoek naast de deur. Ik drukte mijn gezicht tegen de metalen stellingkast waarin de politiefoto's van de afgelopen jaren waren opgeborgen.

'Goed werk, Clapper!' zei iemand, en er ontsnapte me een diepe zucht. Kon het alleen de agent zijn, zonder mijn verkrachter in zijn kielzog?

'We nemen een verklaring op van het slachtoffer en regelen daarna een bevel tot aanhouding,' zei iemand.

Ja, ik was veilig, maar ik wist nog steeds niet wat ik moest doen. Ik kon me niet bij hen voegen. Ik was een slachtoffer, geen echt mens. Ik ging weer op de bureaustoel zitten.

De mannen buiten waren opgetogen. Sloegen elkaar op de schouders en plaagden agent Clapper met zijn rode haar. Hij had 'peenhaar', zag eruit als een 'vuurtoren', was een 'jonge hond'.

Hij stak zijn hoofd om de deur.

'Hé, Alice,' zei hij. 'Weet je wie ik ben?'

Ik grijnsde van oor tot oor. 'Jazeker.'

De mannen buiten brulden van het lachen. 'Wie je bent? Hoe kan ze je vergeten zijn? Vergeleken bij jou stelt de kerstman niks voor!'

Ze kalmeerden weer. Er kwam een oproep binnen. Twee mannen gaven eraan gehoor en vertrokken. Agent Clapper moest een rapport opmaken. Mijn agent bracht me terug naar het vertrek waar ik brigadier Lorenz had ontmoet, op drie dagen na exact een halfjaar geleden. Hij maakte proces-verbaal op en citeerde daarbij veelvuldig uit de gedetailleerde beschrijving die ik had aangeleverd.

'Ben je hier klaar voor?' vroeg de agent me toen het proces-verbaal af was. 'Wij gaan hem arresteren. Jij moet bereid zijn om te getuigen.'

'Dat ben ik,' zei ik.

Ik werd in een gewone personenauto naar Haven Hall teruggebracht. Ik belde mijn ouders om te zeggen dat het goed met me ging. De agent maakte nog een laatste verslag over zaak F-362 voor die weer werd overgedragen aan brigadier Lorenz.

Verkrachting 1

Sodomie 1

Beroving 1

Terwijl ik nog met het slachtoffer op het bureau van de recherche was, werden de oproep en het signalement op de politieradio uitgezonden en onmiddellijk daarop kregen we een melding binnen van wagen 561, wijkagent Clapper, die verklaarde dat hij rond 18.27 uur op Marshall Street gesproken had met iemand die voldeed aan het signalement van de verdachte van de verkrachting. Hij liet me weten dat degene met wie hij had gesproken een zekere Greg Madison was. Madison heeft een strafblad en heeft een gevangenis-

straf uitgezeten. Op het bureau van de recherche zou wijkagent Clapper een fotoconfrontatie regelen, maar er was
geen foto beschikbaar. Het staat vrijwel vast dat de verdachte in kwestie Gregory Madison is. Het slachtoffer en
wijkagent Clapper hebben beiden een beëdigde verklaring
afgegeven. De aanhouding zal niet lang op zich laten wachten.

Het signalement wordt doorgegeven aan zowel ploeg 3
als ploeg 1, die zo meteen dienst heeft. Als ze de verdachte
signaleren, houden ze hem in het oog en vragen om assis-
tentie. De verdachte wordt beschouwd als gewapend en gevaarlijk.

Verkrachting 1 = verkrachting met geweld
Sodomie 1 = met geweld afgedwongen orale en/of anale seks
Beroving 1 = beroving met geweld

Die nacht had ik een droom. Al Tripodi kwam erin voor. In
een gevangeniscel hielden hij en twee andere mannen mijn verkrachter in bedwang. Ik begon wraakacties uit te voeren op de
verkrachter, maar zonder succes. Hij worstelde zich los uit
Tripodi's greep en kwam op me af. Ik zag zijn ogen zoals ik ze
in de tunnel had gezien: van dichtbij.

Ik werd schreeuwend wakker en zat rechtop tussen de
klamme lakens. Ik keek naar de telefoon. Het was drie uur in
de ochtend. Ik kon mijn moeder niet bellen. Ik probeerde weer
in slaap te komen. Ik had hem gevonden. Het zou weer tussen
hem en mij gaan. Ik dacht aan de laatste regels van het gedicht
dat ik bij Gallagher had ingeleverd.

Come die and lie, beside me – Kom naast me liggen en sterf.
Ik had hem uitgenodigd. In mijn ogen had de verkrachter
mij vermoord op de dag dat hij me verkrachtte. Nu zou ik
hem gaan vermoorden, *Make my hatred large and whole*,
mijn haat groot en heel maken.

Acht

In die eerste maand op school zocht ik nauwelijks het gezelschap van anderen en concentreerde ik me vastberaden op mijn twee schrijfwerkgroepen. De dag nadat ik de verkrachter op straat was tegengekomen belde ik Mary Alice om het haar te vertellen. Ze was dolblij, maar maakte zich ook zorgen om me. Ze had het bovendien druk. Zij, Tree en Diane zetten alles op alles om tot een van de verenigingen voor vrouwelijke studenten toegelaten te worden. Mary Alice had haar zinnen gezet op Alfa Chi Omega. Het was een sociëteit voor brave meisjes die zowel sportief als studieus waren. Alleen blanken. Voor Mary Alice was het kat in 't bakkie.

Doordat ze zo in dit soort dingen opging groeiden we uit elkaar, het doorlopende cynische commentaar dat ze leverde op de toelatingsrituelen en het idiote gedoe dat er inherent aan was, ten spijt. We hadden niet meer dagelijks contact met elkaar.

Aarzelend sloot ik een nieuwe vriendschap. Mijn nieuwe vriendin heette Lila en kwam uit Massachusetts, dat wil zeggen, oorspronkelijk uit Georgia. Maar anders dan mijn moeder, die alles wat zuidelijk was prachtig vond, had Lila geen accent. Dat was eruit geslagen, zei ze, toen ze in Massachusetts naar de middelbare school ging. In mijn oren deed ze het prima. Mijn moeder bezwoer me dat iedere zuiderling beter zou weten en haar licht zangerige en lijzige manier van praten onmiddellijk zou oppikken.

Ze woonde ook in Haven Hall, zes deuren verder bij mij op de gang. Ze was blond en we droegen allebei een bril. We hadden dezelfde maat, dat wil zeggen, we waren allebei iets te zwaar. Ze zag zichzelf als een blokker, iemand die 'sociaal achtergebleven' was. Ik zag het als mijn plicht om haar haar verlegenheid te laten overwinnen. Ergens voelde ik wel dat ze een absurde, komische kant in zich had. Ook Lila was, evenals Mary Alice, nog maagd.

Lila was een volmaakt eenkoppig publiek. In mijn omgang met Mary Alice was ik de excentrieke aangever van het populaire meisje. Bij Lila lag dat anders. Ik was degene die iets slanker, iets luidruchtiger, iets moediger was.

Op een avond zei ik tegen haar dat ze haar innerlijke dier moest ontmoeten en ik zei: 'Kijk naar mij!' Ik pakte een doos rozijnen en begon er met een mes in te steken, terwijl ik gezichten trok en overdreven deed voor de camera die ze in haar handen had. Ik pakte de camera en liet haar de rozijnen met een mes te lijf gaan. Op de foto's van die dag kun je zien dat ik het meen. Ik heb het duidelijk op die rozijnen voorzien. Lila lukte het niet om echt in de rol te kruipen die ik haar had toebedacht. Ze houdt het lemmet van het mes elegant boven de reeds doorboorde doos. Haar blik is zacht en haar gezicht lijkt op dat van een schoolmeisje dat haar best doet om er oprecht wanhopig en ontzet uit te zien.

We waren gespecialiseerd in de slappe lach. Ik keek verwachtingsvol uit naar haar pauzes en probeerde haar over te halen ze te verlengen, ze over een hele avond uit te smeren op mijn kamer, waar ik als ik lol maakte met haar niet hoefde na te denken over de buitenwereld.

Op 14 oktober was ik op de campus. In het stadscentrum belde rechercheur Lorenz de assistent-aanklager, Gail Uebelhoer, die was aangewezen om de zaak te bekijken voor hij aan de rechter zou worden voorgelegd voor een arrestatiebevel. Uebelhoer was er niet. Lorenz liet een boodschap achter.

'Gregory Madison is om 14.00 uur aangehouden.'

Voor de tweede maal haalde ik de krant. SLACHTOFFER HERKENT DADER kopte de *Syracuse Post-Standard* op 15 oktober boven een artikeltje van vijf alinea's. Tricia, van het opvangcentrum, stuurde het me toe, zoals ze me ook alle volgende artikelen zou toesturen.

Op 19 oktober zou er bij de rechtbank in Syracuse een vooronderzoek plaatsvinden. De beklaagde was Gregory Madison, de aanklager het Volk van de staat New York, oftewel het Openbaar Ministerie. De hoorzitting werd gehouden om vast te stellen of er voldoende bewijs was en of de zaak aan een onderzoeksjury zou worden voorgelegd. Mij was verteld dat er allerlei getuigen zouden worden opgeroepen, van de artsen die me in het ziekenhuis hadden onderzocht in de nacht dat ik verkracht was tot wijkagent Clapper, die Madison op straat had gezien. Ik zou getuigen. Madison ook.

Ik had iemand nodig die met me mee zou gaan naar de hoorzitting, maar Mary Alice kon niet en Ken Childs was duidelijk geen goede keuze. Lila was mijn nieuwe vriendin, ik wilde onze vriendschap niet verpesten. Ik benaderde Tess Gallagher en vroeg of zij wilde komen. 'Ik voel me vereerd,' zei Gallagher. 'En daarna trakteer ik je op een lunch in een goed restaurant.'

Ik weet niet meer wat ik aanhad, alleen dat Gallagher, die op de campus bekendstond om haar flamboyante kleding in combinatie met altijd precies de goede hoed, verscheen in een mantelpakje en met degelijke molières. Toen ik haar zo ingetogen zag, besefte ik dat ze zich had aangegord tot de strijd. Ze wist hoe de buitenwereld tegen dichters aankeek. Ik weet nog wel dat ik iets fatsoenlijks aanhad. In de gangen van het gerechtsgebouw leken we op wat we waren: een studente en haar jeugdige moederfiguur.

Mijn grootste angst was dat ik Gregory Madison zou zien. Tess en ik liepen door de gangen van het Onondaga County Courthouse met een rechercheur van het Public Safety Building. Het was de bedoeling dat hij ons naar de zaal zou brengen waar we moesten zijn en waar ik de vertegenwoordiger van het OM zou ontmoeten. Maar ik moest naar de wc en hij wist niet precies waar de damestoiletten waren. Tess en ik gingen samen op zoek.

In het oude deel van de gerechtsgebouw waren de vloeren van marmer. Tess' lage hakken klikten erop met een staccato ritme. Eindelijk vonden we de toiletten, waar ik zonder mijn slipje te laten zakken in een van de hokjes ging zitten en naar de houten deur voor me staarde. Ik was alleen, al was het maar voor even, en ik probeerde mijn kalmte te hervinden. Sinds de wandeling van het Public Safety Building naar het gerechtsgebouw klopte mijn hart me in de keel. Ik had die uitdrukking wel eens gehoord, maar nu voelde het letterlijk alsof er iets diks en levends in mijn keel gepropt was dat daar bonzend vastgeklemd zat. Bloed stroomde naar mijn hersenen en ik liet mijn hoofd zakken om te voorkomen dat ik over mijn nek zou gaan.

Toen ik weer te voorschijn kwam, zag ik bleek. Ik wilde niet naar mezelf kijken in de spiegel. In plaats daarvan keek ik naar Tess. Ik keek hoe ze twee sierlijke haarkammetjes goed deed.

'Klaar,' zei ze, tevreden met de manier waarop ze aan weerszijden van haar hoofd zaten. 'Ben je zover?'

Ik keek haar aan en ze gaf me een knipoog.

Tricia stond bij de rechercheur toen we terugkwamen. Tricia en Tess waren elkaars tegenpolen. Tricia, die het opvangcentrum vertegenwoordigde en haar briefjes aan mij ondertekende met 'je zuster', was degene die ik niet helemaal vertrouwde. Tess was de eerste vrouw die ik kende die haar eigenaardigheden had omhelsd, die gebieden van haar persoonlijkheid had betreden die maakten dat ze zich onderscheidde van haar omgeving, en die geleerd had hoe ze die met trots kon tentoonspreiden. Tricia was te veel bezig met mij aan de praat te krijgen. Ze wilde dat ik zou vóélen. Ik begreep niet op welke manier voelen mij goed zou doen. Het Onondaga County Courthouse leek me niet de juiste plaats om het achterste van je tong te laten zien. Hier zou ik me moeten vastklampen aan wat volgens mij de waarheid was. Ik moest me inspannen om elk feit paraat te houden. Tess had karakter.

Daar had ik meer behoefte aan dan aan een stel anonieme zusters; ik zei tegen Tricia dat ze wel kon gaan. Tess en ik namen plaats op een houten bank buiten de rechtszaal. Die deed me denken aan de dicht op elkaar staande kerkbanken van St. Peter's. Het wachten leek uren te duren. Tess vertelde me verhalen over haar jeugd in de staat Washington, over de houtkapindustrie, over vissen en over haar levensgezel, Raymond Carver. Het zweet stond in mijn handen. Een paar tellen lang zat ik onbeheerst te trillen. Ik hoorde nog niet de helft van Tess' woorden. Ik geloof dat ze dat wel doorhad. Eigenlijk sprak ze niet tegen mij; het was meer een soort slaapliedje, al dat gepraat. Maar uiteindelijk hield het slaapliedje op.

Ze was geïrriteerd. Keek op haar horloge. Ze wist dat ze niets kon doen. Op de campus en in de wereld van de poëzie mocht ze dan een diva zijn, hier was ze niets meer dan een onbelangrijke, machteloze vrouw. Ze moest het met mij uitzitten. Onze lunchtraktatie leek heel ver weg.

Sinds die dag slaat mijn nervositeit als ik lang moet wachten op iets waar ik erg tegen opzie altijd om in een intense verveling. Het is een geestestoestand en het gaat als volgt: als de hel niet te vermijden is, betreed ik wat ik een toestand van trauma-zen noem.

Zo kwam het dat – toen assistent-aanklager Ryan, die diezelfde dag mijn zaak toegewezen had gekregen omdat zijn collega Uebelhoer een andere zitting moest bijwonen, op ons af liep om zich voor te stellen – Tess zweeg en ik naar de lift vlak voor me zat te staren.

Ryan was een jonge man van achter in de twintig, begin dertig. Hij had rossig bruin haar dat wel een kam kon gebruiken. Hij had een soort bobbelig sportjasje aan met suède elleboogstukken, dat meer op zijn plaats leek op de campus waar ik net vandaan kwam dan in een rechtszaal.

Hij sprak Tess aan met 'mevrouw Sebold', en toen hem te verstaan werd gegeven dat ze een docent van me was, werd hij enigszins nerveus. Hij was in verlegenheid gebracht en geïmponeerd. Hij wierp vluchtige blikken op haar, waarmee hij probeerde haar bij het gesprek te betrekken en tevens hoogte van haar probeerde te krijgen.

'Waar geeft u les in?' vroeg hij.

'In poëzie,' antwoordde ze.

'Bent u een dichter?'

'Ja, inderdaad,' zei Tess. 'Wat hebt u ons meisje hier te melden?' vroeg ze. Ik begreep het pas later, maar de assistent-aanklager zat met Tess te flirten en zij leidde hem af, snel en met een behendigheid die voortkwam uit ervaring.

'Het eerste punt is voor jou, Alice,' zei hij tegen me. 'Je zult wel blij zijn om te horen dat de verdachte afstand heeft gedaan van het recht om voor te komen.'

'Wat houdt dat in?'

'Dat betekent dat zijn advocaat de identificatie niet ter discussie zal stellen.'

'Is dat positief?'

'Ja. Maar je moet wel alle vragen beantwoorden die zijn advocaat aan je heeft.'

'Dat begrijp ik,' zei ik.

'Wij zijn hier om te bewijzen dat het een verkrachting was. Dat de daad met de verdachte niet met wederzijdse instemming plaatsvond, maar met geweld werd afgedwongen. Begrijp je dat?'

'Ja. Mag Tess met me meekomen?'

'Als jullie stil zijn. Niet meer praten zodra je door die deur naar binnen loopt. De professor kan op een van de stoelen achterin een plekje zoeken, in de buurt van de parketwachter. Jij loopt naar de getuigenbank en dan neem ik het over.'

Hij liep de deuren van de rechtszaal binnen, rechts van ons. Tegenover ons stapte een stel mensen de lift uit en kwam op ons af. Met name één man nam ons beiden langdurig en aandachtig op. Het was de advocaat van de verdachte, mr. Meggesto.

Een poosje later deed de parketwachter de deur van de rechtszaal open.

'We zijn klaar voor u, juffrouw Sebold.'

Tess en ik deden wat mr. Ryan had gezegd. Ik liep naar het voorste deel van de rechtszaal. Ik hoorde iemand zijn keel schrapen en het geritsel van papieren. Ik betrad de getuigenbank en draaide me om.

Er zaten maar een paar mensen in de zaal en achterin waren slechts twee rijen die samen de tribune vormden. Tess zat aan de rechterkant. Ik keek haar eenmaal aan. Ze wierp me een 'zet hem op'–glimlach toe. Dat was de laatste keer dat ik haar kant op keek.

Mr. Ryan kwam naar me toe lopen en controleerde mijn naam, leeftijd, adres en andere belangrijke gegevens. Dat gaf me de tijd om te wennen aan het geluid van de typemachine van de griffier en aan het idee dat alles woordelijk zou worden genoteerd. Wat mij in die tunnel was overkomen was nu iets wat ik niet alleen hardop moest vertellen, maar wat ook door anderen gelezen en herlezen zou worden.

Nadat hij me enkele vragen had gesteld over hoe het licht die avond was en waar de verkrachting had plaatsgevonden, kwam hij bij de vraag waarvoor hij me had gewaarschuwd en die ik zou moeten beantwoorden.

'Kun je me in je eigen woorden vertellen wat er toen gebeurde?'

Ik probeerde er de tijd voor te nemen. Ryan onderbrak mijn relaas herhaaldelijk. Hij stelde nog enkele vragen over het licht, vroeg of de maan scheen, of ik terugvocht. Hij wilde precies weten of de klappen met de vlakke hand of met een vuist waren uitgedeeld, vroeg of ik voor mijn leven gevreesd had, hoeveel geld de verkrachter me had afgenomen en of ik het vrijwillig had afgestaan of niet.

Nadat ik de worsteling buiten de tunnel had beschreven, vroeg hij verder door op wat er in het amfitheater was gebeurd.

'Beschrijf eens, vanaf het moment dat hij je het amfitheater binnenbracht, op wat voor manier hij je dwong en wat je voorafgaand aan de geslachtsdaad die daarop volgde deed.'

'Eerst tilde hij me op met zijn handen om mijn nek, tot mijn gezicht ter hoogte van het zijne was, en zoende hij me een paar maal en toen zei hij dat ik mijn kleren moest uittrekken. Eerst probeerde hij mijn kleren uit te trekken. Het lukte hem niet om mijn broekriem open te krijgen. Hij zei wat ik moest doen en dat deed ik.'

'Toen hij zei dat je je kleren moest uittrekken, was dat voor of nadat hij had gezegd dat hij je zou vermoorden als je niet deed wat hij zei?'

'Daarna. En ik bloedde inmiddels; mijn gezicht was behoorlijk toegetakeld.'

'Je bloedde?'

'Ja.'

'Doordat je gevallen was?'

'Doordat ik gevallen was en doordat hij me in mijn gezicht had geslagen.'

'Voor hij overging tot de geslachtsdaad sloeg hij je?'

'Eh-hm.'

'Waar sloeg hij je?'

'In mijn gezicht. Een poosje kon ik geen adem krijgen. Hij hield zijn handen om mijn nek, hij krabde me in mijn gezicht. Bovendien sloeg hij erop los toen ik op de grond lag en hij boven op me zat om me in bedwang te houden.'

'Goed,' zei Ryan, 'en je zei dat hij daarna een tijdje geen erectie kon krijgen, is dat juist?'

'Eh-hm.' Ik was de instructies van de rechter vergeten. Ik moest antwoorden met een duidelijk verstaanbaar ja of nee.

'Wat gebeurde er vervolgens?'

'Hij kon geen erectie krijgen. Ik wist niet echt of hij er een had of niet, van dat soort dingen weet ik niet veel af. Maar voor hij bij me binnendrong en seks met me had, hield hij op een gegeven moment op met slaan. Hij dwong me te knielen en ging zelf staan en zei dat ik hem moest pijpen.'

'Kwam er later een moment dat je bij hem vandaan wist te komen?'

'Ja.'

'Hoe ging dat?'

'Nadat hij in me was geweest hielp hij me overeind en begon zich aan te kleden. Hij vond een paar kledingstukken van mij die hij me aangaf en ik trok ze aan, en hij zei: "Nou krijg je een kind van me, kutwijf, wat denk je daaraan te gaan doen?"'

Ik beschreef uitvoerig hoe hij me had omhelsd en zich had verontschuldigd en me toen had laten gaan, maar me daarna weer had geroepen.

Ryan zweeg. De volgende paar vragen die hij stelde waren mijn enige moment van respijt. Wat had hij tijdens het incident van me af genomen? Wat had de verkrachter voor kleren aan? Hoe lang was hij? Hoe zag hij eruit?

'Ik herinner me niet of je hebt gezegd of hij blank of zwart was,' zei Ryan voor hij het verhoor afsloot.

'Hij was zwart,' zei ik.

'Hier laat ik het bij, edelachtbare.'

Ryan draaide zich om en ging zitten. De rechter zei: 'Kruisverhoor', en mr. Meggesto stond op en liep naar me toe.

De twee advocaten die Madison in de loop van dat jaar verdedigden hadden bepaalde kenmerken gemeen. Ze waren vrij klein van stuk, kalend, en ze hadden iets onsmakelijks op hun bovenlip. Of het een onverzorgde snor was, zoals in het geval van Meggesto, of korrelige zweetdruppels, het was iets onappetijtelijks waar ik me tijdens de kruisverhoren op concentreerde.

Ik had het idee dat ik om te kunnen winnen haat moest voelen jegens de advocaten die namens hem optraden. Ook al waren ze bezig hun salaris te verdienen, of hadden ze bij toeval deze zaak toegewezen gekregen, hadden ze misschien kinderen van wie ze hielden of een terminaal zieke moeder die verzorging nodig had, het kon me niet schelen. Ze waren er-opuit me kapot te maken. Ik moest terugvechten.

'Is het juffrouw Síé-bold? Spreek je het zo uit?'

'Ja.'

'Juffrouw Sebold, u zei dat u op de avond van het incident op Westcott Street 321 was?'

'Eh-hm.'

Zijn stem klonk afkeurend, alsof ik een stout meisje was geweest en gelogen had.

'Hoe lang bent u daar die avond geweest?'

'Vanaf acht uur tot middernacht.'

'Hebt u iets gedronken terwijl u daar was?'

'Ik heb helemaal niets gedronken.'

'Hebt u gerookt terwijl u daar was?'

'Nee, ik heb niet gerookt.'

'Had u sigaretten?'

'Nee.'

'U hebt die avond niet gerookt?'

'Nee.'

'U hebt die avond niets gedronken?'

'Nee.'

Toen deze strategie niets opleverde, koos hij voor een ande-re aanpak.

'Hoe lang draagt u al een bril?'

'Sinds de derde klas.'

'Weet u hoeveel u ziet zonder bril?'

'Ik ben bijziend en kan van dichtbij heel goed zien. Ik weet het niet precies, maar erg slecht is het niet. Verkeersborden en zo kan ik wel zien.'

'Hebt u een rijbewijs?'

'Ja.'

'Hebt u een rijbewijs nodig?'

'Ja.'

'Verlengt u uw rijbewijs op tijd?'

'Ja.'

Ik begreep niet waar hij heen wilde. Ik zou het gesnapt hebben als hij me had gevraagd of ik voor mijn rijbewijs corrigerende lenzen moest dragen. Maar dat deed hij niet. Was ik een beter of een slechter mens met een rijbewijs? Gaf het me de status van volwassene en niet die van een kind, waardoor het minder misdadig was om me te verkrachten? Ik kon zijn manier van redeneren niet volgen.

Hij ging verder.

'Kan ik stellen dat u altijd uw bril draagt om beter te kunnen zien?'

'Nee.'

'Wanneer hebt u hem niet op?'

'Als ik lees... en eigenlijk heel vaak, bij van alles en nog wat.'

Hoe kon ik daar in de getuigenbank uitleggen dat ik regelmatig aanvaringen had gehad met mijn oogarts? Hij zei dat ik mijn bril vaker ophad dan nodig was. Dat ik omdat ik niets maar dan ook niets wilde missen mijn ogen bedierf en ze afhankelijk zou maken van corrigerende lenzen, wat nu inderdaad het geval was.

'Dacht u dat u uw bril nodig had op die avond in oktober?'

Hij bedoelde mei, maar niemand verbeterde hem.

'Het was donker, ja.'

'Ziet u slechter in het donker?'

'Nee.'

'Was er een speciale reden dat u uw bril bij u had?'

'Nee.'

'Kan ik stellen dat u altijd als u de studentenflat verlaat uw bril opheeft?'

'Nee.'

'Was er een speciale reden dat u die avond uw bril ophad?'

'Waarschijnlijk alleen dat ik hem net een week had en hem mooi vond. Hij was nieuw.'

Hij sprong erbovenop: 'Met een andere sterkte of alleen een nieuw montuur?'

'Alleen een nieuw montuur.'

'Zelfde sterkte?'

'Ja.'

'Welke oogarts?'

'Dokter Kent, uit Philadelphia, in de buurt van mijn ouders.'

'Kunt u zich herinneren waar uw bril... Weet u nog wanneer dat was?'

'Het was in december 1980, geloof ik, dat ik voor het laatst een andere sterkte voorgeschreven kreeg.'

'Voorgeschreven en geleverd in 1980, is dat juist?'

Had hij in de gaten dat hij weliswaar had gezegd wat hij te zeggen had, maar in plaats van te scoren juist een punt had verloren? Dat de sterkte van mijn brillenglazen een halfjaar voor de verkrachting voor het laatst was bijgesteld. Ik wist niet waar hij mee bezig was, maar bij iedere wending volgde ik hem. Hij wilde me een doolhof in drijven waar ik niet meer uit kon komen. Ik was vastberaden. Ik voelde dat ik had wat Gallagher had: karakter. Ik voelde het in mijn aderen.

'Eh-hm,' zei ik.

'En ik meen dat u zei dat uw bril op een gegeven moment tijdens de worsteling van uw hoofd werd geslagen, is dat juist?'

'Ja.'

'Het was daar donker, nietwaar?'

'Inderdaad.'

'Hoe donker, zou u zeggen?'

'Niet zo heel donker. Het was er licht genoeg om zijn gezicht te kunnen onderscheiden, bovendien bevond het zich vlak bij het mijne, en aangezien ik bijziend ben en niet verziend, kan ik van dichtbij goed zien.'

Hij wendde zich af en keek even op. Terwijl de adrenaline door mijn lijf gierde keek ik snel om me heen. Niemand zei iets. Voor hen was dit gesneden koek. Het zoveelste vooronderzoek in verband met de zoveelste verkrachtingszaak.

'Ik meen dat u zei dat de man u op een gegeven moment zoende?'

Hij was goed – zweetlip, kwalijke snor en alles ten spijt. Met uiterste precisie raakte hij me recht in mijn hart. Het zoenen doet nog steeds pijn. Het feit dat ik alleen op bevel van mijn verkrachter terugzoende, lijkt vaak geen verschil te maken. De intimiteit ervan steekt me. Sinds die tijd heb ik altijd gevonden dat in het woordenboek onder 'verkrachting' de waarheid moet worden gezegd. Het is niet alleen gedwongen geslachtsverkeer; verkrachting betekent overal binnendringen en alles kapotmaken.

'Ja,' zei ik.

'Als u zegt "zoende", bedoelt u dan op de mond?'

'Ja.'

'U stond allebei?'

'Ja.'

'Hoe lang was de man vergeleken bij u?'

Hij koos de kus om het verhoor op de lengte van de verkrachter te brengen.

'Ongeveer even lang of een paar centimeter langer,' zei ik.

'Hoe lang bent u, juffrouw Sebold?'

'Eén meter drieënzestig.'

'U zegt dat de man ongeveer even lang of een paar centimeter langer is?'

'Eh-hm.'

'Toen u daar stond en naar hem keek, leek het of hij ongeveer even lang was als u, is dat juist?'

'Ja.'

Zijn toon was veranderd sinds hij mij over mijn gezichtsvermogen had ondervraagd. Er klonk zelfs geen spoor van respect meer in door. Nu hij in de gaten had dat hij me nog niet op de knieën had, was hij overgegaan op een soort hatelijke overdrive. Ik voelde me door hem bedreigd. Zelfs al was ik in alle opzichten veilig in die rechtszaal, en omringd door hoogopgeleide mensen, toch was ik bang.

'In uw getuigenis over die avond hebt u, meen ik, verklaard dat hij een gespierde lichaamsbouw had?'

'Ja.'

'Klein van stuk en met kort zwart haar?'

'Ja.'

'Herinnert u zich dat u de politie bij uw aangifte hebt verteld dat hij ongeveer vijfenzeventig kilo woog?'

'Ja.'

'Is dat uw meest nauwkeurige schatting van het gewicht van de man?'

'Ik ben niet erg goed in gewichten schatten,' zei ik. 'Ik weet niets van de verhoudingen van spierweefsel en vet in een lichaam.'

'Weet u nog dat u verklaard hebt dat het vijfenzeventig kilo was?'

'De politieagenten zeiden me wat zij ongeveer wogen, als man, en ik zei dat dat wel ongeveer moest kloppen.'

'Zegt u nu dat u beïnvloed bent door wat een agent tegen u gezegd heeft?'

'Nee, hij gaf me gewoon een voorbeeld waar ik houvast aan kon hebben. Het leek ongeveer te kloppen.'

'Dus op basis van wat de agent zei en uw eigen waarneming is uw getuigenis van 8 mei dat de man vijfenzeventig kilo woog de meest accurate schatting die u kunt geven?'

'Ja.'

'Hebt u sindsdien iets gehoord waardoor u wat dit betreft op andere gedachten bent gekomen?'

'Nee.'

Zijn energiepeil schoot zichtbaar omhoog. Hij zag eruit als een jongetje dat met smaak het allerlaatste stukje taart opeet. Mr. Meggesto had iets teruggewonnen nadat hij bij het punt van mijn gezichtsvermogen verloren had, maar ik wist niet wat.

Ik was inmiddels vermoeid geraakt. Ik deed mijn best, maar ik voelde de energie uit me wegstromen. Ik moest mezelf weer zien op te peppen.

'Ik meen dat u zei dat u verscheidene malen in het gezicht geslagen bent?'

'Ja.'

'En dat u bloedde?'

'Ja.'

'En dat uw bril van uw hoofd was geslagen?'

Achteraf gezien wou ik dat ik toen de tegenwoordigheid van geest had gehad om te zeggen: 'Maar geen van die dingen maakte me blind.'

'Ja,' zei ik.

'Hebt u medische verzorging gehad voor uw verwondingen?'

'Ja.'

'Wanneer was dat?'

'Diezelfde nacht, vlak nadat ik bij de studentenflat terug was en voordat ik op het politiebureau aankwam – aangifte deed bij de politie. De politie bracht me naar het Crouse Irving Memorial Hospital en daar hebben ze me geneesmiddelen voor de verwondingen in mijn gezicht voorgeschreven.'

Ik moest proberen kalm te blijven. Ik zou alle feiten vermelden.

'Hebt u in de nacht van het incident uw bril terug kunnen vinden?'

'De politie heeft hem gevonden...'

Hij onderbrak me.

'U had hem niet toen u het terrein verliet? U bent niet met uw bril vertrokken?'

'Dat klopt.'

'Herinnert u zich nog andere dingen?'

'Nee.' Ik had het gevoel dat hij me het zwijgen had opgelegd. Het was nu menens.

'Kunt u me in het kort vertellen wat voor kleren u op de avond van 5 oktober droeg?'

Mr. Ryan stond op en verbeterde de datum. '8 mei.'

'Op 8 mei,' hernam mr. Meggesto. 'Wat had u aan?'

167

'Een spijkerbroek van Calvin Klein, een wit overhemd, een dik gebreid beige vest met kabels, mocassins en ondergoed.' Ik haatte die vraag. Wist, zelfs daar in de getuigenbank, waar het allemaal om draaide.

'Had dat vest een ritssluiting of knopen aan de voorkant?'

'Knopen.'

'U hoefde het niet over uw hoofd uit te trekken, klopt dat?'

'Klopt.'

Ik was woedend. Ik had weer energie, want wat mijn kleding te maken had met de reden waarom of de manier waarop ik was verkracht, was duidelijk: helemaal niets.

'Ik meen dat u hebt verklaard dat de man u probeerde te ontkleden en dat hij u, toen hij daar niet in slaagde, gebood om dat zelf te doen?'

'Inderdaad, ik had een broekriem aan. Vanwaar hij stond kon hij hem niet openkrijgen. Hij zei dat ik het moest doen, dus dat deed ik.'

'Dat was de riem van uw Calvin Klein-spijkerbroek?'

Hij benadrukte 'Calvin Klein' met een spottende grijns waar ik niet op verdacht was. Hier was het dus op uitgedraaid.

'Ja.'

'Hij stond tegenover u?'

'Ja.'

'In uw verklaring hebt u gezegd dat hij de gesp, of wat voor sluiting het ook was, niet openkreeg?'

'Eh-hm.'

'U deed het op zijn bevel?'

'Ja.'

Nu was het zijn beurt om te scoren. Hij ondervroeg me over het mes van de verkrachter. Ik had het alleen gezien op de foto's van de plek van het misdrijf en voor mijn geestesoog. Ik bekende Meggesto dat ik het, hoewel de verkrachter me had bedreigd en gebaard had alsof hij het uit zijn achterzak wilde pakken, vanwege de worsteling geen moment met eigen ogen had gezien.

'Kan ik stellen dat u zich door dit alles erg angstig voelde?' vroeg Meggesto, die op een volgend punt overstapte.

'Ja.'

'Wanneer was u voor het eerst bang?'

'Zodra ik voetstappen achter me hoorde.'

'Ging uw hartslag sneller?'

'Een beetje, denk ik,' zei ik. Ik begreep niet waarom hij me daarnaar vroeg.

'Herinnert u zich daar iets van?'

'Nee, ik herinner me niet dat mijn hartslag sneller ging.'

'Herinnert u zich dat u bang werd en oppervlakkig en snel ging ademen?'

'Ik weet nog dat ik bang werd, en waarschijnlijk had ik de lichamelijke verschijnselen die daarbij horen, welke dat ook zijn, maar ik was niet aan het hyperventileren of zo.'

'Herinnert u zich nog iets anders buiten dat u bang was?'

'Iets mentaals, bedoelt u?' Ik dacht: ik zeg het maar want dat is vast waar hij naartoe wil.

'Nee,' zei hij. 'Lichamelijk, bedoel ik. Weet u nog hoe uw lichaam reageerde toen u bang werd? Trilde u, versnelde uw hartslag, veranderde uw ademhaling?'

'Nee, ik kan me geen specifieke veranderingen herinneren, behalve dat ik schreeuwde. Ik herhaalde ook telkens tegen de verkrachter dat ik moest overgeven, want mijn moeder had me artikelen te lezen gegeven waarin stond dat ze je, als je zegt dat je moet overgeven, niet verkrachten.'

'Dat was een list die u tegen de man kon gebruiken en die hem wellicht zou afschrikken?'

'Ja.'

'Bent u ooit achter de identiteit van de man gekomen?'

'Precies wanneer of...?'

'Bent u ooit achter de identiteit van de man gekomen?'

'Ik? Nee.' Ik wist niet precies waar hij op doelde. Interpreteerde het als de vraag of ik destijds, in mei, Madisons naam kende.

'Goed, hebt u die man voor mei 1981 ooit gezien?'
'Nee.'
'Hebt u hem ooit gezien na mei 1981?'
'Ja, in oktober.'
'Hebt u de man ooit gezien tussen mei en oktober 1981?'
'Nee.'
'Niet één keer?'
'Nee.'
'Wanneer hebt u hem na mei 1981 gezien?'

Ik vertelde hem wat er op 5 oktober was voorgevallen. Ik noemde het exacte tijdstip, de exacte plaats, alsmede het feit dat ik bij die gelegenheid ook de roodharige politieman had gezien, die later Clapper bleek te heten. Ik zei dat ik de politie had gebeld en opnieuw naar het bureau was gegaan om het signalement van de verkrachter door te geven.

'Aan wie gaf u dat signalement?'

Mr. Ryan tekende bezwaar aan. 'Naar mijn mening treden we hiermee buiten het bestek van het vooronderzoek,' zei hij. 'Al het overige hoort thuis bij een Wade-hoorzitting.'

Ik had geen idee wat dat was. De drie mannen, mr. Ryan, mr. Meggesto en rechter Anderson, begonnen te discussiëren over wat er voorafgaand aan de hoorzitting was bepaald. Ze bereikten overeenstemming. Mr. Meggesto mocht zijn verhoor voortzetten over de arrestatie van de man. Maar de rechter waarschuwde dat hij 'erop in zou gaan' – op het punt van de identificatie. Het laatste woord van de rechter dat de griffier in zijn verslag had opgetekend was: 'Vooruit.' Zelfs nu hoor ik de vermoeienis erin doorklinken. Zijn belangrijkste motivatie, daar durf ik om te wedden, was dat hij de zaak wilde afronden, zodat hij kon gaan lunchen.

Al was ik van slag, omdat ik deze beslissing niet begreep en eerlijk gezegd niet eens snapte waar ze het in godsnaam over gehad hadden, ik probeerde me weer op mr. Meggesto te concentreren. Wat er ook gezegd was, het gaf hem toestemming om opnieuw de aanval op mij te openen.

'Hebt u, nadat u de straat was overgestoken en naar Huntingdon Hall was gegaan, de man nogmaals gezien?'

'Nee.'

'Hebt u foto's te zien gekregen?'

'Nee.' Op dat moment wist ik niet dat er in mijn geval geen fotoconfrontatie had plaatsgevonden om de eenvoudige reden dat er geen politiefoto's van Gregory Madison bestonden.

'Ooit aan een confrontatie meegewerkt?'

'Nee.'

'U ging naar het politiebureau voor een identificering?'

'Ja.'

'Dat was nadat u uw moeder had gebeld?'

'Ja.'

'En daarna bent u ervan op de hoogte gesteld dat er iemand was aangehouden?'

'Die avond heb ik daar niets over gehoord. Brigadier Lorenz bracht me daarvan op de hoogte, afgelopen donderdagochtend, geloof ik.'

'Dus u wist niet of de man die u op 5 oktober had gezien al dan niet de man was die was aangehouden?'

'Dat kon ik onmogelijk weten, tenzij de politieagenten die hem gearresteerd hebben...'

'De vraag is of u, ja dan nee, weet of de man...'

Ditmaal maakte het me razend dat hij me onderbrak.

'Zoals zij de man beschreven, was het degene die ze gearresteerd hadden...'

'De vraag is: weet u het?'

'Ik heb hem na zijn arrestatie niet gezien.'

'U hebt hem niet gezien.'

'De man die ik op 8 mei beschreven heb en die van 5 oktober zijn een en dezelfde als degene die me verkracht heeft.'

'Dat is uw getuigenis, u gelooft dat de man die u op 5 oktober zag...'

'Ik wéét dat de man die ik op 5 oktober zag dezelfde is als degene die me heeft verkracht.'

171

'De man die u naar uw zeggen heeft verkracht is dezelfde als de man die u op 5 oktober zag.'

'Juist.'

'Maar hoe weet u of díé man is aangehouden?'

'Ik heb hem niet gearresteerd. Hoe zou ik dat moeten weten?'

'Dat is mijn vraag. Dus u weet het niet?'

'Oké dan, ik weet het niet.' Wat kon ik anders zeggen? Hij had op dramatische wijze weten aan te tonen dat ik geen deel uitmaakte van het politiekorps van Syracuse.

Mr. Meggesto wendde zich tot de rechter. 'Ik geloof niet dat ik verder nog iets heb,' zei hij.

Maar hij was nog niet klaar. Ik bleef in de getuigenbank zitten terwijl de rechter luisterde en vervolgens een discussie met hem aanging over het vraagstuk van de identificatie. Het bleek dat het Ryans bedoeling was geweest om Madison voor de rechter te dagen, maar dat Ryan, omdat Madison had besloten geen gebruik te maken van zijn recht om voor te komen, dacht dat hij alleen nog hoefde te bewijzen dat er op 8 mei een verkrachting had plaatsgevonden en dat ik de dader had geïdentificeerd. Er ontstond verwarring. Ryan meende dat, aangezien Madison afstand deed van zijn recht om voor te komen, Meggesto de kwestie van de identificatie niet meer mocht aanroeren. Maar Meggesto interpreteerde dat heel anders.

'De zaak zal worden doorverwezen naar een onderzoeksjury,' zei de rechter ten slotte. Hij was moe. Uit de bewegingen van Ryan en Meggesto – zij waren bezig hun aktetassen dicht te doen – maakte ik op dat ik klaar was.

Tess en ik gingen lunchen. We kozen gerechten uit de boerenkeuken van de staat New York: gebakken kaasplakken, dat soort dingen. We zaten in een afgeschoten zithoekje in het restaurant en de lucht stond stijf van de vetlucht uit de keuken. Ze praatte. Ze vulde de tijd met praten. Ik staarde naar de weelderige filodendrons die de hoge afscheidingen tussen de tafels sierden en wat vriendelijker maakten. Ik was uitgeput. Tegenwoordig vraag ik me af of Tess in stilte dezelfde vraag stelde als ik nu doe wanneer ik het rechtbankverslag van die dag doorlees. Waar waren mijn ouders?

Ik wil het vergoelijken. Misschien hebben ze dat niet nodig. Toentertijd vond ik dat, aangezien het mijn beslissing was geweest om naar Syracuse terug te gaan, de gevolgen ervan – dat ik inderdaad de verkrachter weer tegen het lijf was gelopen – voor mijn rekening waren. Ik ben geneigd om alle excuses voor hen te verzinnen die maar denkbaar zijn. Mijn moeder vloog niet. Mijn vader gaf les. Enzovoort. Maar er was tijd. Mijn moeder had met de auto kunnen komen. Mijn vader had voor één dag zijn lessen kunnen afzeggen. Maar ik was negentien en koppig. Ik was bang voor de troost die ze konden bieden, bang dat het me zwak zou maken als ik iets zou voelen.

Ik belde hen vanuit het restaurant en vertelde mijn moeder wat de rechter had besloten. Ze was blij dat ik Tess bij me had, stelde vragen over wanneer de rechtszitting zou plaatsvinden en toonde zich bezorgd over de confrontatie – elk nabij contact met hem. Ze was de hele dag zenuwachtig geweest terwijl ze op mijn telefoontje had gewacht. Ik was blij dat ik goed nieuws te melden had – dichter bij het halen van een tien zou ik wel nooit komen.

Op school had ik een normale studiebelasting. Van de vijf colleges die ik volgde waren er twee schrijfwerkgroepen, maar drie vakken waren verplicht. Het overzichtscollege van Tess. Een vreemde taal. Het vertalen van klassieke werken.

Bij de colleges Klassieke Werken verveelde ik me dood. De docent sprak niet zozeer, hij dreunde zijn teksten op, en dat, in combinatie met het versleten, intensief gebruikte leerboek, maakte dat de les, die om de andere dag plaatsvond, veel weg had van een uur des doods. Maar terwijl de docent monotoon zijn verhaal deed, was ik begonnen te lezen. Catullus. Sappho. Apollonius. En de Lysistrata, een stuk van Aristofanes waarin de vrouwen van Athene en Sparta in opstand komen; tot de mannen van de beide stadstaten bereid zijn vrede te sluiten, verenigen de vrouwen van de met elkaar in oorlog zijnde steden zich in een boycot van huwelijksbetrekkingen. Aristofanes schreef dit in 411 v. Chr. maar het was nog steeds actueel. Onze docent hield vol dat het een platvloerse komedie was, maar vanwege de verborgen boodschap ervan – de macht van vrouwen die de handen ineenslaan – was het stuk voor mij heel belangrijk.

Tien dagen na de hoorzitting ging ik na afloop van de Italiaanse les, een vak dat ik naar het zich liet aanzien niet zou halen, naar mijn kamer in de studentenflat. Ik kon de woorden niet hardop uitspreken op de manier die van ons verlangd werd. Ik zat achter in het lokaal en kon mijn gedachten niet bij de vervoegingen houden. En wanneer ik een beurt kreeg, brabbelde ik iets wat naar mijn stellige overtuiging een bestaand woord was, maar dat mijn docent slechts met de grootste moeite herkende. In Haven bleek iemand een enveloppe onder mijn deur door geschoven te hebben. Hij kwam van het Openbaar Ministerie. Het was een dagvaarding. Op 4 november om 14.00 uur zou ik voor de onderzoeksjury moeten verschijnen.

Ik had met Lila afgesproken om als haar lessen waren afgelopen naar Marshall Street te gaan. Terwijl ik op haar wachtte, belde ik naar het kantoor van de assistent-aanklager. Gail Uebelhoer, die als mijn raadsvrouw zou optreden, was niet aanwezig. Ik vroeg de kantoormedewerker of hij haar naam een paar maal langzaam wilde uitspreken. Ik wilde hem goed kunnen zeggen. Het stukje papier waarop ik fonetisch heb opgeschreven hoe je het moest uitspreken is nog altijd in mijn bezit: 'You-bel-air of Ie-bel-air.' Ik oefende het voor de spiegel en probeerde het natuurlijk te laten klinken. 'Dag mevrouw You-bel-air, u spreekt met Alice Sebold van de zaak van de Staat versus Gregory Madison.' 'Dag mevrouw Ie-bel-air...' Ik deed er erg mijn best op. Italiaans legde ik terzijde.

Negen

Op de ochtend van 4 november werd ik met een auto van County Onondaga van Haven Hall afgehaald. Achter de glazen wanden bij de entree van de flat had ik op de uitkijk gestaan. De andere studenten hadden boven in de kantine al ontbeten en pakten hun spullen bij elkaar om naar college te gaan.

Ik was al sinds vijf uur op. Ik probeerde de hygiënische rituelen zo lang mogelijk te rekken. Ik douchte langdurig in de badkamer verderop in de gang. Ik bracht vochtinbrengende crème op, zoals Mary Alice me het jaar ervoor had geleerd. Ik koos met zorg mijn kleren uit en streek ze. Mijn lichaam werd heen en weer geslingerd tussen koude rillingen en warme zenuwscheuten in mijn borst. Ik was me ervan bewust dat dit het soort paniek zou kunnen zijn waaronder mijn moeder zo te lijden had. Ik bezwoer mezelf dat ik me er niet door zou laten beheersen.

Ik liep de foyer met de glaswanden uit en trof de rechercheur op het moment dat hij binnenkwam. We keken elkaar aan. Ik gaf hem een hand.

'Ik ben Alice Sebold,' zei ik.

'Precies op tijd.'

'Op een dag als deze kun je je moeilijk verslapen,' zei ik. Ik was vrolijk, levendig, betrouwbaar. Ik droeg een oxford-overhemd en een rok. Aan mijn voeten had ik mijn Pappagallo-pumps. Ik had me die ochtend op zitten vreten omdat ik geen vleeskleurige panty kon vinden. Ik had alleen een zwarte en een rode, en die waren geen van beide geschikt voor de maagdelijke meisjesstudent die de jury zou verwachten. Ik leende er een van mijn mentrix.

In de auto, herkenbaar aan het embleem van Onondaga op

de voorste portieren, zat ik voorin naast de rechercheur. We kletsten wat over de universiteit. Hij praatte over sportteams, waar ik niets van wist, en voorspelde dat de Carrier Dome, het nieuwe stadion van de universiteit dat nu ruim een jaar geleden geopend was, een belangrijke bron van inkomsten voor dit gebied zou zijn. Ik knikte en probeerde iets bij te dragen aan de conversatie, maar ik zat me vreselijk zorgen te maken over hoe ik eruitzag. Hoe ik praatte. Hoe ik me bewoog.

Tricia, de hulpverleenster van het opvangcentrum, zou me die dag vergezellen. We moesten ongeveer een uur wachten voor de confrontatie in de gevangenis in het Public Safety Building zou beginnen. Ditmaal stopte de lift in het Public Safety Building niet op de verdieping die ik kende, met de geruststellende aanblik van de beveiligingsdeur en politiemannen met koffiemokken in hun hand zodra je de lift uit stapte. De gangen waar de rechercheur, Tricia en ik doorheen wandelden waren vol mensen. Politie en slachtoffers, advocaten en criminelen. Een van de politieagenten voerde een geboeide man de hal door, langs ons heen, en baste intussen een goedmoedige grap over een onlangs gehouden feestje tegen een van zijn collega's. Op een plastic stoel in de gang zat een Latijns-Amerikaanse vrouw. Ze staarde naar de grond en klemde haar tasje en een verfrommeld papieren zakdoekje in haar hand.

De rechercheur bracht ons naar een grote ruimte waarin geïmproviseerde tussenwandjes van iets meer dan een meter hoog de bureaus van elkaar scheidden. Aan de meeste ervan zaten mannen, politiemannen. Hun houding drukte spanning en tijdelijkheid uit; ze kwamen hier om formulieren in te vullen of snel een getuige te verhoren of een telefoontje te plegen voor ze weer op surveillance moesten of misschien eindelijk naar huis gingen.

Iemand zei dat we moesten gaan zitten. Het zou nog even duren. Er had zich een probleem voorgedaan in verband met de confrontatie. Madisons advocaat, zo liet hij doorschemeren, was het probleem. Ik had assistent-aanklager Uebelhoer nog steeds niet ontmoet. Ik zag naar de ontmoeting uit. Het was een vrouw, en in deze door en door mannelijke omgeving maakte dat voor mij verschil. Maar Uebelhoer hield zich bezig met de oorzaak van het oponthoud.

Ik was bang dat Madison me zou zien.

'Hij zal je niet kunnen zien,' zei de rechercheur. 'We brengen hem naar binnen en daar komt hij achter een spiegel te staan die aan één kant doorzichtig is. Híj kan daar niets zien.'

Tricia en ik zaten te wachten. Ze praatte niet zoals Tess had gepraat, maar ze was attent. Ze vroeg naar mijn familie, naar mijn school, zei tegen me dat confrontaties behoorden tot 'de meest stressvolle procedures voor slachtoffers van seksueel geweld' en informeerde verscheidene malen of ik iets wilde drinken.

Ik denk nu dat de afstand tussen mij en Tricia en het opvangcentrum veroorzaakt werd door hun gegeneraliseer. Ik wilde niet één van velen zijn, of vergeleken worden met anderen. Dat maakte dat het gevoel dat ik het zou overleven op de een of andere manier in de verdrukking kwam. Tricia bereidde me voor op een fiasco door te zeggen dat het helemaal niet erg was als ik faalde. Dat deed ze door me te laten zien dat ik weinig kans had. Maar wat ze me vertelde wilde ik niet horen. Geconfronteerd met deprimerende statistieken aangaande arrestatie, vervolging en zelfs volledig herstel van het slachtoffer, had ik geen andere keus dan die statistieken te negeren. Ik had behoefte aan wat mij hoop gaf, zoals het feit dat mijn zaak was toegewezen aan een vrouwelijke officier van justitie, niet aan het nieuws dat er dat jaar in Syracuse uiteindelijk tegen geen enkele verkrachter daadwerkelijk vervolging was ingesteld.

Plotseling zei Tricia: 'O, mijn god.'

'Wat is er?' vroeg ik, zonder me om te draaien.

'Trek iets over je heen.'

Ik had niets wat ik daarvoor kon gebruiken. Ik boog me

voorover en drukte mijn gezicht tegen mijn rok. Ik hield mijn ogen open tegen de stof.

Tricia was opgestaan en deed haar beklag. 'Zorg dat ze hier wegkomen,' zei ze. 'Haal ze hier weg.'

Een gehaast 'sorry' van een politieagent.

Een paar tellen later keek ik op. Ze waren weg. Er was iets misgegaan in de communicatie over via welke route de mannen die zich voor de confrontatie zouden opstellen naar de daarvoor bestemde ruimte zouden worden gebracht. Ik kreeg geen adem. Had hij me gezien? Ik wist zeker dat hij me als dat zo was zou komen opzoeken om me te vermoorden. Het verraad van mijn leugens die nacht – dat ik het aan niemand zou vertellen, dat ik me te diep schaamde – zou hem vast niet in de koude kleren gaan zitten.

Ik keek op.

Voor me stond Gail Uebelhoer. Ze hield haar hand uitgestoken. Ik stak haar de mijne toe, die ze stevig drukte.

'Nou,' zei ze, 'dat was wel een beetje beangstigend. Maar ik geloof dat ze ze op tijd hebben weggewerkt.'

Ze had kort zwart haar en een innemende glimlach. Ze was lang, bijna een meter vijfenzeventig, en had een echt lijf. Geen uitgemergelde Twiggy; ze was stevig en vrouwelijk. En ze had glinsterende, intelligente ogen. Ik voelde me meteen verwant met haar. Gail was zoals ik wilde zijn als ik volwassen was. Ze was daar om een klus te klaren. Ze wilde wat ik wilde: winnen.

Ze vertelde dat ik zo meteen een rij mannen te zien zou krijgen voor de confrontatie en dat we naderhand zouden praten over de rechtszaak en dat ze me precies zou vertellen wat ik kon verwachten, hoe de zaal eruit zou zien als ik daar binnenkwam, hoeveel juryleden er zouden zitten en wat voor vragen ze me zouden kunnen stellen – vragen, zo waarschuwde ze me, die ik misschien moeilijk zou vinden, maar die ik moest beantwoorden.

'Ben je er klaar voor?' vroeg ze.

'Ja,' zei ik.

Gail bracht Tricia en mij naar de openstaande deur van de kant van de ruimte waar je door de spiegel heen kon kijken. Binnen was het donker. Er stond een aantal mannen. Een van hen herkende ik, brigadier Lorenz. Sinds de nacht van de verkrachting had ik hem niet meer gezien. Hij knikte me toe. Er waren twee mannen in uniform en nog een andere man, de advocaat van de verdachte, Paquette.

'Ik weet niet waarom zij hier aanwezig moet zijn,' zei hij, naar Tricia wijzend.

'Ik ben van het Opvangcentrum voor Slachtoffers van Seksueel Geweld,' zei Tricia.

'Ik weet wie u bent, maar ik vind dat er hier al te veel mensen zijn,' zei hij. Hij was klein van stuk, bleek en kalend. Hij zou er de rest van het proces bij zijn.

'Het is de gewone gang van zaken,' zei brigadier Lorenz.

'Bij mijn weten heeft ze hier geen functie. Formeel heeft ze geen bemoeienis met deze zaak.'

De woordenwisseling duurde voort. Gail bemoeide zich ermee. Brigadier Lorenz zei nog eens dat het steeds gebruikelijker werd om bij verkrachtingszaken iemand van het opvangcentrum aanwezig te laten zijn.

'Ze heeft hier al een raadsvrouw,' zei Paquette. 'Dat is voldoende. Ik weiger mijn cliënt aan de confrontatie te laten meewerken zolang zij hier aanwezig is.'

Gail overlegde met Lorenz voor in de in duisternis gehulde kamer. Ze kwam weer bij Tricia en mij staan.

'Hij zal niet van gedachten veranderen,' zei ze. 'We zijn al achter op schema en ik moet om één uur bij een zitting zijn.'

'Ik vind het goed,' zei ik. 'Met mij is alles in orde.'

Dat was gelogen. Ik had het gevoel dat ik geen lucht kon krijgen.

'Weet je het zeker, Alice?' vroeg ze. 'Ik wil dat je er zeker van bent. We kunnen uitstel vragen.'

'Nee,' zei ik. 'Ik vind het best. Ik wil dit doen.'

Tricia werd weggestuurd.

De confrontatieprocedure werd aan me uitgelegd. Er zouden vijf mannen de ruimte achter de spiegel worden binnengebracht en vlak daarvoor zou het licht in die ruimte worden aangedaan.

'Doordat het aan hun kant licht is en aan deze kant donker zullen ze je niet kunnen zien,' zei Lorenz.

Hij zei dat ik rustig de tijd moest nemen. Hem kon vragen of ze zich naar links of naar rechts konden omdraaien, of iets konden zeggen. Hij herhaalde dat ik alle tijd had. 'Als je het zeker weet,' zei hij, 'moet je naar dat klembord lopen dat ik daar heb neergelegd en een kruis in het corresponderende vakje zetten. Begrijp je dat?'

'Ja,' zei ik.

'Heb je nog vragen?' vroeg Gail.

'Ze zei "ja",' zei Paquette.

Ik voelde me weer net als toen ik klein was. De volwassenen konden niet met elkaar overweg en het was aan mij om zo braaf te zijn dat de spanning in de kamer zou oplossen. Die spanning gaf me een benauwd gevoel en deed mijn hart sneller slaan. Nu had ik Meggesto mijn panieksymptomen wel kunnen beschrijven. Ik was volkomen geïntimideerd. Maar ik had gezegd dat ik er klaar voor was. Het zou verkeerd zijn om daarop terug te komen.

De ruimte zelf vond ik al angstaanjagend. Ik kon mijn ogen niet van de spiegelruit af houden. In televisieseries was er altijd een lege ruimte aan de andere kant van de spiegel, met daarachter een verhoging en een deur aan de zijkant waardoor de verdachten de kamer binnenkwamen, achter elkaar twee of drie treetjes beklommen en hun plaats innamen. Er was een geruststellende afstand tussen de slachtoffers en de verdachten.

Maar de kamers die ik in die politieseries had gezien leken totaal niet op deze. Hier nam de spiegel de hele wand in beslag. Aan de andere kant was een ruimte die nauwelijks groter dan schouderbreed was, waardoor, als ze binnenkwamen en zich omdraaiden, de voorkant van hun lichaam de spiegel bijna zou raken. Ik zou dezelfde vierkante meter innemen als de verdachten; mijn verkrachter zou recht tegenover me staan.

Lorenz gaf instructies door via een microfoon en aan de andere kant van de spiegel werd het licht aangedaan. Vijf zwarte mannen in vrijwel identieke lichtblauwe overhemden en donkerblauwe lange broeken liepen naar binnen en namen hun plaatsen in.

'Je kunt dichterbij gaan staan, Alice,' zei Lorenz.

'Het is niet één, twee of drie,' zei ik.

'Je hoeft je niet te haasten,' zei Uebelhoer. 'Ga er maar wat dichterbij staan en bekijk ze allemaal eens goed.'

'Als je wilt kan ik vragen of ze links- of rechtsom draaien,' zei Lorenz. Paquette zei niets.

Ik deed wat me gezegd was. Ik ging nog dichterbij staan, ook al leken ze dichtbij genoeg om ze te kunnen aanraken.

'Wilt u ze vragen een kwartslag te draaien?' vroeg ik.

Ze werden verzocht linksom te draaien. Ieder van hen, stuk voor stuk. Toen ze weer met hun gezicht naar voren stonden, deinsde ik terug.

'Kunnen ze me zien?' vroeg ik.

'Ze kunnen een beweging op het glas zien,' zei Lorenz, 'maar ze kunnen jou niet zien, nee. Ze weten wanneer er iemand voor hen staat, maar ze weten niet wie dat is.'

Ik slikte dit voor zoete koek. Ik zei niet: 'Wie zou het anders kunnen zijn?' Er was niemand anders bij ons geweest in die tunnel. Ik stond tegenover nummer één. Hij leek te jong. Ik ging tegenover nummer twee staan. Hij leek in de verste verte niet op de verdachte. Uit mijn ooghoek had ik al gezien dat de uitdaging bij de nummers vier en vijf lag, maar ik bleef lang genoeg voor nummer drie staan om bij mijn eerste indruk te blijven. Hij was te lang; zijn lichaamsbouw klopte niet. Ik ging tegenover nummer vier staan. Hij keek me niet aan. Terwijl hij naar de vloer staarde, zag ik zijn schouders. Net zo breed als die van mijn verkrachter, en krachtig. De vorm van zijn hoofd

en hals – precies als die van de verkrachter. Zijn lichaamsbouw, zijn neus, zijn lippen. Ik kruiste mijn armen voor mijn
borst en staarde.

'Gaat het, Alice?' vroeg iemand.

Paquette protesteerde.

Ik had het gevoel dat ik iets verkeerds had gedaan.

Ik liep door naar nummer vijf. Zijn lichaamsbouw klopte,
zijn lengte ook. En hij keek me aan, keek me recht aan, alsof
hij wist dat ik daar was. Wist wie ik was. De uitdrukking in
zijn ogen liet me weten dat als we alleen waren geweest, als er
geen wand tussen ons in had gestaan, hij me bij mijn naam
zou noemen en me vervolgens zou vermoorden. Zijn ogen bleven me in hun greep houden en beheersen. Ik raapte al mijn
energie bij elkaar en draaide me om.

'Ik ben klaar,' zei ik.

'Weet je het zeker?' vroeg Lorenz.

'Ze zei dat ze klaar was,' zei Paquette.

Ik liep naar het klembord dat Lorenz voor me ophield. Iedereen keek – Gail, Paquette en Lorenz. Ik zette een kruis in
vak vijf. Het was het verkeerde vak.

Ik kon gaan. Ik zag Tricia in de hal.

'Hoe ging het?'

'Nummer vier en vijf zagen eruit als eeneiige tweelingen,'
zei ik tegen haar voordat de politieman in uniform die mij
toegewezen had gekregen me een spreekkamer even verderop
binnenloodste.

'Zorg dat ze met niemand praat,' zei Lorenz, die zijn hoofd
om de hoek van de deur stak. Het klonk als een berisping, nu
ik het al gedaan had.

In de spreekkamer probeerde ik uit de blik van de agent in
uniform op te maken of ik de goede had aangewezen. Maar
zijn gezicht was onbewogen. Ik voelde een golf van misselijkheid opkomen en begon tussen de tafel en een rij stoelen die
tegen de wand geplaatst waren te ijsberen. Ik had een brok in

mijn keel. Ik raakte ervan overtuigd dat ik de verkeerde man had aangewezen. Ik hield me voor dat ik in een opwelling had gehandeld, dat ik de twee mannen en hun houding niet lang genoeg had bestudeerd. Ik was er zo op gebrand geweest het zo snel mogelijk achter de rug te hebben, dat ik niet grondig genoeg te werk was gegaan. Zo lang ik me kan herinneren hebben mijn ouders me verweten dat ik mezelf niet genoeg tijd gunde, overhaaste beslissingen nam, op de zaken vooruitliep.

De deur ging open en een terneergeslagen Lorenz kwam binnen. Ik zag Gail buiten op de gang. Hij deed de deur achter zich dicht.

'Het was nummer vier, hè?' vroeg ik hem.

Lorenz was groot en zwaargebouwd, een soort stereotiepe soap-vader, maar dan kraniger. Ik had meteen in de gaten dat ik hem teleurgesteld had. Hij hoefde niets te zeggen. Ik had de verkeerde gekozen. Het was nummer vier.

'Je wist niet hoe snel je daar weg moest komen,' zei hij.

'Het was vier.'

'Ik mag er niets over zeggen,' zei hij. 'Uebelhoer wil een beedigde verklaring. Ze wil dat je de confrontatie nauwkeurig voor haar beschrijft. Ons precies vertelt waarom je nummer vijf hebt gekozen.'

'Waar is ze?' Ik was opeens over mijn toeren. Ik voelde me inwendig instorten. Ik had hen allemaal in de steek gelaten en dit betekende het einde. Uebelhoer zou zich aan andere zaken wijden, aan betere slachtoffers; ze kon haar tijd niet verdoen met mislukkelingen zoals ik.

'De verdachte heeft erin toegestemd ons een paar schaamharen af te staan,' zei Lorenz, die een grijns niet kon onderdrukken. 'Zijn advocaat heeft besloten dat dit in zijn bijzijn op het herentoilet gaat gebeuren.'

'Waarom zou hij dat doen?' vroeg ik.

'Omdat hij redenen heeft om aan te nemen dat het schaamhaar dat de nacht van het incident op jou is aangetroffen niet overeenkomt met het zijne.'

'Maar dat doet het wel,' zei ik. 'Dat moet hij weten.'

'Zijn advocaat heeft de voors en tegens tegen elkaar afgewogen en besloten om het te doen. Het maakt een goede indruk als ze dat vrijwillig doen. We moeten een verklaring opnemen. Jij blijft hier rustig zitten.'

Hij ging een vel papier zoeken en dingen doen waar ik geen weet van had. De geüniformeerde agent liet me alleen. 'Hier ben je veilig,' zei hij.

In die tijd zette ik alles op een rijtje: ik had de verkeerde man aangewezen. Meteen daarna had Paquette zich akkoord verklaard met het vrijwillig afstaan van schaamhaar van zijn cliënt. Uebelhoer had me verteld dat de verdediging zich vooral zou baseren op de foute identificatie. Een paniekerig blank meisje zag een zwarte man op straat. Hij sprak haar vrijpostig aan en dat associeerde ze met haar verkrachting. Ze beschuldigde de verkeerde man. De gang van zaken bij de confrontatie was daar het logische vervolg op.

Ik ging aan de tafel in de spreekkamer zitten en overdacht de gebeurtenissen. Dacht aan wat me zojuist was overkomen. Ik was zo bang geweest dat ik de man had aangewezen die me de grootste angst had aangejaagd, degene die me had aangekeken. Ik had het idee dat ik – te laat – een list had doorzien.

Lorenz kon ieder moment terug zijn. Ik had mijn zaak geen goed gedaan en moest alles punt voor punt nog eens doornemen.

Toen Lorenz terugkwam, glimlachte hij terwijl hij vertelde dat Madisons schaamhaar uitgetrokken moest worden, niet afgeknipt. In mijn bijzijn probeerde hij jolig te zijn.

Hij nam mijn verklaring op. Daarin stond dat ik om 11.05 uur de confrontatieruimte had betreden en die om 11.11 uur had verlaten. Ik noemde vlot mijn redenen om de nummers één, twee en drie uit te sluiten. Ik vergeleek vier en vijf en merkte op dat ze sprekend op elkaar leken, zij het dat het gezicht van nummer vier wat 'platter en breder' leek dan dat van de verdachte. Ik zei dat vier de hele tijd naar de grond had gestaard en dat ik vijf had gekozen omdat hij mij recht in de ogen had gekeken. Ik voegde daaraan toe dat ik me opgejaagd had gevoeld en dat ik me door de weigering van de advocaat van de verdachte om een hulpverleenster van het opvangcentrum in de confrontatieruimte toe te laten nog meer geïntimideerd had gevoeld. Ik zei dat ik de ogen van nummer vier geen moment goed had kunnen zien en herhaalde dat ik vijf had gekozen omdat hij me had aangekeken.

Het bleef even stil in de kamer, afgezien van het geluid dat de met twee vingers typende Lorenz maakte.

'Alice,' zei hij, 'het is nu mijn plicht je mee te delen dat je de verdachte er niet uit hebt gehaald.' Hij zei niet wie de verdachte wel was. Dat mocht hij niet. Maar ik wist het.

Hij noteerde dat hij me van mijn fout op de hoogte had gebracht en ik verklaarde volledigheidshalve dat in mijn ogen de nummers vier en vijf vrijwel identiek waren.

Uebelhoer kwam de kamer binnen. Er kwamen een paar andere mensen met haar mee. Politie, en Tricia was er ook weer bij. Uebelhoer was boos. Desalniettemin glimlachte ze.

'Oké, we hebben het haar van die klootzak,' zei ze.

'Brigadier Lorenz zei dat ik de verkeerde heb aangewezen,' zei ik.

'Ze gelooft dat het nummer vier was,' zei Lorenz.

Ze keken elkaar even aan. Gail wendde zich tot mij.

'Natuurlijk heb je de verkeerde gekozen,' zei ze. 'Hij en zijn advocaat hebben er alles aan gedaan om te zorgen dat je geen kans had.'

'Gail,' zei Lorenz op waarschuwende toon.

'Ze heeft het recht het te weten. Ze weet het toch wel,' zei ze, terwijl ze hem aankeek. Hij dacht dat ik bescherming nodig had, zij wist dat ik koste wat kost de waarheid wilde weten.

'De reden dat het zo lang duurde, Alice, was dat Madison per se wilde dat een vriend van hem hiernaartoe kwam en naast hem zou staan. We moesten een auto naar de gevangenis sturen om hem op te halen. Ze weigerden verder te gaan voordat hij hier was.'

'Dat begrijp ik niet,' zei ik. 'Mag hij een vriend uitkiezen om naast hem te staan?'

'Een verdachte heeft daar recht op,' zei ze. 'En in zekere zin is dat ook te begrijpen. Als de anderen die aan de confrontatie meedoen te weinig op de verdachte lijken, mag hij iemand kiezen.'

'Mogen we daar iets over zeggen?' Ik meende een opening te zien om later een toelichting te geven. Misschien zou ik nog een kans hebben.

'Nee,' zei ze. 'Dat zou een schending zijn van de rechten van de verdediging. Ze hebben je echt een loer gedraaid. Hij gebruikt die vriend, en andersom, bij iedere confrontatie die ze moeten doen. Ze zijn elkaars evenbeeld.'

Ik luisterde naar alles wat ze zei. Uebelhoer had het allemaal al eens meegemaakt, maar ze was nog gedreven genoeg om zich er kwaad over te maken.

'Dus, de ogen?'

'Zijn vriend kijkt je op een enge manier aan. Hij weet wanneer je voor die spiegel staat en zorgt dat hij je intimideert. In de tussentijd kijkt de verdachte naar de grond alsof hij geen flauw benul heeft waar hij is of wat hij daar te zoeken heeft. Alsof hij op weg naar het circus de weg is kwijtgeraakt.'

'En dat kunnen we tijdens de rechtszitting niet gebruiken?'

'Nee. Voor de confrontatie heb ik formeel bezwaar aangetekend, dus dat is vastgelegd, maar dat is niet meer dan een formaliteit. Het is niet toelaatbaar, tenzij hij zich verspreekt en blijk geeft van voorkennis.'

Dat vond ik wel zó onrechtvaardig; het was ten hemel schreiend.

'De rechten van de verdachte wegen zwaarder,' zei Gail. Ik hongerde naar meer feiten. Op dit soort momenten, als ik me voelde wegglijden, waren feiten mijn houvast. 'Dat is ook de reden dat de wet spreekt van "redelijke twijfel". Het is de taak van zijn advocaat om die twijfel te zaaien. De confrontatie was riskant. We wisten dat er iets dergelijks kon gebeuren, maar de politie had geen foto's van hem en hij was niet aanwezig bij het vooronderzoek. We hadden geen keus. We kunnen een confrontatie niet weigeren.'

'En hoe zit het met dat haar?'

'Als we geluk hebben komt het op alle zeventien mogelijke punten overeen. Maar zelfs haren die van hetzelfde hoofd komen kunnen op sommige punten afwijken. Paquette besloot de kans te wagen. Waarschijnlijk houdt hij het erop dat je die nacht vrijwillig je maagdelijkheid bent verloren en dat je er later spijt van kreeg, en dat je uiteindelijk iedere willekeurige zwarte man had kunnen beschuldigen die je op straat tegenkwam. Hij zal zijn best doen om je zwart te maken. Maar dat zullen we niet laten gebeuren.'

'Wat nu?'

'De onderzoeksjury,' zei ze.

Ik voelde me ellendig. Om twee uur zou de volgende belangrijke etappe van deze reis beginnen en ik moest zorgen dat ik er klaar voor was. Ik benutte de tijd om het fiasco van die ochtend uit mijn hoofd te zetten en ik probeerde me niet te laten beïnvloeden door het beeld dat Madisons advocaat van me zou schetsen. Mijn moeder belde ik niet. Ik had geen goed nieuws, ook al had ik Uebelhoer. Ik richtte mijn aandacht op het feit dat ze bij het uittrekken van het schaamhaar aanwezig was geweest.

Om twee uur werd ik naar een wachtruimte bij de rechtszaal gebracht. Gail was in de zaal. We hadden geen tijd gehad, zoals ze graag zou hebben gezien, om van tevoren nog met elkaar te praten. Bij de lunch had ze hard gewerkt aan het opstellen van vragen en hoewel ik om twee uur aan de beurt zou zijn, bleken er nog twee andere getuigen vóór me te zijn opgeroepen. Tricia was, toen ik haar verzekerd had dat het in orde was, na de confrontatie vertrokken.

Terwijl ik zat te wachten probeerde ik te denken aan het tentamen Italiaans dat ik de volgende dag moest doen. Ik trok een velletje papier met voorbeeldzinnen uit mijn rugzakje en staarde ernaar. Ik had wat over dit vak verteld aan de rechercheur die me die ochtend had opgehaald. Ik wenste dat Tess bij me was. Ik was als de dood dat ik haar en Tobias van me zou vervreemden door vanwege de verkrachting te veel van hen te vergen, en dus probeerde ik bij hen in de klas even vlijtig en toegewijd te zijn als ik was met alles wat mijn rechtszaak betrof.

Er bewoog iets in de gang. Gail kwam naar me toe. Haastig vertelde ze me dat ze mij vragen zou stellen over de gebeurtenissen in de bewuste nacht, en dat ze dan toe zou werken naar het moment dat ik de verkrachter en vlak daarop wijkagent Clapper op straat had herkend. Ze wilde dat ik duidelijk te kennen zou geven dat ik had getwijfeld tussen de nummers vier en vijf en dat ik zou uitleggen hoe dit kwam. Ze zei dat ik voor elke vraag net zoveel tijd kon nemen als ik maar wilde en me niet moest laten opjutten. 'Het zal nu makkelijker zijn dan bij het vooronderzoek, Alice; denk alleen aan wat ik gezegd heb. Daar binnen kom ik waarschijnlijk koeler op je over dan nu, maar je moet niet vergeten: we zijn daar om te zorgen dat Madison schuldig verklaard wordt en in zekere zin... Tja, de jury bestaat uit vijfentwintig burgers en wij staan daar op het toneel.'

Ze ging weg. Enkele minuten later werd ik de zaal in gebracht. Ook dit keer was ik niet voorbereid op de uitwerking die de ruimte op me had. De getuigenbank was gesitueerd op een laaggelegen punt in de zaal. Ernaartoe en ervandaan liepen trapsgewijs horizontale vlakken, waarop draaibare oranje stoelen waren gemonteerd. De verschillende niveaus strekten zich breed uit in een halfronde boog en werden groter naarmate ze hoger lagen. Er waren genoeg zitplaatsen voor de vijfentwintig juryleden en voor hun plaatsvervangers, die het hele proces zouden bijwonen maar misschien nooit hun stem zouden uitbrengen.

Het ontwerp van de zaal zorgde dat aller ogen zwaar drukten op de persoon in de getuigenbank. Er was geen tafel voor de verdediging of voor het OM.

Gail deed wat ze gezegd had. Haar manier van doen was aangepast aan de rechtszaal. Ze maakte veel oogcontact met de juryleden, maakte handgebaren en besteedde tijd aan het duidelijk articuleren van sleutelwoorden of -zinnen, waarvan ze wilde dat ze er nota van zouden nemen en ze zouden onthouden. Haar manier van ondervragen was ook bedoeld om zowel mij als de juryleden te kalmeren. Ze had tegen me gezegd dat men altijd grote moeite had met verkrachtingszaken. Ik zag daar gauw genoeg de bewijzen van.

Toen ze me vroeg waar hij me had aangeraakt, en ik moest antwoorden dat hij zijn vuist in mijn vagina geduwd had, keek een groot deel van de juryleden naar de grond of een andere kant op. Maar wat daarna kwam bezorgde hun het allergrootste onbehagen. Uebelhoer ondervroeg me over het bloeden: hoeveel bloed, waarom zoveel? Ze vroeg me of ik destijds nog maagd was. Ik zei: 'Ja.'

Ze krompen in elkaar. Ze hadden medelijden. Tijdens de rest van de vragen hadden sommige juryleden, en niet alleen vrouwen, de grootste moeite hun tranen te bedwingen. Ik was me ervan bewust dat mijn verlies van die nacht vandaag in mijn voordeel werkte. Het feit dat ik maagd was maakte een zeer positieve indruk; het deed het misdrijf zwaarder lijken.

Ik wilde hun medelijden niet. Ik wilde winnen. Maar hun reacties dwongen me om na te denken over wat ik zei, in plaats van het alleen te turven als goed of slecht voor de kansen om een veroordeling te bewerkstelligen. De tranen van een bepaalde man, op de tweede rij, werden me te veel. Bij de aanblik daarvan kon ook ik mijn tranen niet bedwingen. In feite maakte ik daardoor ook een goede indruk.

De schets die ik op 5 oktober had gemaakt was toegelaten als een van de bewijsstukken. Uebelhoer vroeg of ik hulp had gehad bij het tekenen, of het mijn handschrift was, of iemand er invloed op had gehad.

Daarna kwam ze op de confrontatie. De ondervraging werd nu geïntensiveerd. Als een chirurg met een sonde liet ze elke nuance van de vijf minuten dat ik daar binnen was geweest de revue passeren. Ten slotte vroeg ze me of ik zeker wist dat ik de juiste persoon had geïdentificeerd.

Ik antwoordde: 'Nee.'

Toen vroeg ze me waarom ik nummer vijf had gekozen. Ik legde precies uit hoe het zat met zijn lengte en zijn lichaamsbouw. Ik had het over de ogen.

Ten slotte brak het moment aan dat de juryleden vragen konden stellen:

Jurylid: 'Toen je de politieagent op Marshall Street zag, waarom ben je toen niet naar hem toe gegaan?'

Jurylid: 'Je hebt hem uit een rij gekozen; weet je absoluut zeker dat hij de juiste was?'

Jurylid: 'Alice, waarom liep je die nacht in je eentje door het park; loop je daar altijd in je eentje doorheen?'

Jurylid: 'Heeft niemand je gewaarschuwd dat je 's nachts niet in het park moet komen?'

Jurylid: 'Wist je niet dat je na halftien 's avonds niet meer door het park mag? Wist je dat niet?'

Jurylid: 'Had je nummer vier met zekerheid kunnen uitsluiten? Heeft hij je ooit aangekeken?'

Op al deze vragen gaf ik geduldig antwoord. De vragen over de confrontatie beantwoordde ik direct en naar waarheid. Maar de vragen over wat ik in het park deed, of waarom ik niet naar agent Clapper was gegaan, verlamden me. Ze snapten er niks van, zo voelde ik het. Maar, zoals Gail had gezegd, we stonden op het toneel.

Op televisie en in films zegt de advocaat vaak tegen het slachtoffer dat in de getuigenbank plaatsneemt: 'Spreek gewoon de waarheid.' Wat ik zelf door moest krijgen was dat je als je dat doet, en verder niets, verliest. Dus ik zei tegen hen dat ik stom was geweest, dat ik niet door het park had moeten lopen. Ik zei dat ik van plan was om meisjes aan de universiteit te waarschuwen voor het park. En ik was zo braaf, zo bereid de schuld op me te nemen, dat ik hoopte dat ze me onschuldig zouden verklaren.

Die dag ging het hard tegen hard. Madison mocht dan naast zijn vriend staan en een spel van blikken met me spelen om me te intimideren, ik betaalde hem met gelijke munt terug. Ik was oprecht. Ik was maagd geweest. Hij had mijn maagdenvlies op twee plaatsen doen scheuren. De gynaecologe van het ziekenhuis zou dit bevestigen. Ik was ook een braaf, net meisje, en ik wist hoe ik me moest kleden en wat ik moest zeggen om dit te onderstrepen. In de beslotenheid van mijn kamer, waar ik op de avond na de zitting met de onderzoeksjury mijn kussen en mijn bed met mijn vuisten bewerkte, noemde ik Madison een gore klootzak. Ik zwoer het soort bloeddorstige wraak waarvan niemand het voor mogelijk had gehouden dat zoiets uit de mond van een negentienjarige studente zou komen. Nog in de rechtszaal had ik de jury bedankt. Ik putte uit mijn ervaring: acteren, gunstig stemmen, mijn familie een glimlach op het gezicht toveren. Toen ik de rechtszaal verliet, had ik het gevoel dat ik de beste voorstelling van mijn hele leven had gegeven. Het was niet langer een tweegevecht, en ditmaal had ik een kans.

Ik nam plaats in de wachtruimte. Brigadier Lorenz zat er al. Hij had een zwart ooglapje voor.

'Wat is er gebeurd?' vroeg ik. Ik was geschrokken.

'We achtervolgden een dader en hij ging ervandoor. Hij sloeg me met een knuppel tegen mijn oog. Hoe ging het daar binnen?'

'Wel aardig, geloof ik.'

'Luister,' zei hij. Hij begon hakkelend zijn excuus te maken. Hij zei dat het hem speet als hij destijds in mei niet erg aardig was overgekomen. 'Ik krijg een hoop verkrachtingen op mijn bord,' zei hij. 'De meeste zaken komen nooit zover. Ik zal voor je duimen.'

Ik verzekerde hem dat hij altijd geweldig voor me was geweest, dat de hele politie geweldig was geweest. En ik meende ieder woord.

Vijftien jaar later, toen ik onderzoek deed voor dit boek, trof ik zinnen aan die hij in die tijd had opgeschreven.

8 mei 1981: 'Het is na het onderhoud met het slachtoffer de mening van ondergetekende dat de voorstelling van zaken van het slachtoffer niet geheel op de feiten berust.'

Nadat hij Ken Childs later op diezelfde dag had gesproken, schreef hij: 'Childs beschrijft hun relatie als "oppervlakkig". Het is nog steeds de mening van ondergetekende dat er verzachtende omstandigheden waren bij dit incident, zoals het door het slachtoffer gerapporteerd is, en ik stel voor dat we deze zaak verder laten rusten.'

Maar na een ontmoeting met Uebelhoer op 13 oktober 1981: 'Het moet gezegd worden dat toen ondergetekende het slachtoffer om omstreeks 8.00 uur op 8 mei 1981 voor de eerste maal ondervroeg, zij in verwarring leek te zijn omtrent de feitelijke toedracht; bovendien maakte ze een erg afwezige indruk en dutte ze voortdurend in. Ondergetekende beseft nu dat het slachtoffer een zware beproeving had doorgemaakt en bovendien circa vierentwintig uur niet geslapen had, wat haar gedrag op dat moment kan verklaren...'

Maagden maakten geen deel uit van de wereld van Lorenz. Hij was sceptisch over veel van de dingen die ik had gezegd. Later, toen de medische rapporten uitwezen dat wat ik zei niet gelogen was, dat ik inderdaad nog maagd was geweest en dat ik de waarheid had gesproken, was zijn respect grenzeloos. Ik denk dat hij zich op de een of andere manier verantwoordelijk voelde. Het was tenslotte in zijn wereld dat deze gruwel me was overkomen. Een wereld vol geweldsmisdrijven.

Tien

Maria Flores, van de werkgroep van Tess, viel uit een raam. Dat stond in de *Daily Orange*, de campuskrant in Syracuse. Ze noemden haar naam en zeiden dat het een ongeluk was.

Toen de studenten het lokaal van de subfaculteit Engels binnen kwamen druppelen voor de werkgroep, bleken er maar een paar van ons het stukje in de krant te hebben gezien. Ik hoorde daar niet bij. De krant had naar het scheen bericht dat Flores, hoewel ze zwaar gewond was, het ongeluk op wonderbaarlijke wijze had overleefd. Ze was opgenomen in het ziekenhuis.

Tess was laat. Toen ze binnenkwam viel er een stilte in het lokaal. Tess nam plaats aan het hoofd van de grote tafel en probeerde met de les te beginnen. Ze was duidelijk aangeslagen.

'Heb je het gehoord van Maria?' vroeg een van de studenten.

Tess liet haar hoofd hangen. 'Ja,' zei ze. 'Het is afschuwelijk.'

'Gaat het goed met haar?'

'Ik heb haar net gesproken,' zei ze. 'Ik ga in het ziekenhuis bij haar langs. Het is altijd zo moeilijk. Dat poëziegedoe.'

We begrepen het niet echt. Wat had Maria's ongeluk te maken met poëzie?

'Het stond in de krant,' zei een student ongevraagd.

Tess keek hem scherp aan. 'Hebben ze haar naam genoemd?'

'Wat is er aan de hand, Tess?' vroeg iemand.

De volgende dag kregen we antwoord op die vraag, toen een vrijwel identiek artikel het beschreef als een poging tot zelfmoord. Het enige andere verschil was dat de krant ditmaal haar naam niet noemde. Je hoefde geen genie te zijn om het verband te zien.

Tess had tegen me gezegd dat Maria het heel erg op prijs zou stellen als ik haar in het ziekenhuis zou opzoeken. 'Dat gedicht van jou had een hoop impact,' voegde ze eraan toe, maar ze zei niet wat ze nog meer wist.

Ik ging. Maar voor ik dit deed, deed Maria nog een mislukte poging. Ze probeerde zich van het leven te beroven door een elektriciteitssnoer bij haar bed door te snijden, de draden erin te strippen en daarmee keer op keer in haar polsen te kerven. Toen ze dit deed was ze links gedeeltelijk verlamd. Er was echter een verpleegster bij haar binnengelopen en nu waren haar armen vastgebonden aan het bed.

Ze lag in het Crouse Irving Memorial Hospital. Een verpleegster bracht me haar kamer binnen. Naast Maria's bed stonden haar vader en haar broers. Ik zwaaide naar Maria en gaf toen de mannen een hand. Ik zei hoe ik heette en vertelde dat ik bij Maria in de poëziewerkgroep zat. Ze reageerden nauwelijks. Ik schreef dit toe aan de shock, en aan het feit dat die vreemde vrouw die op bezoek kwam een connectie met haar had die zij, haar vader en broers, niet hadden, wat hun misschien vreemd voorkwam. Ze gingen de kamer uit.

'Fijn dat je gekomen bent,' fluisterde ze. Ze wilde mijn hand vasthouden.

We kenden elkaar niet goed, hadden alleen samen de werkgroep van Tess gevolgd, en tot voor kort had ik een lichte wrok jegens haar gekoesterd omdat ze bij de bespreking van mijn gedicht was weggelopen.

'Wil je niet gaan zitten?' vroeg ze.

'Goed.'

Ik ging zitten.

'Het was jouw gedicht,' zei ze. 'Daardoor kwam alles weer boven.'

Ik luisterde naar hoe ze fluisterend haar verhaal deed. De man en de jongens die zojuist de kamer hadden verlaten hadden haar in haar jeugd jarenlang verkracht.

'Op een geven moment stopte het,' zei ze. 'Mijn broers waren toen groot genoeg om te weten dat wat ze deden verkeerd was.'

'O, Maria,' zei ik. 'Het was nooit mijn bedoeling om...'

'Stil maar. Het is goed. Ik moet het onder ogen zien.'

'Heb je het aan je moeder verteld?'

'Ze zei dat ze er niets over wilde horen. Ze beloofde dat ze het niet tegen mijn vader zou zeggen als ik er nooit meer op terugkwam. Ze praat niet meer met me.'

Ik keek naar alle beterschapskaarten boven haar bed. Ze was studentenmentrix en alle studentes die bij haar op de gang woonden hadden een kaart gestuurd, evenals haar vrienden en vriendinnen. Ik bedacht opeens iets wat pijnlijk duidelijk was: door te springen was ze nu voor haar verzorging volstrekt afhankelijk van haar familie. Van haar vader. 'Heb je het tegen Tess verteld?'

Haar gezicht klaarde op. 'Tess was fantastisch.'

'Ik weet het.'

'Je gedicht verwoordde al die dingen die ik jarenlang vanbinnen gevoeld heb. Het ging over al die gevoelens die me zo bang maken.'

'Is dat goed?' vroeg ik.

'We zullen zien,' zei ze met een flauwe glimlach.

Maria zou herstellen van haar val en op school terugkomen. Een tijdlang verbrak ze alle contact met haar familie.

Maar die dag zeiden we gekscherend dat ze door te springen op haar manier wel degelijk commentaar had geleverd op mijn gedicht en dat Tess haar dat zou moeten nageven. Toen begon ik te praten. Ik praatte omdat zij dat wilde en omdat ik het hier, bij haar, ook kon. Ik vertelde haar over de rechtszitting met de onderzoeksjury en de confrontatie en over Gail.

'Je bent een enorme geluksvogel,' zei ze. 'Voor mij is dat allemaal niet weggelegd. Ik wil dat je tot het bittere einde doorgaat.'

We hielden nog steeds elkaars hand vast. Ieder moment in die kamer was kostbaar voor ons.

Uiteindelijk keek ik op en zag haar vader in de deuropening staan. Maria kon hem niet zien, maar ze zag mijn ogen.

Hij ging niet weg en hij kwam niet naderbij. Hij wachtte tot ik opstond en wegging. Vanwaar hij stond, voelde ik dat hij dit uitstraalde. Hij wist niet precies wat er zich tussen ons afspeelde, maar hij vertrouwde het niet helemaal.

Op 16 november kwam het bericht dat 'de schaamharen waarvan bekend was dat ze Gregory Madison toebehoorden' en 'het negroïde schaamhaar dat in mei 1981 in het kamsel van Alice Sebold was aangetroffen' aan een microscopisch onderzoek waren onderworpen. Het laboratorium stelde vast dat de haren op alle zeventien punten waarop ze waren vergeleken met elkaar correspondeerden.

Op 18 november stelde Gail een memo op ten behoeve van het dossier en haar collega's van het OM. Op de 23ste verstuurde ze het.

Het staat buiten kijf dat het hier om een verkrachting handelt. Slachtoffer was maagd en hymen was op twee plaatsen gescheurd. Labrapport toont sperma en medisch onderzoek toont kneuzingen en rijtwonden aan.

Het draait voornamelijk om de identificatie. Verkrachting vond plaats op 8 mei 1981, slachtoffer gaf uitvoerig signalement aan de politie, maar er werd niemand aangehouden. Op 9 mei 1981 gaat ze terug naar Pennsylvania. Als ze in de herfst bij de universiteit van Syracuse terugkeert, ziet ze verdachte op straat; hij benadert haar en zegt: 'Hé, meisje, ken ik jou niet ergens van?' Ze rent weg en belt politie. Ik regel een Oslo-confrontatie en ze haalt de verkeerde man eruit (die het evenbeeld is van de verdachte en pal naast hem stond, en om wie verdachte zelf gevraagd heeft). Daarna zegt ze tegen de politie dat het zowel de een als de ander kan zijn geweest. Schaamhaar verdachte bleek identiek aan een schaamhaar die op het slachtoffer was aangetroffen. Er was een gedeeltelijke vingerafdruk op het wapen (mes) dat op de plek van het misdrijf werd gevonden, maar die vertoont onvoldoende details om een vergelijking mogelijk te maken (ik heb hem naar de FBI gestuurd voor nader onderzoek). Lab deelt mee dat ze aan de hand van het sperma geen bloedgroep kunnen vaststellen, omdat het te veel vermengd is met bloed van haar.

Succes. Slachtoffer is uitstekende getuige.

Met Thanksgiving ging ik naar mijn ouders. Een dag nadat ik met de Greyhound-bus weer in Syracuse was teruggekomen, lag er in de studentenflat een brief op me te wachten.

'Hierbij deel ik u mede dat, conform uw verzoek, de hierboven genoemde beklaagde door de onderzoeksjury in staat van beschuldiging is gesteld,' stond er onder andere.

Ik was dolblij. Ik stond in mijn eenpersoonskamer in Haven Hall te trillen op mijn benen. Ik belde mijn moeder om haar op de hoogte te brengen. Ik ging vooruit. Het proces leek dichtbij. Het kon elke dag beginnen.

Ik zat in een les toen Madison op 4 december zijn verweer begon voor rechter Walter T. Gorman. Op elk van de acht punten die hem ten laste waren gelegd ontkende Madison schuld. Op 9 december was er weer een zitting. Paquette, de raadsman van Madison, gaf toe dat zijn cliënt ooit, 'in een ver verleden', voor diefstal was veroordeeld. De Staat wist niet genoeg om daar tegen in te kunnen gaan, en Madisons jeugdstrafblad zou buiten beschouwing blijven. Toen Gorman aan assistent-aanklager Plochocki, die de Staat vertegenwoordigde omdat Gail bij een andere zitting moest zijn, vroeg of hij gehoord wilde worden in verband met een borgtocht, antwoordde Plochocki: 'Ik heb het dossier niet, edelachtbare.' En zo werd de borgtocht vastgesteld op vijfduizend dollar. In de tijd rond kerst en de jaarwisseling zag ik in gedachten tot mijn vreugde Madison in de gevangenis. Ten onrechte.

Voor ik voor de kerstvakantie naar mijn ouders ging, had ik voor Italiaans een 'onvoldoende aanwezigheid' gekregen, een zes voor de klassieken, een acht voor Tess' overzichtscollege – mijn paper was niet helemaal wat er van me verwacht werd – en twee tienen: de ene voor het werkgroepcollege van Wolff, de andere voor dat van Gallagher.

Ik zag Steve Carbonaro terug. Hij had Don Quichot gelaten voor wat hij was, en hij had de gewoonte aangenomen altijd een fles Chivas Regal in huis te hebben, in zijn flatje bij Penn. Hij stroopte vlooienmarkten af voor oude oosterse tapijten, droeg een satijnen huisjasje, rookte pijp en schreef sonnetten voor een nieuw vriendinnetje met een naam waar hij helemaal weg van was: Juliet. Door zijn raam, met het licht in zijn eigen flatje uit, observeerde hij twee extraverte geliefden die in een appartement tegenover hem woonden. Ik vond scotch niet lekker en de pijp achterlijk.

Mijn zus was op haar tweeëntwintigste nog steeds maagd. Ik wenste vaak dat ze minder ongerept was. Ik wist dat ook zij vaak wenste dat ze minder ongerept was. Maar onze motivatie was niet dezelfde. Ik wilde dat ze zou 'vallen' – want zo werd dat bij ons thuis gezien – zodat ik niet de enige zou zijn. Zij wilde het zodat ze meer gemeen zou hebben met het grootste deel van haar vriendinnen.

Aan beide zijden van dat woord waren we ongelukkig. Zij was er een, ik niet. Aanvankelijk had mijn moeder grapjes gemaakt over hoe de verkrachting het einde zou betekenen van haar preken over maagdelijkheid; voortaan zou ze me over kuisheid onderhouden. Maar ergens werkte dat niet. Het zou raar zijn als mijn moeder mijn zus met haar neus op de oude regels zou drukken, maar voor mij nieuwe zou bedenken. Door verkracht te zijn was ik naar een categorie opgeschoven waarvan zij niet wist hoe ze die moest aanspreken.

Dus deed ik wat ik anders ook met de moeilijkste vraagstukken deed: ik nam mijn toevlucht tot datgene waar wij Sebolds altijd op terug kunnen vallen: een doorwrochte analyse van de woordbetekenissen die ermee samenhingen. Ik zocht alle woorden en hun afgeleiden op: *maagd, maagdelijk, maagdelijkheid, kuis, kuisheid.* Als de definities me niet boden wat ik verlangde, manipuleerde ik de taal en herdefinieerde de woorden. Het eindresultaat was dat ik mezelf nog steeds als maagd beschouwde. Ik was mijn maagdelijkheid niet verloren, zei ik; die was me afgenomen. Daarom zou ik zelf beslissen of en wanneer iemand maagd was. Ik noemde wat ik nog steeds te verliezen had mijn 'echte maagdelijkheid'. Evenals mijn redenen om niet met Steve te slapen en om terug te gaan naar Syracuse, was dit in mijn ogen een waterdichte redenering.

Dat was het niet. Veel van wat ik had uitgedokterd en uit zijn verband had gerukt was verre van waterdicht, maar dat kon ik op dat moment niet toegeven. Ik bedacht ook een moeizame redenering waarom het beter was om verkracht te zijn toen ik nog maagd was.

'Volgens mij is het beter dat ik verkracht ben toen ik nog maagd was,' zei ik tegen anderen. 'Ik heb er geen enkele seksuele associatie mee, zoals andere vrouwen. Het was puur geweld. Daardoor zal, wanneer ik een normaal seksleven heb, het verschil tussen seks en geweld mij duidelijk voor ogen staan.'

Ik vraag me nu af wie daarin trapte.

Tussen de colleges en de rechtszittingen waar ik moest verschijnen door, vond ik tijd om verliefd te zijn. Hij heette Jamie Waller en hij zat ook in de werkgroep van Wolff. Hij was ouder dan ik – zesentwintig – en hij was bevriend met een andere student in de groep, Chris Davis. Chris was homo. Ik vond dat een teken dat Jamie – die hetero was – een ver geëvolueerd exemplaar van de mannelijke kunne was. Als hij zich openlijk op zijn gemak voelde in het gezelschap van een homo, dan zou hij misschien ook geen problemen hebben met iemand die verkracht was.

Ik slaagde erin alle dingen te doen die smoorverliefde meisjes doen. Ik vroeg Lila me na de les af te halen, zodat ze hem uitgebreid kon bekijken. Terug in de studentenflat praatten we over hoe leuk hij was. Telkens als ik hem gezien had, beschreef ik haar tot in de details wat hij had aangehad. Hij was de meester van wat ik noemde, de 'zakkige chic'. Hij droeg pillende wollen truien met eiervlekken, en zijn Brooks Brothers-boxershort piepte vaak boven zijn walviswijde ribfluwelen broek uit. Hij woonde in een appartement buiten het campusterrein en hij had een auto. In de weekends ging hij skiën. Hij had wat ik wilde: een onafhankelijk leven. Als ik alleen was, zat ik over hem te dagdromen; in het openbaar deed ik alsof ik stoer was.

Ik haatte de manier waarop ik eruitzag. Ik vond mezelf dik en lelijk, en een rare. Maar zelfs al zou hij me fysiek nooit aantrekkelijk kunnen vinden, hij was dol op een goed verhaal en hij bedronk zich graag. Ik kon het een vertellen en het ander doen.

Na de werkgroep van Wolff gingen Chris, Jamie en ik meestal wat drinken, en na een paar drankjes zei Jamie dan: 'Goed, jongens, ik ga ervandoor. Wat gaan jullie dit weekend doen?' Chris en ik hadden nooit een goed antwoord. We vonden allebei ons eigen leven duf. Mijn weekends werden gevuld met wachten tot mijn zaak zou voorkomen bij de onderzoeksjury en op wat er daarna zou gebeuren. Chris bekende later dat hij zijn weekends besteedde aan het afschuimen van homobars in het centrum van Syracuse in de – vergeefse – hoop een vriendje op te doen. Chris en ik aten te veel en dronken te veel koffie onder het lezen van goede poëzie. Als we zelf een gedicht schreven dat we niet al te miserabel vonden, belden we elkaar wel eens op om het voor te lezen. We waren eenzaam en haatten onszelf. We hielden elkaar verbitterd aan het lachen en wachtten tot Jamie, fris en terug van een weekend in Stowe Mountain of Hunter Mountain, onze mistroostige levens kwam vullen.

Die herfst vertelde ik hun beiden op een avond over de ver-krachting. We waren alledrie dronken. Het was na een lezing of een werkgroepbijeenkomst en we waren naar een bar in Marshall Street gegaan. Het was een bar die wat aardiger was aangekleed dan de doorsneestudentenkroegen, die over het algemeen meer weg hadden van spelonken.

Ik weet niet meer hoe het ervan kwam. Het was een of twee dagen voor de confrontatie en ik kon nergens anders aan den-ken. Chris was geschokt en mijn verhaal had als effect dat hij nog beschonkener raakte. Zijn broer, Ben, was twee jaar daar-voor vermoord, maar dat wist ik op dat moment nog niet. Jamie was degene om wie ik me zorgen maakte. Jamie op wie ik mezelf verliefd zag worden en met wie ik me zag trouwen.

Hoe hij ook reageerde, het kon de reddingsfantasie die ik had gekoesterd niet vervullen. Niets had dat gekund. Er was geen redding. Een ogenblik lang hing er een sfeer van onbeha-gen en toen vond Jamie het antwoord. Hij bestelde nog een rondje.

Jamie reed alleen in zijn auto naar huis, naar zijn flatje bui-ten de campus. Chris, die een andere kant uit woonde, bracht mij lopend thuis. Ik lag op bed en de kamer tolde om me heen. Het gevoel dat drank opriep vond ik niet prettig; wat ik wel prettig vond was dat drank me vrij maakte. Woorden ontglip-ten me en de wereld verging niet, en ik kon erop rekenen dat ik uiteindelijk vergetelheid zou vinden. 's Ochtends had ik hoofdpijn en ik moest ook altijd overgeven, maar Jamie – en iedereen, leek het – vond me leuk als ik aangeschoten was. De bonus: achteraf herinnerde ik me vaak weinig.

Na de kerst dronken we veelvuldiger, vaak zonder Chris. Jamie had me verteld dat hij was teruggekomen om zijn diplo-ma te halen nadat hij zijn vader tijdens een langdurig termi-naal ziekbed had verzorgd. Hij vertrouwde me toe dat hij een dameskledingzaak in Utica had en daar vaak even langs moest om een oogje in het zeil te houden. Dat maakte hem in mijn ogen alleen maar aantrekkelijker, maar wat ik echt leuk vond aan Jamie was zijn houding van 'geen gezeik'. Hij boerde na de maaltijd. Hij rotzooide met allerlei vrouwen. Hij was zijn maagdelijkheid lang voor mij verloren – hij was een jaar of veertien geweest, en zij was ouder. 'Ik had geen schijn van kans,' zei hij wel eens, terwijl hij opgewekt snoof en zijn bierflesje aan zijn mond zette of een slok wijn nam. Hij maakte grappen over hoeveel vrouwen hij had gehad en vertelde verhalen over de keren dat hij door de man van getrouwde vrouwen betrapt was.

Veel van de dingen die ik hoorde gaven me een onbehaaglijk gevoel. Hij was onvoorstelbaar promiscue, maar het betekende ook dat hij alles had gezien en gedaan. Er waren geen verrassingen. Híj zou niet op me afknappen. Jamie was geen aardige, nette jongen. Maar ik zat ook niet te wachten op een aardige, nette jongen die mij 'speciaal' vond, integendeel.

Hij luisterde geduldig naar wat zich in mijn leven afspeelde: Gail, de confrontatie, mijn angst om voor het gerecht te verschijnen. In die weken, die na de kerstvakantie uitgroeiden tot maanden, leefde ik voortdurend in afwachting van het proces. Het werd telkens uitgesteld. Op 22 januari zou er in het kader van het vooronderzoek nog een hoorzitting gehouden worden en ik ging ernaartoe. De zitting werd afgelast, maar ik moest toch komen om me voor te bereiden met de assistent-aanklager, Bill Mastine, en met Gail, die nu zwanger was en daarom de touwtjes goeddeels in handen had gegeven van Mastine.

Ik zag dat Jamie het waardeerde dat we allebei buitenbeentjes waren. Hij had met zijn vader heel wat doorgemaakt en meende dat ik me door de verkrachting onderscheidde van mijn negentienjarige leeftijdgenoten. Maar in plaats van me mijn gevoelens te laten voelen, zoals Tricia van het opvangcentrum graag had gezien, leerde hij me drinken. En dat deed ik.

Jamie en ik hadden het over seks en ik vertelde hem een leugen.

Op een avond in de kroeg vroeg Jamie me – quasi achteloos

– of ik sinds de verkrachting met iemand naar bed was geweest. Ik zei van niet, maar aan zijn gezicht zag ik meteen dat dat niet het goede antwoord was. Ik zei daarom: 'Nee, doe niet zo gek, natuurlijk wel.'

'Jeetje,' zei hij, terwijl hij met zijn bierglas rondjes beschreef op de tafel. 'Ik zou niet graag in zijn schoenen hebben gestaan.'

'Hoe bedoel je?'

'Het is een grote verantwoordelijkheid. Je zou bang zijn het te verpesten. Bovendien, wie weet wat er zou kunnen gebeuren?'

Ik zei dat het niet zo erg was geweest. Hij vroeg met hoeveel mannen ik geslapen had. Ik verzon een aantal. Drie.

'Dat is een mooi aantal. Precies genoeg om te weten dat je normaal bent.'

Dat beaamde ik.

We dronken nog wat. Ik stond nu alleen, dat wist ik. Als ik de waarheid had gesproken, had hij me afgewezen. De druk die ik ervoer om 'eroverheen te komen' – zoals ik het tegen Lila zei – was overweldigend. Ik was bang dat, als ik te lang wachtte, mijn angst voor seks alleen maar groter zou worden. Ik wilde geen uitgedroogd oud besje worden, of een non, of bij mijn ouders thuis gaan wonen en voor eeuwig naar de muren staren. En zo zou ik heel goed kunnen eindigen, vreesde ik.

Vlak voor de paasvakantie gebeurde het.

Ik ging met Jamie naar een film. Daarna werden we heel erg dronken aan de bar. 'Ik moet pissen,' zei hij, niet voor het eerst die avond.

Toen hij op de wc was, schatte ik mijn kansen in. Het zat er al een tijdje aan te komen. Hij had de enige vraag gesteld die een belemmering had kunnen vormen. Ik had gelogen en het zag ernaar uit dat hij me geloofde. De volgende dag zou hij voor een skiweekend vertrekken en zou ik een paar dagen met mezelf en met Lila alleen zijn.

Hij kwam terug bij ons tafeltje. 'Als ik nog meer drink kan

ik niet meer naar huis rijden,' zei hij. 'Kom je met me mee?'

Ik stond op en we liepen naar buiten. Het sneeuwde. Vinnig koude sneeuwvlokken sloegen tegen onze door de drank verwarmde huid. We bleven staan en ademden de koude lucht in. Op Jamies wimpers en langs de boord van zijn skipet klonterden sneeuwvlokken samen.

We zoenden elkaar. Het was nat en slobberig, anders dan met Steve, meer zoals Madison. Maar ik wilde dit. Ik dwong mezelf ertoe het te willen. Dit is Jamie, herhaalde ik inwendig. Dit is Jamie.

'Nou? Kom je mee?' vroeg hij.

'Ik weet niet,' zei ik.

'Het is hier buiten zo koud als de klit van een heks. Ik ga naar huis. Zie maar wat je doet.'

'Ik heb mijn contactlenzen in,' zei ik.

Hij deed losjes en was aangeschoten en had het allemaal al duizend keer gedaan. 'Goed, je hebt twee opties. Je kunt naar huis lopen en alleen in je eigen bed slapen, of ik kan je daar met de auto naartoe brengen en op je wachten terwijl jij je lenzen uitdoet.'

'Zou je dat voor me willen doen?'

Bij Haven bleef hij buiten, in zijn auto. Ik haastte me met de lift naar boven, ging naar mijn kamer en deed mijn lenzen uit. Het was laat, maar dat weerhield me er niet van om Lila te wekken. Ik klopte op haar deur. Ze deed open in haar Lanznachtpon. Er brandde geen licht in haar kamer. Ik had haar wakker gemaakt. 'Wat is er?' vroeg ze verstoord.

'Dat zal ik je vertellen,' zei ik. 'Ik ga met Jamie mee naar huis. Morgenochtend ben ik weer terug. Beloof me dat we samen ontbijten.'

'Prima,' zei ze, en ze deed de deur weer dicht.

Ik wilde dat er iemand met me zou meeleven.

Het sneeuwde inmiddels hevig. Om onze aandacht bij de weg te kunnen houden, spraken we niet met elkaar. Uit het dashboard stroomde warme lucht over mijn benen. Jamie was mijn gids op een missie naar een plaats waar ik nog niet eerder was geweest. Ik had nog één kans om er te komen, voor de muren me zouden insluiten. Zijn promiscuïteit had wel wat, vond ik nu. Uit de manier waarop hij erover praatte sprak evenveel bravoure als oprecht plezier. Ik besefte ook dat hij bij veel van die ontmoetingen dronken was geweest. Ook nu was hij dronken. Maar in mijn ogen waren dit details. Drinken. Promiscuïteit. Een leven zonder richting. Het was allemaal, zo zag ik het tenminste, zijn eigen keuze. Niemand had hem gedwongen om te drinken, te neuken of zijn vroegere leven op te geven. Inmiddels heb ik wat meer afstand en begrijp ik dat het misschien anders in elkaar zat; toen staarde ik voor me uit naar de weg. De ruitenwissers gingen heen en weer. Aan weerszijden verzamelde zich sneeuw en in het midden van de voorruit vormde die een grote witte V, die deed denken aan de haarlijn van Dracula. Ik ging met een normale man mee naar huis – naar vrijwel ieders maatstaven een aantrekkelijke man – en hij nam me mee om de liefde met me te bedrijven.

Ik had geprobeerd me voor te stellen hoe zijn huis eruitzag. Bij aankomst bleek het niet bepaald geweldig. Het was een appartement met één slaapkamer. In de woonkamer stond geen meubilair, alleen een paar melkkratten die volgestouwd waren met elpees en bandjes, en een stereo-installatie die op de vloerbedekking stond. Hij liep naar binnen en gooide zijn schooltas op de grond, ging plassen met de wc-deur open, terwijl ik de andere kant uit keek, en liep daarna de keuken in. Nu we in zijn flat waren hing er een soort sfeer van 'waar wachten we nog op?'. Ik stond in het halletje tussen de in duisternis gehulde keuken en de ongemeubileerde woonkamer. Zijn slaapkamer bevond zich vlak bij de badkamer. Ik wist dat we daarnaartoe zouden gaan, wist dat ik om die reden hier was, maar ik aarzelde. Ik was bang.

Jamie zei dat hij aannam dat het allemaal nog vrij nieuw

voor me was en dat hij me daarom iets te drinken behoorde aan te bieden. In de koelkast stond een geopende fles witte wijn en hij pakte twee vuile wijnglazen. Hij hield de glazen onder de kraan en schonk ze toen vol. Ik pakte mijn druipende glas aan en nam een slok.

'Je kunt je tas wel neerzetten,' zei hij. 'Met muziek is het misschien makkelijker, hè?'

Hij liep de woonkamer in en boog zich over een melkkrat met cassettes. Hij pakte er een stuk of wat bandjes uit, bekeek ze en gooide er twee of drie terug. Ik zette mijn boekentas bij de voordeur. Hij koos Bob Dylan, het soort trage, talmende melodieën die me altijd het gevoel gaven dat de doden met hun ketenen rammelden. Ik was geen fan van Dylan, maar ik was wel zo wijs om daar niet over te beginnen.

'Blijf daar nou niet als een zoutpilaar staan,' zei hij, terwijl hij zich omdraaide en dichterbij kwam. 'Geef me een zoen.'

Iets in mijn zoen beviel hem niet.

'Hé, jij wilde dit,' zei hij. 'Nou moet je niet dichtklappen.'

Hij stelde voor dat ik mijn tanden zou gaan poetsen. Ik zei dat ik dat wel wilde, maar dat ik geen tandenborstel had.

'Heb je nooit bij een vent overnacht?'

'Jawel,' loog ik, schaapachtig.

'Hoe deed je dat toen dan?'

'Met mijn vinger,' zei ik in een opwelling. 'Op die manier poetste ik mijn tanden.'

Jamie liep langs me heen de badkamer in en vond een tandenborstel. 'Gebruik deze maar,' zei hij. 'Als je met iemand neukt, moet je ook zijn tandenborstel kunnen gebruiken.'

Bang en aangeschoten en onervaren als ik was, klampte ik me vast aan zijn logica. Ik ging de badkamer in en poetste mijn tanden. Ik waste mijn gezicht en vroeg me af, heel eventjes maar, of ik er aantrekkelijk uitzag. Maar zodra ik in de spiegel keek, keek ik weer weg. Ik kon niet aanzien wat ik aan het doen was. Ik slikte hevig, haalde diep adem en verliet de badkamer.

Jamie was bezig vuile was van de matras naar de vloer te verplaatsen. Zijn lakens waren vuil en aan het voeteneind lagen een paar dekens die hij van zich af had geschopt. Hij had Dylan harder gezet. Zijn skischoenen lagen op hun kant voor de deur. Hij bracht mijn wijnglas naar de slaapkamer en zette het naast zijn wekkerradio op de melkkrat naast de matras.

Hij trok zijn shirt over zijn hoofd heen uit. Ik had nog maar weinig mannenlichamen gezien. Hij was schrieler dan ik gedacht had, en hij had overal sproetjes. De rek was uit het elastiek van zijn onderbroek, die boven zijn broek uitstak.

'Was je van plan om je kleren aan te houden?' vroeg hij.

'Ik ben verlegen.'

'Daar hebben we geen tijd voor,' zei hij. 'Morgenochtend moet ik vroeg op voor Spaans, en daarna moet ik meteen door naar Vermont. Zullen we maar eens aan de slag?'

Op de een of ander manier deden we dat. Op de een of andere manier lag ik onder hem toen hij me neukte. Hij neukte me hard. Het was wat ik later door andere meisjes 'atletische seks' hoorde noemen. Ik hield vol. Toen hij klaarkwam, was dat met veel lawaai, hij snoof en schreeuwde. Daar was ik niet op voorbereid. Ik huilde. Ik huilde harder dan ik me ooit had kunnen voorstellen. Ik beefde van top tot teen. Hij hield zijn mond en drukte me stevig tegen zich aan. Ik schaamde me dood, maar ik kon niet ophouden. Ik geloof niet dat hij besefte dat hij in mijn ogen mijn eerste was, maar hij was slim genoeg om te weten waarom ik moest huilen.

'Arm meisje,' zei hij. 'Arm, arm meisje.'

Kort daarop viel hij boven op me in een diepe slaap. Ik bleef de hele nacht wakker.

Vroeg in de ochtend wilde hij weer neuken. Maar eerst, nadat hij me gezoend had, duwde hij mijn gezicht in de richting van zijn penis. Toen ik daar was beland, wist ik niet wat ik moest doen.

'Heb je dat nog nooit gedaan?' vroeg hij.

Ik probeerde het, maar ik moest kokhalzen.

'Kom eens hier,' zei hij, en hij liet mijn hoofd los. We zoenden nog wat, en toen, bezorgd vanwege de manier waarop ik keek, greep hij me bij mijn haren vast en trok mijn hoofd weg van het zijne. 'Luister eens,' zei hij. 'Dat moet je niet doen. Niet verliefd op me worden.' Ik wist niet wat hij bedoelde of hoe ik op die vermaning moest reageren. Ik zei dat het niet zou gebeuren, maar ik had geen idee hoe ik het zou kunnen voorkomen.

Hij bracht me met de auto terug naar Haven. 'Pas op jezelf, meisje,' zei hij. Hij wenste geen verantwoordelijkheid. Daar had hij meer dan genoeg van gehad toen hij voor zijn stervende vader zorgde. Hij ging naar college en daarna skiën.

'Ik heb het gedaan,' schreef ik op Lila's memobord, dat aan de buitenkant van de deur van haar kamer hing. Ik wist dat ze sliep en was daar dankbaar voor. Ik had meer dan een etmaal niet geslapen. Ik ging naar mijn kamer. Ik had tijd nodig om er een goed verhaal van te maken. Toen ik laat in de middag wakker werd, was het voorbij. Ik was mijn echte maagdelijkheid verloren. Alles had gefunctioneerd, zij het niet perfect, en ik was door een man geaccepteerd.

Natuurlijk deed ik wat hij zei dat ik niet moest doen. Ik werd verliefd op hem.

Ik heb er een goed verhaal van gemaakt. Ik lachte om mezelf, mijn geschutter. Ik werd dronken. Ik belde Chris en vertelde het hem. Hij vond het geweldig. Hij riep: 'Eindelijk is je geduld beloond!' Onder het eten van amandel-vanille-ijs van Häagen-Dasz deed ik tegenover Lila heel wijs en ervaren. Jamie belde me niet. Ik redeneerde dat ik hem na Pasen wel weer zou zien, dat mensen die zo cool waren als wij dingen als ringen en bloemen en telefoontjes niet nodig hadden. Ik pakte mijn spullen voor de reis naar Pennsylvania, naar mijn ouders. In mijn derderangs Samsonite verstopte ik een fles Absolut-wodka. Met mij ging het uitstekend.

Elf

Eind april, een maand na de paasvakantie, moest ik in Marshall Street zijn. Het was midden op de middag. In de staat New York was eindelijk het voorjaar aangebroken, op de kiekeboemanier die de lente daar eigen is. Er lag nog oude sneeuw op de grond. 's Winters gaf de sneeuw Syracuse een mooi aanzien; hij bedekte de korrelige bruinen en grijzen die zo typerend waren voor de gebouwen en wegen in het noordoosten van de Verenigde Staten. Maar tegen april had iedereen er genoeg van, en de warmte werd dan ook met blijdschap door de studenten verwelkomd. Ze droegen shorts, hoewel hun armen en benen overdekt waren met kippenvel, en de meisjes pronkten met hun in Florida gebruinde huid. Het was druk op straat en bij het vooruitzicht van het einde van het studiejaar, het begin van goede tijden, zag je overal lachende gezichten en kochten de studenten allerlei universiteitsprullaria in de winkels aan Marshall Street.

Ik was gaan winkelen voor mijn zus. Ze zou magna cum laude aan Penn afstuderen. Toen ik Marshall Street in liep, kwam een groep jongens van een studentensociëteit met hun vriendinnetjes mij tegemoet. Ze waren een en al vrolijke voorjaarsglimlach. Twee van de jongens lieten zien hoe stoer ze waren door witte gesteven boxershorts te dragen met de gebruikelijke Docksiders aan hun sokloze voeten. Ik keek naar ze omdat ik geen keus had; ze namen de hele breedte van het trottoir in beslag en schreeuwden om aandacht. Maar vanaf de andere kant probeerde iemand hen te passeren.

Ik was opgegroeid met *Bewitched*, de tv-serie waarin het personage Elizabeth Montgomery door met haar vingers te knippen iedereen behalve zichzelf en haar man Darrin kon doen bevriezen. Zij praatten verder terwijl de bevroren mensen stokstijf bleven staan in hun ongemakkelijke, voorheen met leven bezielde poses. Zo voelde ik het die dag ook. Ik zag hoe Gregory Madison de weg versperd werd door die groep mensen, en toen zag hij mij. Al het andere kwam tot stilstand. Ik weet niet waarom het niet bij me was opgekomen dat dit kon gebeuren. Maar zo was het. Ik nam aan dat hij nog steeds in de gevangenis zat, of in elk geval niet zo stom was dat hij vóór het proces naar de universitaire wijk zou terugkeren. Maar daar was hij. In oktober was hij volkomen zeker van zichzelf geweest toen hij me in het oog had gekregen. Nu zagen we elkaar, herkenden elkaar en knikten we. Geen woorden. Het duurde een fractie van een seconde. De vrolijke studenten stonden tussen ons in. Zijn ogen zeiden me wat ik moest weten. Ik was nu zijn tegenstander geworden, niet meer alleen zijn slachtoffer. Hij erkende dit.

Op een gegeven moment, ergens in de winter, waren Lila en ik begonnen elkaar Kloon te noemen. We hadden daar allebei baat bij. Door mijn kloon te zijn kon zij een wat minder timide en meer vrijgevochten indruk maken dan ze werkelijk was; ik kon doen alsof ik een normale studente was wier leven evenzeer draaide om de studie en bezoekjes aan Marshall Street als om de rechtszaak. Als Klonen besloten we samen ergens buiten de campus te gaan wonen. Samen met Sue, een vriendin van Lila, vonden we een appartement met drie slaapkamers in een buurt waar nog veel meer studenten woonden. We waren dolblij dat we in een echt huis zouden gaan wonen, en omdat ik er zeker van was dat het proces tegen die tijd voorbij zou zijn, zag ik het als een nieuwe start. We zouden het in de herfst betrekken.

Begin mei was ik mijn spullen aan het pakken voor de zomervakantie, die ik bij mijn ouders zou doorbrengen. Ik had een acht voor mijn Shakespeare-college gekregen en ik nam afscheid van Jamie. Ik had niet de illusie dat ik iets van hem zou horen.

Ik had een cursus gevolgd die 'Cervantes in het Engels' heette, en waar ik in mijn werkstuk wraak nam op de mythe van La Mancha. Ik gaf een herinterpretatie van Don Quichot als een moderne stadsparabel en maakte van Sancho Panchez de held. Hij had de gewiekstheid van een stadsmens, terwijl het Don Quichot daaraan ontbrak. In mijn versie verdrinkt Don Quichot in een plas in een straatgoot doordat hij niet beseft dat het geen meer is.

Voor ik vertrok belde ik Gail om haar mijn planning door te geven. Gedurende het hele voorjaar had ik van het kantoor van de assistent-aanklager te horen gekregen dat het 'ieder moment' zover kon zijn, en zo ging het nu ook weer. Ze bedankte me voor mijn telefoontje en vroeg me naar mijn plannen.

'Ik ga waarschijnlijk een baantje zoeken voor de zomer,' zei ik.

'Ik hoop dat onze zaak binnenkort voorkomt,' zei ze. 'Je zorgt toch wel dat je beschikbaar bent?'

'Het heeft mijn allerhoogste prioriteit,' zei ik. Pas jaren later begreep ik waar ze op doelde: bij verkrachtingszaken werd min of meer van het slachtoffer verwacht dat ze het bij het proces zou laten afweten, zelfs als ze het zelf in gang had gezet.

'Alice, mag ik iets vragen?' vroeg ze, op een iets andere toon.

'Ja?'

'Denk je dat er van thuis iemand met je meekomt?'

'Ik weet het niet,' zei ik.

Ik had het hier met mijn ouders in de kerstvakantie over gehad, en later nog eens rond Pasen. Mijn moeder had het besproken met haar psychiater, dr. Graham, en mijn vader was bang dat hoe langer het proces werd uitgesteld, des te groter de kans zou zijn dat zijn jaarlijkse reis naar Europa in het gedrang zou komen.

Tot voor kort dacht ik dat hun uiteindelijke beslissing – dat hij degene zou zijn die met mee zou komen – gebaseerd was op de veronderstelling dat mijn moeder daar niet toe in staat zou zijn – de onvoorspelbare kans op een opvlieging. Het bleek echter dat dr. Graham haar had geadviseerd om wel te gaan.

Tijdens het telefoontje waarin mijn moeder me vertelde hoe ze uiteindelijk tot hun besluit waren gekomen, bleef ik rustig. Ik stelde de vragen die een verslaggever zou stellen. Verbijsterd verzamelde ik de informatie. Mijn moeder was ontstemd over dr. Graham, zei ze, omdat Graham natuurlijk 'de kant van de academicus – dat wil zeggen, je vader – zou kiezen'.

'Dus pap wilde ook niet met me meekomen?' vroeg ik, inhakend op wat zij zei.

'Natuurlijk niet. Zijn dierbare Spanje wachtte op hem.'

Wat me van dat gesprek is bijgebleven is dat ze geen van beiden bij me wilden zijn tijdens het proces. Ze hadden hun redenen; die accepteer ik.

Uiteindelijk werd besloten dat mijn vader zou meekomen. Tot op het moment dat mijn vader en ik aan boord gingen van het vliegtuig had ik heel diep vanbinnen de hoop gekoesterd dat mijn moeder haar auto op de langparkeerplaats zou parkeren en binnen zou stormen. Hoe stoer ik me ook voordeed, ik wilde dat ze er zóu zijn en ik had haar nodig.

Toen Mary haar bachelorsdiploma haalde, beheerste ze vijftien Arabische dialecten en won ze een Fullbright-beurs om aan te universiteit van Damascus, in Syrië, te gaan studeren. Ik was zowel jaloers als diep onder de indruk. Ik maakte mijn eerste, maar niet mijn laatste grap over onze respectievelijke hoofdvakken. 'Het jouwe is Arabisch,' zei ik. 'Het ziet ernaar uit dat het mijne verkrachting is.'

Mary blonk uit op een manier die niet voor mij was weggelegd; ik hoefde dat zelfs niet te proberen, ik was met veel te veel dingen tegelijk bezig. Het was echter een feit dat Mary al heel lang haar studie als ontsnappingsmogelijkheid beschouwde. Opgegroeid in een huis waar mijn moeders problemen het gezin bijeenhielden, zag ze mijn vader als haar rolmodel. Leer de taal van een ander land, dan kun je daarna naar dat land toe gaan: een plaats waar de problemen van je familie je niet achtervolgen. Een taal die ze niet kennen.

Ik had de gedachte aan een fijne, liefdevolle relatie met mijn zus, zoals mijn moeder die graag had gezien, nog niet helemaal uit mijn hoofd gezet, maar het leek alsof de gebeurtenissen altijd samenspanden om te voorkomen. De Stad Syracuse stelde de aanvangsdatum voor de getuigenissen in de rechtszaal vast op 17 mei, precies de dag dat de afstudeerceremonie van mijn zus aan Penn zou plaatsvinden. Of ik het wilde of niet, keer op keer waren de schijnwerpers op mij gericht in plaats van op haar.

Ik praatte met Gail. Ze konden het proces niet op een andere dag laten beginnen, maar ze zouden beginnen met de andere getuigen en het zo organiseren dat ik pas op de tweede dag hoefde te getuigen. Mijn vader en ik boekten een vlucht voor de avond van de zeventiende. Mijn moeder zou ons direct na de feestelijkheden naar het vliegveld van Philadelphia brengen. Tot het zover was – daar waren mijn moeder, mijn vader en ik het over eens – zou Mary onze onverdeelde aandacht krijgen.

Mijn moeder, Mary en ik gingen winkelen. Mary zocht een jurk voor haar afstuderen, ik zocht iets om tijdens het proces te dragen.

Mijn zus en ik waren ons allebei heel anders gaan kleden dan in onze jeugd; mijn moeder had altijd een voorliefde voor de kleuren van de vlag gehad. Mary neigde naar donkergroen en crème, terwijl ik voornamelijk zwart en blauw droeg. Maar voor het proces liet ik mijn gothic-neigingen voor wat ze waren en volgde ik mijn moeders advies. Ik gaf haar volledige zeggenschap. Hetgeen erin resulteerde dat ik een rode blazer, een witte blouse en een blauwe rok zou dragen.

Op de avond van de zestiende pakten mijn vader en ik onze bagage in. Op de zeventiende kleedden we ons allemaal aan op onze eigen kamer en bereidden ons voor op de rit naar Penn. Ik wierp een laatste blik in mijn spiegel. Hoe het proces ook zou aflopen, tegen de tijd dat ik mezelf weer in deze spiegel zou zien, zou mijn rol uitgespeeld zijn. Ik zou naar Syracuse gaan en een groot aantal mensen ontmoeten en zien, maar het enige waar ik aan dacht was die ene afspraak waaraan ik me te houden had: de afspraak met Gregory Madison. Toen ik de deur van mijn slaapkamer opende, haalde ik diep adem. Ik zette een knop om. Ik was Mary's jongere zusje – opgewonden, uitbundig, levendig.

Bij de ceremonie zou mijn vader in zijn Princeton-kleuren defileren. Mary en hij stonden bij ons in de afgeladen hal van de aula, waar vaders en moeders zich druk maakten over de stand van de baretten op het hoofd van hun kinderen, en een vrouw, ontevreden met de mascara van haar dochter, wiste met wat speeksel de zwarte vlekken onder haar ogen weg. Blije afgestudeerden werden omringd door grote families, overal ploften flitslampjes, en zich van zichzelf bewuste jongens en meisjes probeerden hun baret een wat minder oenig aanzien te geven door hem schuin te zetten.

Mijn grootmoeder, moeder en ik namen plaats in de aula, aan de zijkant van de grote groep afstuderende studenten. Ik ging op mijn stoel staan om Mary te zoeken. Ik zag haar, glimlachend naast een ander meisje, een van haar vriendinnen die ik niet kende.

Na de ceremonie vierden we de buluitreiking met een lunch in de Faculteitsclub. Mijn moeder nam een overmaat aan foto's van ons op de betonnen banken buiten. Nog steeds hangt een van die foto's uitvergroot en ingelijst in de kamer. Ik wou altijd dat ze hem zou weghalen. Maar hij herinnert aan een belangrijke dag voor ons gezin: mijn zus haar afstuderen, mijn rechtszaak.

Ik heb geen herinneringen aan het vliegveld. Wel herinner ik me nog de enorme overgang van een dag vol feestgedruis naar de eerste opkomende gevoelens van angst. Bij onze aankomst in Syracuse werden we afgehaald door rechercheur John Murphy van het kantoor van de aanklager. Deze man, die vroegtijdig grijs was en een vriendelijke glimlach had, liep op mijn vader en mij toe op het moment dat we de wegwijzers naar de centrale hal zagen.

'Jij bent vast Alice,' zei hij, en hij stak zijn hand uit.

'Ja.' Hoe had hij geweten wie ik was?

Hij stelde zich aan ons voor, vertelde wat er van hem verwacht werd – ons de komende vierentwintig uur escorteren – en bood aan mijn tas te dragen. Terwijl we ons vlot naar de uitgang begaven, vertelde hij waar we zouden overnachten en dat Gail ons in het café in de lobby zou ontmoeten.

'Ze wil je getuigenis doornemen,' zei hij.

Ten slotte vroeg ik: 'Hoe wist u wie ik was?'

Hij keek me effen aan. 'Ze hebben me een paar foto's laten zien.'

'Ik had gehoopt dat ik er beter uitzag dan op die foto's, als het de foto's zijn die ik denk dat het zijn.'

Mijn vader was gespannen; hij liep een paar passen bij ons vandaan.

'Je bent een mooi meisje, dat kun je zelfs op die foto's wel zien,' zei Murphy. Hij had geen enkele moeite met de situatie. Hij wist welke antwoorden hij moest geven en wat hij moest zeggen.

In de dienstauto op weg naar het hotel probeerde Murphy over zijn schouder heen een praatje aan te knopen met mijn vader, waarbij hij oogcontact met hem maakte door hem bij stoplichten en bochten in de achteruitkijkspiegel aan te kijken.

'Bent u geïnteresseerd in sport, meneer Sebold?' vroeg hij.

Dat was mijn vader niet.

Murphy probeerde het met vissen.

Mijn vader deed zijn best, maar hij had weinig om hem mee

tegemoet te komen. Als Murphy om vijf uur 's ochtends zou opstaan om Cicero te bestuderen, dan hadden ze wellicht een aanknopingspunt gehad.

Het gesprek kwam op Madison.

'Als iemand in hechtenis is,' zei Murphy, 'zou ik erheen kunnen gaan en "dankjewel" tegen een vent zeggen, heel vriendelijk tegen hem doen. En dan weggaan. Dat zou hem in een lastig parket brengen met de andere gevangenen, hem doen overkomen als een verklikker. Als je wilt doe ik dat met die hufter.'

Ik weet niet meer wat ik antwoordde, als ik al iets zei. Ik was me bewust van mijn vaders onbehagen en, van de weeromstuit, van het feit dat ik in de loop van het afgelopen jaar veel minder moeite had gekregen met deze manier van praten. Ik hield wel van mannen als Murphy. Hun snelle, ter zake doende gepraat. Hun directe manier van doen.

'Ze houden niet van verkrachters,' liet Murphy mijn vader weten. 'Soms krijgen ze het zwaar te verduren. Van kindermisbruikers moeten ze het minst hebben, maar verkrachters haten ze bijna net zo erg.'

Mijn vader deed geïnteresseerd, maar volgens mij was hij bang. Dit soort gepraat stond hem tegen. In gesprekken had hij graag een flinke stem in het kapittel, en als dat niet ging, onttrok hij zich er gewoonlijk aan. Het feit dat hij er nu aandacht aan schonk was op zichzelf al opmerkelijk.

'Weten jullie, mijn vriendin heet Alice,' zei Murphy.

'O ja?' zei mijn vader, wiens interesse gewekt was.

'Ja. We zijn nu al een tijd bij elkaar. Toen ik hoorde dat uw dochter Alice heette, kreeg ik een goed gevoel over deze zaak.'

'Wij vinden het ook een mooie naam,' zei mijn vader.

Ik vertelde rechercheur Murphy dat mijn vader me eerst Hepzibah had willen noemen. Dat dit idee alleen dankzij mijn moeders felle tegenstand een stille dood gestorven was.

Dat vond hij leuk. Hij moest erom lachen en ik herhaalde de naam net zo vaak als nodig was tot hij hem goed kon uitspreken.

'Dit slaat echt alles,' zei hij. 'Je hebt ontzettend geluk gehad.'

We reden de hoofdstraat in het centrum van Syracuse in. In mei was het 's avonds om halfacht nog steeds licht, maar de winkels waren gesloten. We kwamen langs het warenhuis Foley's. De cursieve belettering en de oude koperen beveiligingshekken beurden me op.

Aan onze linkerhand zag ik de markies van hotel Syracuse. Ook dat behoorde tot een welvarender verleden. In de oude lobby heerste een bedrijvige sfeer. John Murphy meldde ons aan bij de receptie en liet ons zien waar het restaurant was. Hij zei dat hij vanaf de volgende ochtend negen uur weer voor ons klaar zou staan.

'Ik zou maar wat gaan eten. Gail zei dat ze hier rond acht uur zou zijn.' Hij overhandigde me een blauwe dossiermap.

'Ze zei dat het misschien nuttig voor je zou zijn om dit materiaal door te nemen.'

Mijn vader bedankte hem oprecht voor zijn begeleiding.

'Graag gedaan, meneer Sebold,' zei Murphy. 'Nu ga ik mijn eigen Alice opzoeken.'

We zetten onze tassen in de kamer boven en gingen toen terug naar de lobby. Ik wilde niet eten, maar een borrel zou er wel in gaan. Bij de bar van het restaurant gingen mijn vader en ik aan een klein rond tafeltje zitten. We bestelden twee gin-tonics. 'Je moeder hoeft het niet te weten,' zei hij. Gin-tonic was mijn vaders lievelingsdrankje. Toen ik elf was had ik gezien dat hij er op de dag dat president Nixon aftrad een hele karaf van dronk. Mijn vader stond op om mijn moeder te bellen. Ze had gezegd dat zij en haar eigen moeder en mijn zus nergens heen zouden gaan voor ze nieuws hadden ontvangen.

Toen hij weg was sloeg ik de blauwe map open. Bovenop lag de tekst van mijn getuigenis op de laatste hoorzitting. Het was voor het eerst dat ik die zag. Ik las hem door, waarbij ik gaandeweg de tekst bedekte met de map zelf. Ik wilde niet dat iemand daar – de jonge zakenlui, de oudere vertegenwoordigers of de enkele carrièrevrouw – zou zien wat ik in mijn handen had.

Mijn vader kwam terug; hij probeerde me niet te storen bij het lezen. Hij haalde een boekje in het Latijn te voorschijn dat hij van thuis had meegenomen. 'Dat ziet er niet uit als geschikt leesvoer voor bij het avondeten!'

Ik keek op. Het was Gail. Ze gebaarde naar de blauwe map. Ze was over drie weken uitgerekend, ze droeg een blauw positie-shirt, een bruine corduroy broek en hardloopschoenen. Ze had een bril op, waarmee ik haar nog niet eerder had gezien, en ze had een aktetas bij zich.

'U moet dr. Sebold zijn,' zei ze.

Goed van Gail, dacht ik. Ik had haar ooit verteld dat mijn vader gepromoveerd was en er een hekel aan had om 'meneer' genoemd te worden.

Mijn vader stond op om haar een hand te geven. 'Zeg maar Bud,' zei hij.

Hij bood aan iets te drinken voor haar te gaan halen. Ze zei dat ze graag water wilde en toen hij naar de bar liep, kwam ze naast me zitten; ze steunde met haar arm op de rugleuning voor ze zich op de stoel liet zakken.

'Jeetje, je bent écht zwánger,' zei ik.

'Zeg dat wel. Ik ben helemaal klaar voor de komst van de baby. Billy Mastine,' zei ze, verwijzend naar de aanklager, 'krijgt deze zaak omdat de aanblik van een zwangere vrouw de rechter zenuwachtig maakt.' Ze lachte, maar ik vond het helemaal niet leuk. Ik heb nooit iemand anders als mijn advocaat beschouwd. Zij, en niet Mastine, had uren van haar vrije tijd besteed om hiernaartoe te komen en samen met mij de zaak door te nemen. Zij was mijn reddingslijn, en het idee dat ze gestraft werd voor haar zwangerschap was in mijn ogen een zoveelste blijk van vrouwonvriendelijkheid.

'Weet je, dr. Husa, je gynaecologe, is ook zwanger. Acht maanden. Paquette zal niet weten waar hij het zoeken moet.

Al die zwangere vrouwen om hem heen. Als hij ons aan een streng kruisverhoor onderwerpt, werkt dat tegen hem.'

Mijn vader had zich weer bij ons gevoegd en we kwamen ter zake. Ze verontschuldigde zich bij mijn vader en zei dat het niet grof bedoeld was.

'Billy en ik denken dat zijn advocaat het misschien op impotentie gaat gooien.'

Mijn vader luisterde aandachtig. Hij speelde met de twee uien op de bodem van zijn tweede glas, een Gibson.

'Hoe kunnen ze dat bewijzen?' vroeg ik, en Gail en ik lachten. We zagen al voor ons dat ze er een arts bij zouden halen om het aan te tonen.

Gail deelde verkrachters in drie categorieën in.

'Uit alle onderzoeken die er gedaan zijn komt naar voren dat Gregory in de grootste categorie thuishoort. Hij is een verkrachter die op macht uit is. De anderen doen het of uit kwaadheid, of, en dat zijn de ergsten, uit sadisme.'

'Wat houdt dat in?' vroeg ik.

'Verkrachters die het om macht te doen is zijn meestal niet in staat tot een wat langer durende erectie, behalve als ze het gevoel hebben dat ze hun slachtoffer lichamelijk en geestelijk hebben onderworpen. Hij heeft misschien ook wel iets sadistisch. We vonden het belangwekkend dat hij pas een erectie kreeg toen hij je had gedwongen voor hem te knielen en hem te pijpen.'

Als ik al notitie nam van mijn vader, was het alleen om mezelf ervan te overtuigen dat ik me geen zorgen om hem hoefde te maken.

'Ik heb hem heel wat leugens op de mouw gespeld,' zei ik, 'over hoe sterk hij was; en toen zijn erectie verslapte zei ik dat het niet zijn schuld was, dat ik er niet goed in was.'

'Inderdaad,' zei Gail. 'Dat heeft hem vast het gevoel gegeven dat hij je de baas was.'

Bij Gail kon ik helemaal mezelf zijn; ik kon alles zeggen. Mijn vader zat naast ons terwijl we praatten. Af en toe, als

Gail merkte dat zijn interesse gewekt was of dat hij in verwarring was gebracht, betrok ze hem bij het gesprek. Ik vroeg hoeveel gevangenisstraf Madison zou krijgen als hij veroordeeld werd.

'Je weet dat we hem strafvermindering hebben aangeboden in ruil voor een bekentenis?'

'Nee,' zei ik.

'Twee tot zes jaar, maar hij heeft het niet aangenomen. Als je het mij vraagt is zijn advocaat veel te arrogant. Het pakt slecht voor hen uit als ze zo'n deal niet accepteren en hij daarna bij het proces schuldig wordt bevonden.'

'Wat is het maximum dat hij kan krijgen?'

'Voor verkrachting met geweld acht jaar en vier maanden tot vijfentwintig jaar.'

'Vijfentwintig?'

'Ja, maar na acht jaar en vier maanden komt hij in principe in aanmerking voor een voorwaardelijke vrijlating.'

'In Arabische landen hakken ze de handen en voeten van misdadigers af,' deed mijn vader een duit in het zakje.

Gail, die van Libanese afkomst was, glimlachte. 'Oog om oog, hè Bud?' zei ze.

'Precies,' zei mijn vader.

'Soms lijkt dat rechtvaardiger, maar hier hebben we de wet.'

'Alice vertelde me over de confrontatie, over hoe het in godsnaam mogelijk was dat hij had kunnen regelen dat zijn vriend naast hem kwam te staan. Dat lijkt me niet billijk.'

'O,' zei Gail. 'Maak je niet ongerust over Gregory. Elke kans die hij krijgt weet hij te verknoeien.'

'Gaat hij getuigen?' vroeg ik.

'Dat hangt van jou af. Als je net zo sterk bent als bij het vooronderzoek en bij de onderzoeksjury, dan zal Paquette ervoor zorgen dat hij getuigt.'

'Wat kan hij zeggen?'

'Hij zal ontkennen, zeggen dat hij daar op 8 mei niet was, niet meer weet waar hij wel was. Ze zullen een verhaal bedenken voor oktober. Clapper heeft hem gezien en Paquette is niet zo stom om zijn cliënt te laten ontkennen dat hij met een agent gesproken heeft.'

'Dus ik zeg dat het gebeurd is en hij zegt dat het niet zo is.'

'Ja. Het is jouw woord tegen het zijne, en dit is een proces zonder jury.'

'Wat houdt dat in?'

'Dat rechter Gorman zowel rechter als jury is. Dat was de keus van Gregory. Ze waren bang dat juryleden zich zouden laten leiden door bijkomstigheden.'

Inmiddels wist ik wat die bijkomstigheden waren en ik wist dat ze in mijn voordeel spraken. Ik was maagd. Hij was een vreemde. Het was buiten gebeurd. Het was nacht. Ik droeg ruimvallende kleding en niets wees erop dat ik me uitdagend had gedragen. Er waren geen sporen van drugs of alcohol in mijn bloed gevonden. Ik was verder nooit in aanraking met de politie geweest, zelfs niet voor een verkeersovertreding. Hij was zwart en ik was blank. Er had klaarblijkelijk een worsteling plaatsgevonden. Ik had inwendige kwetsuren opgelopen, moest gehecht worden. Ik was jong en studeerde aan een particuliere universiteit die de stad inkomsten opleverde. Hij had een strafblad en hij had al eens in de gevangenis gezeten.

Ze keek op haar horloge en stak toen plotseling haar hand uit en pakte de mijne.

'Voel je dat?' zei ze, terwijl ze mijn hand tegen haar buik legde. Ik voelde haar baby schoppen. 'Een voetballer,' zei ze met een glimlach.

Ze zei tegen me dat ik niet de enige was die Gregory had aangeklaagd. Er was ook nog een aanklacht wegens zware mishandeling van een politieagent. En nadat hij met de kerst op borgtocht was vrijgelaten, was hij bovendien nog aangehouden voor een inbraak.

We bespraken het vooronderzoek en enkele verklaringen die teruggingen tot op de dag van de verkrachting. Ze vertelde me dat de politie al getuigenis had afgelegd.

'Clapper was er, en die verklaarde dat hij Gregory kende uit de buurt, waarmee hij aangaf dat hij al dingen van hem wist. Als Madison gaat getuigen, zal Billy hem daarop proberen te pakken.'

Mijn vader was opeens een en al aandacht.

'Kunnen ze zijn strafblad tegen hem gebruiken?' vroeg hij.

'Niet dat uit zijn jeugd,' zei ze. 'Dat is niet toelaatbaar. Maar we zullen proberen vast te stellen dat Gregory geen vreemde voor de politie was. Als hij zich verspreekt en er zelf over begint, dan kunnen we erop doorvragen.'

Ik beschreef de kleren die ik met mijn moeder had gekocht. Gail toonde zich tevreden. 'Een rok is belangrijk,' zei ze. 'Met een lange broek aan vertoon ik me zelfs niet in de buurt van een rechtszaal. Gorman heeft daar uitgesproken opvattingen over. Billy werd ooit de rechtszaal uit gegooid omdat hij een geruit indiakatoenen overhemd aanhad!' Gail kwam overeind uit haar stoel. 'Ik moet deze hier eens naar huis brengen,' zei ze, wijzend op haar buik. 'Wees direct,' zei ze tegen me. 'Wees duidelijk, en als je in verwarring gebracht bent, kijk dan naar de tafel van het OM. Daar zit ik.'

Die nacht was voor zover ik me herinner een van de ergste wat lichamelijke pijn betreft. Het jaar ervoor was ik aan migraine-aanvallen gaan lijden, hoewel ik destijds nog niet wist dat het migraine was. Ik had het voor mijn ouders verborgen gehouden. Ik weet nog dat ik in de badkamer van het hotel stond en besefte dat ik die nacht weer een aanval zou krijgen. Terwijl ik mijn tanden poetste en mijn nachtpon aantrok, voelde ik het bonken in mijn achterhoofd. Boven het geluid van stromend water uit hoorde ik mijn vader telefoneren met mijn moeder om verslag over Gail uit te brengen. Nu hij haar had ontmoet, voelde hij zich een stuk geruster.

Maar later die avond, toen mijn hoofdpijn erger werd, raakte mijn vader over zijn toeren. Ik voelde de pijn het hevigst in mijn ogen. Ik kon ze niet open- of dichtdoen. Ik transpireerde verschrikkelijk. Het ene moment zat ik voorovergebogen op de rand van mijn bed, mijn hoofd wiegend in mijn handen, het andere moment liep ik heen en weer tussen het balkonraam en het bed.

Mijn vader drentelde heen en weer. Hij vuurde vragen op me af. 'Wat is er? Waar heb je pijn? Moet ik een dokter halen? Misschien moeten we je moeder bellen.'

Ik wilde niet praten, omdat dat pijn deed. 'Mijn ogen, mijn ogen,' kreunde ik. 'Ik zie niets, ze doen zo'n pijn, pap.'

Mijn vader besloot dat ik moest huilen.

'Huil,' zei hij. 'Huil maar.'

Ik smeekte hem me met rust te laten. Maar hij was ervan overtuigd dat hij de oplossing had gevonden.

'Huil,' zei hij. 'Je moet huilen. Huil maar lekker uit.'

'Dat is het niet, pap.'

'Jawel, dat is het wel,' zei hij. 'Je weigert te huilen terwijl je dat nodig hebt. Huil nu!'

'Je kunt me niet dwingen om te huilen,' zei ik tegen hem.

'Met huilen win je geen rechtszaak.'

Ik ging naar de badkamer om over te geven en deed de deur achter me dicht zodat hij het niet zag.

Uiteindelijk viel hij in de andere kamer in slaap. Ik bleef in de badkamer met het licht afwisselend aan en uit, in de hoop dat mijn ogen door de zachte dan wel harde aanpak weer normaal zouden gaan aanvoelen. In de vroege ochtend zat ik op de rand van het bed, terwijl de hoofdpijn minder werd. Ik las in de bijbel die in de la van mijn nachtkastje lag om erachter te komen of ik misschien blind aan het worden was.

De misselijkheid zakte niet echt. Gail kwam om acht uur naar ons toe in het café van het hotel. John Murphy arriveerde eveneens en ging bij mijn vader zitten. Gail en Murphy bestookten me beurtelings met vragen en goede raad. Ik dronk koffie en nam muizenhapjes van een croissant.

'Wat je ook doet,' zei Murphy, 'je moet hem niet aankijken. Heb ik gelijk, Gail?'

Ik had het gevoel dat zij niet zo direct de koe bij de hoorns had willen vatten.

'Hij zal je heel gemeen aankijken en proberen je van je stuk te brengen,' ging Murphy verder. 'Als ze je vragen om hem aan te wijzen staar je gewoon in de richting van de tafel.'

'Helemaal mee eens,' zei Gail.

'Zult u er ook bij zijn?' vroeg ik aan Murphy.

'Je vader en ik gaan op de tribune zitten,' zei hij. 'Nietwaar, Bud?'

Het werd tijd om naar het Onondaga-gerechtsgebouw te vertrekken. Gail ging met haar eigen auto. We zouden haar daar zien. Murphy, mijn vader en ik gingen met de officiële dienstwagen.

Eenmaal binnen het gebouw leidde Murphy ons naar de rechtszaal, maar halverwege hield hij ons tegen.

'We wachten hier tot we opgeroepen worden,' zei hij. 'Hoe gaat het, Bud?'

'Goed, dank je,' zei mijn vader.

'Alice?'

'Zo goed als mogelijk is,' zei ik, maar ik kon slechts aan één ding denken. 'Waar is hij?'

'Hij is de reden dat ik jullie hier heb gehouden,' vertrouwde Murphy ons toe. 'Om te voorkomen dat jullie elkaar eventueel tegen het lijf zouden lopen.'

Gail kwam de rechtszaal uit en liep naar ons toe.

'Daar is Gail,' zei Murphy.

'Het proces zal plaatsvinden achter gesloten deuren.'

'Wat houdt dat in?' vroeg ik.

'Dat wil zeggen dat Paquette hetzelfde probeert te doen als toen bij de confrontatie. De rechtszaal blijft gesloten voor publiek, dus familieleden komen er niet in.'

'Dat begrijp ik niet,' zei mijn vader.

'Bij de confrontatie heeft hij Tricia geweerd,' zei ik tegen mijn vader. 'Ik haat die man,' zei ik. 'Hij is een walgelijke gladakker.'

Murphy glimlachte.

'Hoe kan hij zoiets voor elkaar krijgen?' vroeg mijn vader.

'De verdachte heeft het recht om een besloten zitting te vragen als hij denkt dat hij daarmee de getuige steun ontzegt,' zei Gail. 'Maar er zit ook een positieve kant aan: Gregory's vader is hier ook. Nu het proces achter gesloten deuren plaatsvindt, moet hij het zonder zijn vader stellen.'

'Waarom zou die überhaupt een verkrachter steunen?'

'Het is zijn zoon,' zei Murphy rustig.

Gail liep terug naar de rechtszaal.

'Het maakt het voor jou misschien wat makkelijker als je vader er niet bij is,' opperde Murphy. 'Als je familie erbij is, is het vaak veel moeilijker om je uit te spreken over dit soort dingen.'

Ik wilde vragen waarom, maar ik begreep wat hij bedoelde. Geen enkele vader wilde horen hoe een vreemde zijn hele hand in zijn dochters vagina had geduwd.

Rechercheur Murphy en mijn vader stonden tegenover me. Murphy sprak mijn vader meelevend toe. Hij wees naar een bank die vlak bij ons stond en zei dat ze daar konden wachten. Mijn vader had een in leer gebonden boekje meegebracht.

In de verte zag ik Gregory Madison naar de rechtszaal lopen. Hij was via de gang gekomen die haaks liep op die waarin ik me bevond. Ik wierp een snelle blik op hem. Hij zag me niet. Hij bewoog zich langzaam. Hij droeg een lichtgrijs pak. Paquette en een andere blanke man vergezelden hem.

Ik wachtte een ogenblik en onderbrak toen mijn vader en rechercheur Murphy.

'Wil je hem zien?' vroeg ik aan mijn vader. Ik pakte zijn arm, zodat hij zich zou omdraaien. 'Dat is hem, pap.'

Maar alleen Madisons rug was nog te zien, op het moment dat hij de zaal in liep, een flits van een grijs polyester kostuum.

'Hij is kleiner dan ik dacht,' zei mijn vader.

Het was even stil. Murphy haastte zich om de stilte te verbreken.

'Maar breed. Geloof me, die vent is een en al spiermassa.'

'Zag je zijn schouders?' vroeg ik mijn vader. Ik weet zeker dat mijn vader zich Madison had voorgesteld als iemand die boven iedereen uitstak.

Toen zag ik een andere man. Zijn lichaamsbouw was een afgezwakte versie van die van zijn zoon en hij had wit haar bij zijn slapen. Hij aarzelde een ogenblik bij de deur van de rechtszaal en kreeg toen ons groepje verderop in de gang in het oog. Ik wees mijn vader hem niet aan. Door Murphy's opmerking van daarnet zag ik hem met andere ogen. Een ogenblik later, na een blik op mij, verdween hij door de gang aan de andere kant in te lopen. Hij moet hebben beseft wie ik was. Ik heb hem later niet weer gezien, maar ik vergat hem niet. Gregory Madison had een vader. Het was een simpel feit, maar het liet me niet meer los. Twee vaders, allebei niet bij machte het leven van hun kinderen te besturen, zouden ieder in een gang het proces uitzitten.

De deur van de rechtszaal ging open. Een parketwachter stond in de deuropening en maakte oogcontact met Murphy.

'Je bent aan de beurt, Alice,' zei Murphy. 'Vergeet het niet: niet naar hem kijken! Hij zal aan de tafel van de verdediging zitten. Als je je omdraait, kijk dan naar Bill Mastine.'

De parketwachter kwam me halen. Hij zag eruit als een kruising tussen een plaatsaanwijzer in de schouwburg en een militair. Rechercheur Murphy en hij knikten elkaar toe. De overdracht.

Ik greep mijn vaders hand vast.

'Succes,' zei hij.

Ik draaide me om. Ik was blij voor Murphy. Ik bedacht opeens dat als mijn vader naar het toilet moest, hij Madison misschien tegen het lijf zou lopen. Murphy zou dat voorkomen. Datgene wat de afgelopen nacht achter mijn slapen en oogleden had gebrand en het hele jaar onder de oppervlakte had gebroeid, liet ik nu opkomen: woede.

Ik was bang en trilde toen ik de rechtszaal door liep, langs de tafel van de verdediging kwam, langs de rechter op de verhoging, langs de tafel van het OM en ten slotte plaatsnam in de getuigenbank. Ik sprak mezelf moed in door me voor te stellen dat ik Madisons ergste nachtmerrie was, ook al was hij zich daarvan nog niet bewust. Ik was destijds een achttienjarige, maagdelijke studente geweest. Ik ging gekleed in rood, wit en blauw.

Een vrouwelijke parketwachter van middelbare leeftijd en met een metalen brilmontuur hielp me de getuigenbank op. Ik draaide me om. Gail zat aan de tafel van het OM. Mastine stond. Ik was me gewaar van andere mensen, maar ik keek niet naar ze.

De parketwachtster hield me een bijbel voor.

'Leg je hand op de bijbel,' zei ze. En ik herhaalde wat ik talloze malen op tv had gezien.

'Ik zweer de waarheid te spreken... zo waarlijk helpe mij God Almachtig.'

'U kunt plaatsnemen,' zei de rechter.

Mijn moeder had ons altijd geleerd dat we als we een rok aanhadden die netjes glad moesten strijken voor we gingen zitten. Dat deed ik, en terwijl ik dit deed dacht ik aan wat zich onder de rok bevond, als ik de zoom optilde nog steeds zichtbaar door de vleeskleurige panty. Die ochtend had ik bij het aankleden een boodschap aan mezelf op mijn huid geschreven. 'Je zult sterven', stond er in donkerblauwe balpeninkt. En daarmee bedoelde ik niet mezelf.

Mastine begon. Hij vroeg me naar mijn naam en adres. Waar ik vandaan kwam. Ik kan me nauwelijks herinneren dat ik antwoord gaf. Ik was me aan het oriënteren. Ik wist precies waar Madison zat, maar ik keek hem niet aan. Paquette schraapte zijn keel, liet papieren ritselen. Mastine vroeg aan welke instelling ik studeerde. Welk jaar ik daar zojuist had afgesloten. Hij nam een ogenblik de tijd om het raam dicht te doen, nadat hij rechter Gorman om toestemming had gevraagd. Toen voerde hij me terug in de tijd. Waar woonde ik in mei 1981? Hij leidde me naar de gebeurtenissen van 7 mei 1981 en de vroege ochtenduren van 8 mei 1981.

Ik beantwoordde zijn vragen gedetailleerd, en ditmaal hield ik me aan Gails advies en nam alle tijd voor de antwoorden.

'Zei hij iets tegen je wat van dreigende aard was terwijl je schreeuwde en de worsteling plaatsvond?'

'Hij zei dat hij me zou vermoorden als ik niet deed wat hij zei.'

Een paar minuten later begon ik te hakkelen. Mastine had me naar het amfitheater toe geleid en nu waren we bij de tunnel aangeland.

'Wat gebeurde daar?'

'Hij zei dat ik moest... dat hij... Nou ja, tegen die tijd had ik begrepen dat hij... dat hij niet op mijn geld uit was.'

Het was een zwak begin van het allerbelangrijkste verhaal dat ik ooit zou vertellen. Ik begon een zin, maar raakte telkens de draad kwijt en begon opnieuw. En dat kwam niet doordat ik niet precies wist wat er in de tunnel gebeurd was. Het kwam doordat ik de woorden hardop moest uitspreken, en doordat ik wist dat de manier waaróp ik ze uitsprak bepalend kon zijn voor het winnen of verliezen van deze rechtszaak.

'...Toen moest ik op de grond gaan liggen, en hij deed zijn broek uit en hield zijn sweater aan, en hij zat aan mijn borsten en begon ze te zoenen en dat soort dingen, en hij vond het heel belangrijk dat ik maagd was. Hij bleef er maar op doorgaan. En hij duwde zijn handen in mijn vagina...'

Mijn ademhaling was nu heel oppervlakkig. De parketwachtster naast me werd steeds alerter.

Mastine wilde niet dat mijn maagdelijkheid onopgemerkt zou passeren.

'Wacht even,' zei hij. 'Had je toentertijd ooit geslachtsgemeenschap met iemand gehad?'

Ik voelde me beschaamd. 'Nee,' zei ik. 'Nee, dat had ik niet.'

'Ga verder,' zei Mastine, en hij deed weer een stap naar achteren.

Bijna vijf minuten sprak ik ononderbroken verder. Ik beschreef de aanval, het pijpen, vertelde hoe koud ik het had gehad, vertelde tot in de details over de diefstal van acht dollar uit mijn achterzak, zijn afscheidszoen, zijn verontschuldigingen. De manier waarop we uit elkaar waren gegaan. '...en hij zei: "Hé, meisje!" Ik draaide me om. Hij zei: "Hoe heet je?" Ik zei: "Alice."'

Mastine wilde bijzonderheden. Hij vroeg door over de penetratie. Hij vroeg hoe vaak die had plaatsgevonden, of het meer dan eens was.

'Het moet tien keer zijn geweest omdat... ongeveer tenminste, omdat hij 'm er steeds in stopte, en dan viel hij er weer uit. Dus dat is "erin", toch? Het spijt me. Dat is toch penetreren?'

Mijn onschuld leek hen in verlegenheid te brengen. Mastine, de rechter, de parketwachtster aan mijn zijde.

'Er was dus zeker sprake van penetratie?'

'Ja.'

Volgende vraag. Vragen over het licht. Toen de foto's die als bewijsstuk dienden. Foto's van de plaats van het misdrijf.

'Heb je verwondingen overgehouden aan deze aanval?'

Ik beschreef gedetailleerd mijn verwondingen.

'Bloedde je toen je de plaats van het misdrijf verliet?'

'Ja.'

'Ik laat je nu de foto's zien met de nummers dertien, veertien, vijftien en zestien. Bekijk ze alsjeblieft.'

Hij gaf me de foto's aan. Ik wierp er alleen een snelle blik op.

'Weet je wie de persoon op deze foto's is?'

'Ja, dat weet ik,' zei ik. Ik legde ze op de rand van de getuigenbank, zo ver mogelijk bij me vandaan.

'Wie is d..?'

'Dat ben ik,' onderbrak ik hem. Ik begon te huilen. Door te proberen mijn tranen te bedwingen maakte ik het alleen maar erger.

'Geven die foto's een waarheidsgetrouw en accuraat beeld van hoe je er na de aanval op de avond van 8 mei 1981 uitzag?'

'Ik zag er vreselijk uit, ja, maar de foto's zijn waarheidsgetrouw.' De parketwachtster ging een glas water voor me halen. Ik stak mijn hand ernaar uit, maar ik pakte het glas niet stevig genoeg vast en het viel op de grond.

'Het spijt me,' zei ik tegen de parketwachtster, nog harder huilend. Ik probeerde haar natte revers droog te deppen met een Kleenex uit de doos die ze me voorhield.

'Je doet het prima; diep ademhalen,' zei deze onwankelbare gerechtsdienares. Ze deed me denken aan de verpleegster van de eerste hulp in de nacht dat ik verkracht was. *Prima, je hebt een stukje van hem te pakken gekregen.* Ik bofte; er waren mensen die me aanmoedigden, voor me duimden.

'Wilt u doorgaan?' vroeg de rechter. 'We kunnen ook een korte pauze inlassen.'

'Ik wil doorgaan.' Ik schraapte mijn keel en veegde mijn ogen droog. Nu zat ik met een natte prop Kleenex op mijn schoot – iets wat ik graag had willen vermijden.

'Kun je ons vertellen wat je die avond voor kleren aanhad?'

'Ik droeg een lange broek en een oxford-overhemd en een gebreid beige vest, en mocassins en ondergoed.'

Mastine had bij de tafel van het OM gestaan. Nu kwam hij naar voren en hield een doorzichtige plastic zak omhoog.

'Ik laat je nu een grote plastic zak zien, die we als bewijsstuk nummer achttien willen indienen. Ik wil graag dat je naar de inhoud kijkt en me laat weten of die je bekend voorkomt.'

Hij hield me de zak voor. Ik had deze kleren niet meer gezien sinds de nacht van de verkrachting. Mijn moeders vest, blouse en lange broek die ik die middag had geleend, zaten erin, stevig op elkaar gedrukt. Ik nam de zak van hem aan en bekeek hem van opzij.

'Ja.'

'Wat zit er in die zak?'

'Zo te zien zijn het de blouse, het vest en de broek die ik aanhad. Het ondergoed zie ik niet, maar...'

'En bij je linkerhand?'

Ik verplaatste mijn hand. Ik had ondergoed van mijn moeder geleend. Zij droeg altijd vleeskleurig ondergoed, ik wit. Dit ondergoed zat zo onder de bloedvlekken dat alleen een enkel schoon stukje me eraan herinnerde.

'Inderdaad. Mijn ondergoed,' zei ik.

De kleren werden als bewijsmateriaal geaccepteerd.

Mastine kwam bij de afronding van de gebeurtenissen van die dag. Hij stelde vast dat ik naar Pennsylvania was gegaan nadat ik in het Public Safety Building niemand had herkend op de foto's in de mappen met archieffoto's van de politie. We stapten over naar de herfst, waarbij we melding maakten van de dag in september dat ik terugkeerde in verband met de aanvang van mijn tweede studiejaar.

'Ik wil nu graag verder gaan met 5 oktober 1981, de middag van die dag. Herinner je je de gebeurtenissen van die dag, die middag?'

'Ik herinner me een specifieke gebeurtenis, ja.'

'De man die je in Thorden Park heeft aangevallen, is die hier vandaag in de rechtszaal aanwezig?'

'Ja.'

Ik deed wat me ten sterkste was afgeraden: ik richtte mijn aandacht op Madisons gezicht. Ik keek hem aan. Enkele seconden lang was ik me niet bewust van Mastine of Gail, noch van de rechtszaal.

'Kun je ons zeggen waar hij zit en wat hij aanheeft?' hoorde ik Mastine zeggen.

Voor ik antwoord gaf sloeg Madison zijn ogen neer.

'Hij zit naast de man met de bruine stropdas en hij draagt

een grijs driedelig pak,' zei ik. Met het grootste genoegen vestigde ik de aandacht op Paquettes lelijke bruine das en stelde ik Madisons identiteit niet aan de hand van zijn huidskleur vast, zoals iedereen zou verwachten, maar aan de hand van zijn kleding.

'Laat de griffier noteren dat de getuige de verdachte heeft herkend,' zei Mastine.

Gedurende de rest van het verhoor wendde ik mijn blik niet eenmaal langer dan enkele seconden van Madison af. Ik wilde mijn leven terug.

Mastine bleef lang stilstaan bij de gebeurtenissen van 5 oktober. Ik moest een beschrijving geven van Madison op die dag. Hoe hij eruitzag, wat hij zei. Madison keek slechts eenmaal op van de tafel van de verdediging. Toen hij zag dat ik nog steeds naar hem keek, wendde hij zich af en keek door het raam in de richting van de stad Syracuse.

Mastine ondervroeg me gedetailleerd over hoe agent Clapper eruitzag, waar hij gestaan had. Had ik gezien dat Madison naar hem toe liep? Vanuit welke richting? Waar ging ik heen? Wie belde ik op? Waarom had ik de politie niet meteen gebeld nadat ik hem had gezien? O, bracht hij naar voren, dat was omdat ik naar de les was gegaan om mijn docent te vertellen dat ik verhinderd was? En natúúrlijk eerst mijn ouders had gebeld om te vertellen wat er was gebeurd. En op een vriend had gewacht die me thuis zou brengen. Al die dingen die een net meisje zou doen als ze haar verkrachter op straat tegen het lijf was gelopen, bedoelde hij te zeggen.

Met dit alles hoopte hij Paquette een stap voor te blijven bij alles waarmee die tijdens het kruisverhoor zijn voordeel zou hopen te doen. Dat was ook de reden dat Clapper zo belangrijk was. Als ik Clapper geïdentificeerd had, en Clapper op zijn beurt Madison, dan zou mijn zaak praktisch waterdicht zijn. Mastine benadrukte op deze manier de sleutelrol van de identificatie. Want de confrontatie was onze zwakke plek; daar waren Mastine en Uebelhoer, Paquette,

Madison en ik ons stuk voor stuk van bewust.

Ik had heel diep nagedacht over wat ik zou gaan zeggen. Dit keer zou ik niet doen alsof ik alles onder controle had.

Mastine liet me nauwkeurig beschrijven welke redenering ik destijds had gevolgd bij het uitsluiten van de mannen. Ik nam er rustig de tijd voor om uit te leggen hoezeer de nummers vier en vijf op elkaar leken, en dat ik niet zeker van mezelf was geweest toen ik het vak aankruiste, maar dat ik vijf had gekozen vanwege het oogcontact.

'Toen je aangaf dat het nummer vijf was, wist je toen helemaal zeker dat hij het was?'

'Nee.'

'Waarom heb je het vak dan aangekruist?'

Dit was verreweg de belangrijkste vraag van de hele rechtszaak.

'Ik zette een kruis omdat ik heel erg bang was; hij keek naar me en ik zag zijn ogen, en de manier waarop die confrontatie ging was heel anders dan op tv; je staat vlak bij die persoon en het lijkt of hij een halve meter bij je vandaan staat. Hij keek me aan. Ik koos hem.'

Ik voelde dat rechter Gorman er nu met zijn volle aandacht bij was. Ik keek naar Gail terwijl ik Mastines vragen beantwoordde en probeerde aan prettige dingen te denken, zoals de baby die in haar baarmoeder ronddobberde.

'Weet je inmiddels wie dat was?'

'Nummer vijf?'

'Ja,' zei Mastine.

'Nee,' zei ik.

'Weet je op welke positie de verdachte stond bij de confrontatie?'

Als ik de waarheid sprak, kon ik zeggen dat ik op het moment dat ik nummer vijf uitkoos had geweten dat het de verkeerde was en dat ik spijt van mijn keuze had. Dat alles daarna, van de stemming die in de confrontatieruimte heerste tot de opluchting op Paquettes gezicht en het duistere gewicht dat ik op Lorenz voelde drukken in de spreekkamer, me in de gedachte dat ik me vergist had bevestigde.

Als ik loog, als ik zei: 'Nee, dat weet ik niet', zou men geloven dat ik de waarheid sprak over mijn getwijfel tussen de nummers vier en vijf. 'Eeneiige tweelingen,' had ik in de gang tegen Tricia gezegd. 'Het was nummer vier, hè?' was het eerste wat ik tegen Lorenz had gezegd.

Ik wist dat de man die me verkracht had tegenover me in de rechtszaal zat. Het was mijn woord tegen het zijne.

'Weet je op welke positie de verdachte stond bij de confrontatie?'

'Nee, dat weet ik niet,' zei ik.

Rechter Gorman stak zijn hand op. Hij vroeg de griffier of hij Mastines laatste vraag en mijn antwoord hierop wilde herhalen.

Mastine vroeg of er nog een andere reden was dat ik me bij de confrontatie angstig of gejaagd had gevoeld.

'De advocaat van de verdachte liet me niet... Hij stond niet toe dat de hulpverleenster van het opvangcentrum erbij aanwezig was.'

Paquette maakte bezwaar. Hij vond dit niet relevant.

Mastine ging verder. Hij vroeg me naar het opvangcentrum, naar Tricia. Ik had haar op de dag van de verkrachting ontmoet. Hij benadrukte de connectie. Dit alles had volgens hem geleid tot mijn vergissing, mijn enige vergissing. Hij wilde tegen elke prijs voorkomen dat mijn getuigenis van wat er op 5 oktober gebeurd was en de ondersteunende verklaring van agent Clapper door die vergissing op enigerlei wijze aan waarde zouden inboeten.

'Heb je ook maar de geringste twijfel, Alice Sebold, dat de persoon die je in Marshall Street hebt gezien dezelfde persoon is die je op 8 mei in Thorden Park heeft aangevallen?'

'Geen enkele,' zei ik. En dat was ook zo.

'Dat is alles wat ik hierover te vragen had, edelachtbare,' zei Mastine, zich tot rechter Gorman wendend.

Gail gaf me een knipoog.

'We schorsen de zitting gedurende vijf minuten,' zei rechter Gorman. 'Ik waarschuw u, juffrouw Sebold, u mag nu met niemand over uw getuigenis spreken.'

Dit was wat me beloofd was: een pauze tussen het verhoor van mijn advocaat en het kruisverhoor. Ik werd overgedragen aan de parketwachtster. Ze bracht me door een deur aan onze rechterhand naar buiten, een korte gang door en een spreekkamer binnen.

De parketwachtster was zo vriendelijk als ze maar zijn kon.

'Hoe heb ik het gedaan?' vroeg ik.

'Waarom ga je niet even zitten?' zei ze.

Ik nam plaats aan de tafel.

'Kunt u een gebaar maken?' vroeg ik. Het was ineens bij me opgekomen dat de kamer misschien werd afgeluisterd – een manier om te garanderen dat de regels werden nageleefd.

'Duim omhoog of omlaag?'

'Ik mag er niets over zeggen. Het zal niet lang meer duren.'

We zwegen. Ik hoorde nu het verkeersrumoer van buiten. Tijdens mijn getuigenis had ik behalve Mastines vragen niets gehoord.

De parketwachtster gaf me een kartonnen bekertje met koffie die te lang had gestaan. Ik nam het aan en legde mijn handen om de warme buitenkant.

Rechter Gorman kwam de kamer binnen.

'Hallo, Alice,' zei hij. Hij bleef aan de andere kant van de tafel staan. 'Hoe gaat het met haar?' vroeg hij aan de parketwachtster.

'Goed.'

'Niet over de zaak gepraat?'

'Nee,' zei de parketwachtster, 'het grootste deel van de tijd heeft ze niets gezegd.'

'En, Alice, wat doet je vader?' vroeg hij me. Hij klonk vriendelijker dan in de rechtszaal. Zijn toon was luchtiger, minder autoritair.

235

'Hij geeft Spaans aan Penn,' zei ik.

'Je bent vast blij dat hij hier vandaag is.'

'Inderdaad.'

'Heb je nog broers of zussen?'

'Een oudere zus. Mary,' voegde ik eraan toe, vooruitlopend op zijn volgende vraag.

Hij liep naar het raam en bleef daar staan.

'Ik heb dit altijd een prettige ruimte gevonden,' zei hij. 'Wat doet Mary?'

'Ze studeert Arabisch aan Penn,' zei ik, blij dat ik vragen kreeg die zo makkelijk te beantwoorden waren. 'Ze heeft er een beurs gekregen, maar ik ben daar niet toegelaten,' zei ik. 'Iets wat mijn ouders nu diep betreuren,' zei ik schertsend.

'Dat geloof ik graag,' zei hij. Hij had zo half en half op de radiator gezeten en nu stond hij op en trok zijn toga recht. 'Goed,' zei hij. 'Jij blijft hier nog even zitten en dan laten we je halen.'

Hij vertrok.

'Hij is een goede rechter,' zei de parketwachtster.

De deur ging open en een parketwachter stak zijn hoofd om de hoek van de deur. 'We zijn zover,' zei hij.

Mijn parketwachtster drukte haar sigaret uit. We zeiden niets. Ik was zover. Nu ging het gebeuren.

Ik liep de zaal weer in en nam plaats in de getuigenbank. Ik haalde diep adem en keek op. Voor mij stond mijn vijand. Hij zou al het mogelijke doen om mij in een kwaad daglicht te stellen, me af te schilderen als dom, in de war, hysterisch. Madison kon nu naar me kijken. Het was nu zijn man die aan zet was. Ik zag Paquette dichterbij komen. Ik keek hem recht aan, nam hem van top tot teen op: zijn kleine gestalte, zijn lelijke pak, het zweet op zijn bovenlip. Mischien was hij in wezen best een fatsoenlijk mens, maar ik voelde niets dan verachting voor hem. Madison had het misdrijf begaan, maar Paquette vergoelijkte het door hem te verdedigen. Hij leek de natuurkracht die ik moest bevechten in eigen persoon te zijn. Het kostte me geen enkele moeite om hem te haten.

'Juffrouw Sebold, ik meen dat u verklaard hebt dat u op 8 mei tegen middernacht Thorden Park in liep. Is dat juist?'

'Ja.'

'U kwam van Westcott Street?'

'Ja.'

'Bent u via een ingang het park in gegaan? Bijvoorbeeld een poort?'

'Er is een zwembad met een gebouwtje erbij en daarvoor ligt bestrating; ik liep de bestrating op en die komt uit op een klinkerpad dat langs het zwembad voert, en ik liep over dat klinkerpad.'

'Dus dat zwembadgebouw ligt naast het bassin, aan de Westcott-zijde?'

'Ja.'

'Het pad dat u bedoelt voert rechtstreeks naar het midden van het park en vandaar naar de andere kant, nietwaar?'

'Inderdaad.'

'U liep dat pad op?'

'Inderdaad.'

'U verklaarde vandaag dat dat hele stuk terrein omgeven was door lantaarns en dat het tamelijk goed verlicht was?'

'Ja, dat klopt.'

'Herinnert u zich dat u hieromtrent iets hebt gezegd tijdens het vooronderzoek?'

'Ja, dat weet ik nog.' Ik haatte dit soort vragen. Wie zou dat nou vergeten? Maar ik bedwong mijn sarcasme.

'Herinnert u zich dat u zei dat er een stukje bij het zwembadgebouw vandaan enkele lantaarns brandden maar...'

'Welke bladzij?' vroeg Mastine.

'Bladzij vier, verslag van het vooronderzoek.'

'Is dit het vooronderzoek?' vroeg Gorman, die een stapel papier in de lucht hield.

'Ja,' zei Paquette.

'Regel veertien. "Ik denk dat er een paar lantaarns zijn tussen waar ik ben en het zwembadgebouwtje dat ik erachter zie liggen. Het was donker, maar niet pikkedonker achter me."'

Ik herinnerde me dat ik 'donker, maar niet pikkedonker' had gezegd.

'Ja, dat heb ik gezegd.'

'Is dat niet iets anders dan wat u nu zegt: dat u van alle kanten werd omgeven door lantaarns en dat het licht tamelijk goed was?'

Ik begreep waar hij mee bezig was.

'Het klinkt misschien dramatischer om te zeggen: "omgeven door lantaarns." Er was licht, en ik zag wat ik zag.'

'Mijn vraag is: was het donker maar niet pikkedonker, zoals u tijdens het vooronderzoek hebt verklaard, of was het licht tamelijk goed, was u omgeven door lantaarns, zoals u vandaag hebt verklaard?'

'Toen ik "tamelijk goed licht" zei, bedoelde ik tamelijk goed licht gezien het feit dat het buiten donker was.'

'Juist. En hoe ver was u het park in gelopen voor u voor de eerste maal werd lastiggevallen?'

'Ik liep langs het zwembadgebouw en het hek dat langs het zwembad loopt en nog ongeveer drie meter verder voorbij dat hek, en toen werd ik door de man overmeesterd.'

'Hoe groot is de afstand tussen de ingang van het park tot het punt dat u beschrijft als "drie meter verder"?'

'Zestig meter.'

'Ongeveer zestig meter? U was ongeveer zestig meter het park in toen u voor de eerste maal werd lastiggevallen?'

'Dat klopt.'

'Kwam die persoon van achteren op u af?'

'Ja.'

'Hij greep u van achteren vast?'

'Ja.'

'Probeerde u zich toen meteen los te worstelen?'

'Ja.'

238

'Duurde die worsteling lang?'
'Ja.'
'Hoe lang ongeveer?'
'Ongeveer tien à vijftien minuten.'
'Goed. Er kwam een moment dat deze persoon u van de plaats waar u voor het eerst werd aangerand meenam naar een ander gedeelte van het park. Is dat correct?'
'Het was niet een ander gedeelte. Het was gewoon verderop.'
'Verder het park in?'
'Niet verder het park in, maar... buiten de... Eerst vochten we buiten de tunnel en toen nam hij me mee de tunnel in.'
'Kunt u die tunnel voor me beschrijven?'
De vragen werden fel en in hoog tempo op me afgevuurd. Ik moest snel ademen om hem bij te houden. Het enige wat ik zag waren Paquettes bewegende lippen en de zweetdruppeltjes erboven.
'Tja, ik noem het steeds een tunnel omdat iemand me verteld heeft dat het vroeger een tunnel was die het amfitheater in voerde. Voor zover ik kon zien is er... Je kunt er niet verder in dan ongeveer drieënhalve meter. Het is eerder een soort halfronde opening met een booggewelf. Erboven zit metselwerk en ervoor is een toegangshek.'
'Hoe ver loopt het daar naar binnen door, van het hek tot de muur?'
'Ik schat zo'n drieënhalf tot vijf meter, op z'n hoogst.'
'Op z'n hoogst?' zei hij. Het voelde als een plotselinge, onverwachte afweermanoeuvre in een schermwedstrijd. 'Ik wil graag dat u naar bewijsstuk nummer vier kijkt, en ik vraag u: Herkent u dat?'
'Ja.'
'Wat is het?'
'Dat is het pad waarlangs hij me naar het tunneltje meevoerde, en dat is de doorgang in het hek voor de tunnel.'
'Dus, als we deze foto zien, en gesteld dat hij u verder langs

dit pad zou hebben meegevoerd, of zie ik dat verkeerd...'

'De tunnel is achter het hek, of het gewelf is achter het hek.'

Opeens had ik door waar hij mee bezig was. Al die vragen over het hek en de tunnel, het spervuur van vragen over waar ik vandaan kwam, naartoe ging, hoeveel meter het was of niet – hij probeerde me uit te putten.

'Kunt u me op de foto een lamp of straatlantaarn aanwijzen?'

Ik zat op het puntje van mijn stoel en bestudeerde bewijsstuk vier nauwlettend. Ik was er met mijn volle aandacht bij; ik nam de tijd om de antwoorden te formuleren die hem bij elke stap tegenwicht zouden bieden.

'Ik zie geen straatlantaarns, behalve hier in het hoekje, daar is een lamp.'

'Helemaal achteraan op de foto?'

'Ja.'

'Zijn daar ook lampen die niet op de foto staan?'

'Jazeker.'

'O ja?' zei hij, weer op die ongelovige toon die suggereerde dat ik ze niet allemaal op een rijtje had. 'En ze staan niet op de foto?' zei hij. Hij wierp de rechter een quasi verbijsterde glimlach toe.

'Ze staan niet op de foto, nee,' zei ik. 'Dat komt doordat de foto niet het hele gebied laat zien.'

Alles wat hij niet gezegd had – zijn insinuaties, wat hij suggereerde – probeerde ik te pareren door zo duidelijk en beheerst mogelijk te antwoorden.

Snel schoof hij een andere foto naar voren. 'Dit is bewijsstuk nummer vijf. Herkent u dat?'

'Ja.'

'Dat is het gebied waar u bent aangevallen; is dat correct?'

'Ja, dat is juist.'

'Is er op die foto iets van verlichting te zien, iets van kunstlicht?'

'Nee. Ik zie geen verlichting en je kunt de plek zien, en je...
Er moet wel iets van verlichting zijn.'

'De vraag is,' zei hij nadrukkelijk, 'ziet u hier kunstmatige verlichting? Natuurlijk is er flitslicht te zien op de foto's, van toen de politie deze foto's nam.'

'Ik zie geen kunstlicht,' zei ik. 'Het is een foto waar alleen het pad op te zien is, en in de stenen kunnen geen lampen zijn,' zei ik, naar hem en de rest van de zaal opkijkend.

'Dat zal wel zo zijn.' Zijn lippen krulden. 'Hoe lang denkt u dat u zich in dat gebied hebt opgehouden?'

'Ongeveer een uur, zou ik zeggen.'

'Ongeveer een uur?'

'Iets langer.'

'Pardon?' Hij hield zijn hand achter zijn oor.

'Ik zei: een uur of iets langer.'

'Een uur of iets langer? Hoe lang bent u op het pad gebleven dat naar het gebied voert waarover we het hebben met bewijsstuk nummer vijf?

'Op het pad een minuut of twee. Vlak buiten het gewelf ongeveer een kwartier.' Ik wilde me nauwkeurig uitdrukken.

'Juist. Dus u was ongeveer twee minuten op het pad?'

'Inderdaad.'

'En op het stuk buiten het gewelf, dat te zien is op bewijsstuk vijf, ongeveer een kwartier?'

'Ja.'

'En ín het gewelf iets meer dan een uur?'

'Klopt.'

Ik was doodmoe, ik had het gevoel dat ik van hot naar her werd gesleurd. De logica van deze man was voor mij niet te volgen, en dat was precies zijn bedoeling.

'Goed. U zag deze persoon bij één andere gelegenheid, meen ik, en op de bewuste avond? Ik meen dat u hebt verklaard dat dat was toen hij het pad af liep?'

'Ja.'

'En dat was ongeveer hoe ver bij u vandaan?'

'Dat was ongeveer vijftig meter bij me vandaan.'

'Ongeveer vijftig meter?'

Het was om gek van te worden, om steeds mijn eigen woorden terug te horen. Hij wilde dat ik de moed zou verliezen.

'Ja.'

'Ongeveer vijftig meter. Klopt dat wel? Ongeveer een half voetbalveld dus?'

'Ik hou het liever op vijftig meter,' zei ik.

Ik sloeg een spijker in, maar hij trok hem er weer uit.

'U had uw bril op dat moment niet op?'

'Nee, ik had hem niet op.'

'Wanneer bent u hem kwijtgeraakt?'

'Dat was toen...' Maar de kant die ik nu op zou kunnen gaan beviel hem niet, dus formuleerde hij mijn antwoord voor me.

'Toen de worsteling op het pad plaatsvond, nietwaar?'

'Inderdaad.'

'Dus u bent uw bril kwijtgeraakt in de eerste twee minuten van deze strubbeling?'

Ik dacht aan mijn eigen tijdsindeling.

'Gedurende de worsteling die naast het pad plaatsvond.'

Ook hij dacht daaraan terug.

'Dus u was twee minuten op het pad en toen vijftien minuten buiten het hek, en het was in dat kwartier dat u uw bril verloor?'

'Ja, zo was het.'

'Vocht u al met hem op het pad, of wist hij u op de een of andere manier naar de plek voor het hek te goochelen?'

Zijn woordkeus – 'goochelen' – en zijn gebaar daarbij, een soort hoeladans-achtige duw naar opzij met zijn handen, maakten me woedend. Ik keek naar zijn schoenen om mijn kwaadheid te laten zakken. In gedachten hoorde ik Gails woorden weer: 'Als je niet weet wat je moet zeggen of van streek raakt, vertel dan gewoon zo goed als je kunt wat je overkomen is.'

'Hij sloeg zijn armen om mijn beide armen, langs mijn zijden, en legde toen zijn hand over mijn mond, ik kon dus niet echt vechten, en ik had ermee ingestemd dat ik niet zou schreeuwen, en toen hij zijn hand voor mijn mond weghaalde en ik begon te schreeuwen, toen begonnen we te vechten.'

'Was u op dat moment nog op de eerste plek waar u bleef stilstaan, of had hij u al meegevoerd?'

We praatten langs elkaar heen. Ik bleef gespitst op wat naar ik wist de waarheid was en op basis daarvan deed ik mijn uitspraken. Hij gebruikte taal als 'waar u bleef stilstaan', alsof ik het zelf zo had gewild, alsof ik wat dat betreft een vrije keus had gehad.

'Ik liep, ja.'

'Hij stond vlak achter u, nietwaar?'

'Inderdaad.'

'U gaf een... tamelijk nauwkeurige persoonsbeschrijving vandaag, en ik meen dat u verklaarde dat de persoon die daar was ongeveer een meter drieënzestig à een meter zevenenzestig was, brede schouders had, klein van stuk maar zeer gespierd was, en u verklaarde dat hij een – ik kan mijn eigen handschrift niet lezen – iets met neus...'

'Boksers,' zei ik.

'Een boksersneus?'

'Ja.'

'Amandelvormige ogen?'

'Ja.'

'En u verklaart nu dat u al die informatie op 8 mei aan de politie hebt verstrekt?'

'Op 8 mei moest ik aan de hand van gezichtsfragmenten helpen bij het maken van een compositiefoto.'

'Hebt u de politie, die naar de verdachte op zoek zou gaan, op 8 mei de informatie verstrekt die u ons hier vandaag geeft?'

'Kunt u dat herhalen?'

'Hebt u de informatie die ik zojuist heb geschetst, die u vandaag hebt gegeven... Hebt u al die informatie op 8 mei aan de politie verstrekt?'

'Ik weet niet meer of ik toen alles heb vermeld. Het meeste wel in elk geval.'

'Hebt u op 8 mei een verklaring ondertekend waarin uw versie van het verloop van het incident is opgetekend?'

'Ja.'

'Zou het uw geheugen opfrissen als ik u de verklaring liet zien en u de gelegenheid gaf die nog eens door te lezen?'

'Ja.'

'Ik verzoek de rechtbank dit aan te merken als bewijsstuk van de verdediging.'

Paquette overhandigde mij en de rechter ieder een exemplaar. 'Ik toon u hierbij uw verklaring zodat u die nog eens door kunt lezen en ik vraag uw aandacht voor de laatste alinea, en ik denk dat daar het meeste van de beschrijving wel terug te vinden is. Lees het nog eens allemaal door en geef een seintje als u klaar bent, en of uw geheugen is opgefrist wat betreft de persoonsbeschrijving die u op 8 mei 1981 aan de politie hebt gegeven.'

Hij was erin geslaagd om de tijd die ik had om het stuk te lezen constant aan het woord te blijven.

'Hebt u gelegenheid gehad de tekst door te lezen?'

'Ja.'

'Kunt u me vertellen wat u op 8 mei tegen hen hebt gezegd?'

'Ik zei: "Ik verklaar hierbij dat de man die ik in het park tegenkwam van het negroïde ras is, ongeveer zestien tot achttien jaar oud, klein gebouwd en gespierd, tegen de zeventig kilo. Hij droeg een donkerblauwe sweater en een donkere spijkerbroek en had een kort afrokapsel. Als deze persoon wordt aangehouden, wil ik dat hij gerechtelijk wordt vervolgd."'

'Geen woord over de kaken of de boksersneus of amandelvormige ogen, nietwaar?'

'Nee, inderdaad,' zei ik. Mijn hersens werkten traag. Als ik niets over die dingen had gezegd, hoe hadden ze dan een compositiefoto kunnen maken? Waarom schreef de politie dat soort dingen niet op? Toen ik geconfronteerd werd met de lacunes in mijn aangifte, slaagde ik er niet in het aannemelijk te maken dat de fout niet bij mij lag. Paquette had zijn punt gescoord.

'Welnu, u zag deze... persoon opnieuw in Marshall Street, en dat was in oktober; is dat correct?'

'Ja.'

'Ik begrijp uit uw verhaal – u moet me verbeteren als ik het bij het verkeerde eind heb – dat u hebt geprobeerd u de gelaatstrekken van die persoon te herinneren opdat u naar huis terug kon gaan en een reconstructie kon maken?'

'Inderdaad.'

'In dat geval deed u dus het volgende: u ging terug naar uw studentenflat en maakte een reconstructie van de gelaatstrekken die u zich herinnerde van de ontmoeting in Marshall Street; is dat waar?'

'Ook van de ontmoeting op 8 mei,' zei ik. Ik begreep waar hij naartoe wou en ik ging snel verder: 'En ik kon hem niet herkend hebben als degene die me verkracht had als hij niet de man was geweest die me had verkracht.'

'Wilt u dat herhalen?'

Maar al te graag.

'Met andere woorden, ik zou hem niet op straat hebben opgemerkt en hebben herkend als degene die me verkracht had, als hij niet inderdaad de man was die me verkracht had. Dus ik kende die gelaatstrekken. Ik moest ze al kennen en weten hoe hij eruitzag, anders had ik hem überhaupt niet kunnen herkennen.'

'U bevond zich in Marshall Street en u zag deze persoon die dag voor de eerste maal? Wat deed hij op dat moment?'

'Ik zag hem voor de eerste keer op 8 mei en ik zag hem voor de tweede keer op 5 oktober.'

Mijn oog viel op Gail; ze had op het puntje van haar stoel naar het kruisverhoor zitten luisteren. Toen ze mijn antwoord

hoorde, liet ze zich vol trots achteroverzakken in haar stoel.
'Dat is wat ik zei: die dag voor de eerste maal. Ik probeerde...'
'Ik voel er weinig voor om beentje gelicht te worden,' zei ik.
'Oké.'
'Goed.' Ik begon opnieuw. 'De eerste keer dat ik hem zag en ik zeker wist dat hij het was – de man die me verkracht had – was toen hij de straat overstak en zei: "Hé, meisje, ken ik jou niet ergens van?". En de eerste keer dat ik diezelfde man zag was aan de overkant van de straat, toen hij stond te praten met een man in het steegje tussen Way Inn en Gino's & Joe's.' Ik probeerde zo nauwkeurig mogelijk te zijn. 'Ik had eerst zijn lichaam op de rug gezien; pas een paar minuten later, toen hij mij aansprak en ik zijn gezicht zag, wist ik absoluut zeker dat hij het was.'
'Hij sprak met iemand in dat steegje daar?'
'Ja.'
'En dat was hoe ver bij u vandaan?'
'Vanwaar ik wanneer was?'
'Vanwaar u stond toen u hem zag.'
'Ik liep, en toen zag ik hem en het... het was alleen de straat, hij stond daar op het trottoir, dus alleen de straat lag tussen ons in.'
'U zei niets tegen hem?'
'Nee. Ik zei niets.'
'Hij zei niets tegen u?'
'Hij zei: "Hé, meisje, ken ik jou niet ergens van?" '
Paquette vertoonde plotseling tekenen van opwinding. 'Zei hij dat? Bedoelt u dat hij dat toen zei of nadat hij weer naar de straat was teruggelopen?'
'Hij bevond zich niet ín die steeg,' zei ik. Ik wilde hierover geen misverstanden laten bestaan. Ik had geen flauw idee wat de oorzaak van Paquettes opwinding was. Zou pas vijftien jaar later te weten komen dat Madisons advocaten hadden

beweerd dat Madison met agent Clapper had staan praten toen hij zei: "Hé, ken ik jou niet ergens van?" Ik ging op goed geluk verder. Paquette was ergens op uit en ik wist niet waarop. 'Hij stond te praten met een man die zich in die steeg bevond. Hij sprak me aan toen ik aan de overkant was, aan de kant van Huntington Hall, een stukje voorbij de universiteit. Hij zei het terwijl hij de straat overstak en mijn kant op kwam.'

'Dat zou de tweede keer zijn dat u hem die dag zag?'

'Ja. Het was de eerste keer dat ik er zeker van was dat hij de man was die me had verkracht.'

'Er gebeurde heel wat,' zei Paquette. De toon die hij aansloeg was luchtig, alsof het een grote, overweldigende dag voor me was geweest op de kermis. Alsof ik geen sluitend verhaal kon houden omdat er geen sluitend verhaal was. 'Hebt u contact opgenomen met de politie en op 5 oktober een verklaring bij de politie afgelegd?'

'Ja, dat klopt.'

'Dat was het proces-verbaal dat u hebt ondertekend?'

'Ja.'

'Hebt u de agent gevraagd om aan te geven dat uw verklaring accuraat en volledig was?'

'Ja.'

'Hebt u de politie op 5 oktober 1981 verteld dat de man die u in Marshall Street zag de man was door wie u verkracht was, of zei u dat u het idee had dat hij die man zou kunnen zijn?'

'Ik zei dat hij de man was die me op 8 mei verkracht had.'

'Bent u daar zeker van?'

Hij voerde iets in zijn schild. Zelfs ik kon dat zien. Het enige wat ik kon doen was bij mijn verhaal blijven terwijl hij me in het nauw dreef.

'Ja, ik ben er zeker van.'

'Dus als de verklaring anders luidt, dan deugt de verklaring niet?'

Ik bevond me nu in een mijnenveld; ik bleef lopen.

'Inderdaad.'

'Maar u hebt het proces-verbaal ondertekend, is het niet?'

Hij nam zijn tijd. Ik keek hem recht aan.

'Ja, dat heb ik ondertekend.'

'Hebt u de gelegenheid gehad het door te lezen?'

'Ja.'

'Hebben ze het met u doorgenomen voor u uw handtekening zette?'

Dit was een marteling.

'Ze hebben het niet met me doorgenomen. Ik kreeg het gewoon te lezen.'

'Wie zijn "zij"?' vroeg hij strijdlustig. Hij keek naar een notitie die hij had gemaakt. Hij was nu een show aan het opvoeren. 'U hebt veertien jaar onderwijs genoten,' zei hij, 'en u hebt het gelezen, en dat was geen probleem, u hebt alles begrepen?'

'Ja, dat klopt.'

'Uw verklaring van vandaag luidt dat u er zeker van bent dat u dat gezegd hebt. Zelfs als uw verklaring van 5 oktober niet zegt dat...'

Mastine tekende protest aan. 'Misschien kunnen we een vraag en een antwoord krijgen?'

'Toegewezen,' zei Gorman.

'Herinnert u zich,' begon Paquette opnieuw, 'dat u in uw verklaring aan de politie gezegd hebt: "Ik had het gevoel dat de zwarte man..."'

Mastine stond op. 'Ik wens bezwaar aan te tekenen tegen het feit dat de raadsman voorleest uit die verklaring of de verklaring gebruikt om aan te tonen dat de getuige niet geloofwaardig is; voorlezen uit het proces-verbaal is onoorbaar en op grond daarvan maak ik bezwaar...'

'Hij kan eventueel uit het proces-verbaal voorlezen,' zei Gorman tegen Mastine. 'Ik geloof, mr. Paquette, dat u de vraag ongeveer als volgt moet formuleren: "Herinnert u zich bij de politie een verklaring te hebben afgelegd, op die en die datum?", en dat u vervolgens de verklaring kunt voorlezen. Ga uw gang, alstublieft.'

'Uitstekend,' zei Paquette. Hij was iets van zijn elan kwijtgeraakt.

'Herinnert u zich bij de politie een verklaring te hebben afgelegd, namelijk op 5 oktober?'

'Ja.'

'Herinnert u zich dat u tegen de politie zei: "Ik had het gevoel dat de zwarte man de persoon kan zijn die mij in mei dit jaar in Thorden Park heeft verkracht"?'

Ik had het spel inmiddels begrepen. 'Ik zou de tekst graag voor me willen zien, voor alle zekerheid,' zei ik.

'Natuurlijk, graag. Ik verzoek hierbij dit als bewijsstuk C voor de verdediging aan te merken, de verklaring die Alice Sebold op 5 oktober heeft afgelegd.

Ik verzoek u de verklaring door te lezen en wil graag weten of dat uw geheugen opfrist aangaande de informatie die u toentertijd hebt gegeven.'

Ik las de tekst van mijn aangifte vlug door. Ik snapte onmiddellijk het probleem.

'Goed,' zei ik.

'Liet u de politie in die verklaring weten dat u er zeker van was...'

Ik onderbrak hem. Ineens had ik door dat ik hem de winst van de laatste paar minuten weer zou kunnen ontfutselen.

'De reden dat ik dáár zei dat ik een *gevoel* had, was dat ik tóén alleen zijn rug en manier van doen en lopen had gezien. Ik wist het *zeker* toen ik zijn gezicht zag bij de tweede keer, toen ik aan de overkant van de straat was. De eerste keer dat ik hem zag, toen ik hem op de rug zag, had ik een *gevoel* vanwege zijn lichaamsbouw en manier van doen, maar omdat ik zijn gezicht op dat moment nog niet had gezien, was ik er niet *zeker* van. Toen ik zijn gezicht zag, wist ik zeker dat hij degene was die me op 8 mei verkracht had.'

'Deze verklaring hebt u afgelegd nadat u hem beide malen in Marshall Street had gezien, nietwaar?'

'Ja, dat klopt. Ze vroegen me de gebeurtenissen te beschrijven in chronologische volgorde, en dat heb ik gedaan.'

'Getuigt deze verklaring op enigerlei wijze van een verandering in uw houding, van "kan zijn" tot "is"?'

'Nee, dat valt er niet uit op te maken.'

'Dank u.' Hij gedroeg zich alsof hij flink gescoord had. Hij koos nu voor een andere trant van ondervragen en pakte wat hij kon krijgen. Hij gaf er de voorkeur aan het water troebel te maken. Bleek hieruit niet duidelijk dat ik, met dat van *voelen* naar *zeker weten* en van *kan zijn* naar *is*, veel te verward was om geloofwaardig te zijn?

'Overigens,' zei hij, terwijl hij opnieuw naderbij kwam, 'op de dag van de confrontatie, in november, waren er toen mensen van het Opvangcentrum voor Slachtoffers van Seksueel Geweld in het gebouw aanwezig?'

'Ja.'

'Hebt u vlak voor de confrontatie met hen beraadslaagd?'

'Beraadslaagd?'

'Hebt u met hen gepraat en waren ze beschikbaar?'

'Ja, ze kwam met me mee naar het Public Safety Building.'

'En zodra u de confrontatieruimte verliet, stonden ze nog steeds tot uw beschikking?'

'Ja, dat was ze.'

'Ze?'

'Ja.'

'U hebt tevoren met haar gesproken, u hebt achteraf met haar gesproken; is dat juist?'

'Ja.'

'Zijn ze hier vandaag aanwezig? Is hier vandaag iemand van het opvangcentrum?'

'Nee, niemand.'

'Noch in de rechtszaal, noch in het gebouw?'

'Nee.'

Paquette was niet blij geweest met wat Mastine eerder naar voren had gebracht, namelijk dat Paquette door Tricia niet bij de confrontatie toe te laten er zelf de hand in had gehad dat de bewijskracht van de confrontatie was ondermijnd.

'Welnu, er vond een Oslo-confrontatie plaats, nietwaar?'

'Ja, dat klopt.'

'Ik meen dat dit op 4 november was?'

'Inderdaad.'

'Herinnert u zich dat daar een zekere rechercheur Lorenz bij aanwezig was?'

'Ja.'

'Had u hem herkend van een eerdere ontmoeting?'

'Ja.'

'Waar had u hem van herkend?'

'Hij is degene die op 8 mei mijn aangifte heeft behandeld.'

'Heeft hij u ooit verteld dat hij geen geloof hechtte aan uw verklaring van 8 mei?'

Ik liet me niet kennen. Gail noch Mastine had me verteld dat Lorenz aanvankelijk zo zijn twijfels over mij had.

'Nee, dat heeft hij niet.'

'Weet u nog of hij u op enigerlei wijze instrueerde toen u net de confrontatieruimte binnen was gekomen?'

'Hij zei dat het mijn plicht was om naar die vijf mannen te kijken en het vak aan te kruisen dat correspondeerde met de man in kwestie.'

'Herinnert u zich wie er verder nog in die ruimte aanwezig waren?'

Ik ging in gedachten terug, zag de kamer en de mensen erin weer voor me. 'Mevrouw Uebelhoer, een klerk of hoe dat ook genoemd wordt, en die andere man die daar zat en ergens mee bezig was, en ik.'

'Herinnert u zich ook nog dat ik...'

'Ja, en u.'

Zijn toon was opeens anders. Hij was vaderlijk, herderlijk. Ik vertrouwde hem voor geen cent.

'Weet u nog dat brigadier Lorenz u de raad gaf de tijd te nemen om de mannen te bekijken en zei dat u rustig rond kon lopen?'

'Ja, dat weet ik nog.'

'Herinnert u zich dat ik de rechercheur gevraagd heb u uit te leggen hoe...'

'Pardon?'

'Herinnert u zich dat ik de rechercheur gevraagd heb u uit te leggen hoe u het formulier moest gebruiken?' Zijn glimlach was bijna welwillend.

'Ik herinner me u niet speciaal,' zei ik.

'U weet nog dat hij het u heeft uitgelegd?'

'Iemand heeft me verteld hoe ik het moest doen.'

'En u bent inderdaad,' zei hij, en hij glimlachte niet meer, 'opgestaan en door de ruimte gelopen?'

'Ja.'

'Hebt u niet zelfs verzocht dat de verdachten zich bewogen? Ik meen dat u hebt gevraagd of ze zich naar links wilden draaien. Herinnert u zich dat nog?'

'Ja, dat klopt.'

'De rechercheur droeg dit aan ieder van hen op – "Nummer één, een kwartslag naar links draaien, alstublieft" – weet u dat nog?'

Hij maakte er een hele show van; dat was zijn werk.

'Ja.'

'Aan het eind van de procedure, wat deed u toen? Wat gebeurde er vervolgens?'

'Ik twijfelde tussen vier en vijf, en ik koos vijf omdat hij me aankeek.'

'U koos nummer vijf?'

'Ik zette mijn kruisje in vak vijf.' Ik zou het desnoods duizendmaal herhalen; dat was wat ik had gedaan.

'U hebt daarvoor getekend?'

'Ja.'

'Hebt u in die ruimte, op dat moment, aan wie dan ook, in

woorden uitgedrukt dat u enige twijfel koesterde of het inderdaad nummer vijf was?'

'In die kamer heb ik geen woord gezegd.'

'U wist dat u door nummer vijf aan te wijzen aangaf dat hij verdacht was of heel goed een verdachte in een verkrachtingszaak zou kunnen worden?'

'Ja.' Het leek of ik een eindeloze reeks misstappen had begaan.

'Dus pas toen u de ruimte had verlaten ontdekte u dat nummer vijf niet degene was die u had moeten aanwijzen?'

'Nee. Ik ging naar de hulpverleenster van het opvangcentrum en zei dat de nummers vier en vijf eruitzagen als eeneiige tweelingen. Zo is het gegaan.'

'En voordien hebt u dit tegen niemand gezegd?'

'Ik deed het pas voor ik de kamer in ging, daarvoor had ik ze nog niet gezien en kon ik het dus niet zeggen.'

Hij wilde hier niet lang genoeg bij stil blijven staan om dit punt op te helderen. Ik had ditmaal de spreekkamer bedoeld, niet de kamer waarin de confrontatie had plaatsgevonden.

'U koos nummer vijf?'

'Ja.'

'Ik meen dat u verklaard hebt dat u op 8 mei bent verkracht?'

'Ja.'

'Dat u de dader niet hebt teruggezien tot Marshall Street?'

'Tot 5 oktober, ja.'

'Toen zag u hem in Marshall Street?'

'Ja.'

'Daar was ook een politieagent, nietwaar?'

'Ja.'

'Bent u naar die agent toe gegaan?'

'Nee, ik ben niet naar die agent toe gegaan.'

'Bent u naar de dichtstbijzijnde telefoon gegaan om de politie te bellen?'

'Ik ben naar het Alfagebouw gegaan, waar ik college had, en heb mijn moeder gebeld.'

'Dus u belde uw moeder...' Hij deed sarcastisch. Het voelde net als destijds bij het vooronderzoek, toen zijn collega, Meggesto, de woorden 'Calvin Klein-spijkerbroek' genietend had uitgesproken. Mijn moeder, mijn spijkerbroek van Calvin Klein – dat was alles wat ze tegen me konden aanvoeren.

'Ja.'

'En toen sprak u met uw docent?'

'Ik belde mijn moeder en daarna een paar vrienden; ik probeerde iemand te bereiken die met me mee naar huis kon lopen. Ik was heel bang en ik wist dat ik naar college moest. Ik kon niemand te pakken krijgen. Ik ben naar boven gelopen, naar mijn docent, en vertelde hem waarom ik de les niet kon bijwonen. Ik zei dit tegen hem en ging toen naar de bibliotheek in de hoop een van mijn vrienden te vinden die het laatste stuk met me mee naar huis kon lopen en mee zou gaan naar de politie, en toen ging ik terug naar huis, naar de studentenflat, en belde ik een vriend van me die kunstenaar is om te vragen of hij me kon helpen met de tekening die ik wilde maken. Toen belde ik de politie en die arriveerde tegelijk met mensen van de bewakingsdienst van de universiteit.'

'Hebt u op enig moment de bewaking gebeld met het verzoek u een lift naar huis te geven?'

Ik begon te huilen. Was dan alles mijn schuld?

'Het spijt me,' zei ik, me verontschuldigend voor mijn tranen. 'Dat doen ze alleen na vijven en 's nachts.' Ik zocht Gail. Ik zag dat ze me gespannen aankeek. *Het is bijna achter de rug*, zei haar blik. *Hou vol.*

'Hoeveel tijd was er verstreken sinds het moment dat u hem in Marshall Street zag?'

'Drie kwartier tot vijftig minuten.'

'Drie kwartier tot vijftig minuten?'

'Ja.'

'U hebt meneer Madison tussen dat moment en vandaag niet geïdentificeerd?'

'Hem geïdentificeerd... U bedoelt, in uw aanwezigheid?'

'Of u hem hier, tijdens de gerechtelijke procedure, hebt geïdentificeerd als de persoon die u verkracht heeft.'

'Niet tijdens de gerechtelijke procedure, maar vandaag wel.'

'Vandaag hebt u dat gedaan. Hoeveel zwarte mensen ziet u hier in de zaal?'

Ik wist wat hij insinueerde en anticipeerde op zijn volgende vraag: *Hoeveel andere zwarte mensen, behalve de verdachte, ziet u in de zaal?* Ik antwoordde: 'Niet één.'

Hij lachte, glimlachte naar de rechter, en wees toen met een breed gebaar in de richting van Madison, die eruitzag of hij zich verveelde. 'U ziet er niet één?' zei Paquette, met de nadruk op de laatste twee woorden. Ze is echt ongelooflijk, leek hij te zeggen.

'Behalve... de rest van de mensen in de zaal, zie ik één zwarte persoon.'

Hij glimlachte triomfantelijk. Net als Madison. Ik voelde me niet meer zo machtig. Ik was schuldig vanwege het ras van mijn verkrachter, schuldig vanwege het feit dat zij niet vertegenwoordigd waren in de juridische beroepsgroep in de stad Syracuse, schuldig omdat hij de enige zwarte man in deze ruimte was.

'Herinnert u zich uw getuigenis aangaande de confrontatie bij de zitting van de onderzoeksjury?'

'Ja.'

'Was dat op 4 november, dezelfde dag als de confrontatie?'

'Ja.'

'Herinnert u zich – ik kijk nu op bladzij zestien van de notulen van de zitting van de onderzoeksjury, regel tien – "U wees hem aan bij de confrontatie? U bent er absoluut zeker van dat dit de juiste man is?"

"Nummer vijf; ik ben er niet helemaal zeker van. Het was óf nummer vier, óf nummer vijf. Maar ik koos vijf omdat hij me aankeek."

En het jurylid zegt: "U zegt dus dat u er niet helemaal zeker van bent dat hij de man in kwestie is?"

"Inderdaad."

"Het is nummer vijf."

"Inderdaad."

'Dus op 4 november wist u het nog niet zeker?'

Ik begreep niet waar Paquette op uit was. Ik voelde me verloren. 'Dat nummer vijf de juiste was? Ik wist niet zeker of vijf de juiste was, dat klopt.'

'U was er zéker niet zeker van dat nummer vier de juiste was, want hem hebt u niet aangewezen.'

'Hij keek me niet aan. Ik was doodsbang.'

'Hij keek u niet aan?' Zijn woorden dropen van meedogenloos sarcasme.

'Inderdaad.'

'Hebt u op 8 mei, toen u door die persoon aangerand werd, iets bijzonders gezien waar u ons niets over gezegd hebt, bepaalde kenmerken of littekens of moedervlekken of iets dergelijks, gelaatstrekken, zijn tanden, vingernagels, of zijn handen of iets dergelijks?'

'Niets bijzonders, nee.'

Ik wou dat het achter de rug was.

'U zei dat u op uw horloge keek toen u het park in liep?'

'Ja.'

'Hoe laat was dat?'

'Twaalf uur.'

'U keek op uw horloge toen u bij uw flat was aangekomen?'

'Ik keek niet op mijn horloge. Ik... wist hoe laat het was, overal om me heen waren agenten, en misschien heb ik ook wel op mijn horloge gekeken, ik weet het niet meer. Maar het was kwart over twee toen ik bij de flat aankwam.'

'Toen u bij de flat aankwam? Werd de politie gebeld toen u bij de flat was aangekomen?'

'Ja.'

'Toen u bij de flat aankwam, om kwart over twee, en de politie nog niet gebeld was?'

'Dat klopt.'

'En kort daarop kwam de politie?'

'Ja. Meteen nadat ik bij de flat was aangekomen.'

Hij had eindelijk mijn weerstand gebroken. Het was me akelig duidelijk geworden dat, hoe ik ook mijn best deed, hij zich uiteindelijk staande zou houden.

'Goed. U zei in uw getuigenis dat hij u zoende; is dat correct?'

'Ja.'

'Een- of tweemaal, of veel vaker?'

Ik zag Paquette. Madison zat achter hem, geïnteresseerd. Ik had het gevoel alsof ze me allebei achternazaten en steeds dichterbij kwamen.

'Een of twee keer toen we stonden en daarna, toen hij me op de grond had gelegd, nog een paar keer. Hij zoende mij.'

De tranen rolden nu over mijn wangen en mijn lippen trilden. Ik nam niet de moeite om ze af te vegen. Ik had getranspireerd in de Kleenex die ik in mijn hand had.

Paquette wist dat hij me op de knieën had. Dat was genoeg. Hier had hij geen behoefte aan.

'Mag ik een ogenblikje, edelachtbare?'

'Ja,' zei Gorman.

Paquette liep naar de tafel van de verdediging, overlegde met Madison en keek toen zijn gele notitieblok en zijn stukken in.

Hij keek op. 'Hier laat ik het bij,' zei hij.

Mijn lichaam reageerde onmiddellijk en ik slaakte een zucht van verlichting. Maar toen stond Mastine op.

'Een paar vragen nog, als de edelachtbare geen bezwaar heeft.'

Ik was moe, maar wist inmiddels dat Mastine me zo mogelijk met fluwelen handschoenen zou aanpakken. Zijn toon was vastberaden, maar ik vertrouwde hem.

Het ging Mastine erom het territorium dat Paquette veroverd had terug te winnen, zwakke plekken te versterken. Er waren vijf punten waarop hij kort terugkwam. Ten eerste het tijdstip van mijn aangifte in de nacht van de verkrachting: hoe laat het was en hoe vermoeid ik op dat moment was. Hij liet me uitvoerig beschrijven wat ik allemaal had meegemaakt en benadrukte het feit dat ik niet had geslapen. Vervolgens kwam hij op mijn verklaring van 5 oktober, de verklaring die Paquette mij met zoveel genoegen voor de voeten had geworpen: het voelen versus het weten. Mastine wist nog eens duidelijk te maken dat het, zoals ik al had gezegd, om een verklaring ging waarin ik op verzoek chronologisch mijn verhaal deed over de ontmoeting met Madison. Eerst zag ik hem van achteren en had ik een *gevoel*. Daarna zag ik zijn gezicht en wist ik het *zeker*.

Toen vroeg hij of iemand mij had vergezeld. Hij wilde duidelijk maken dat ik het, omdat mijn vader aanwezig was, niet nodig had gevonden dat er iemand van het opvangcentrum bij zou zijn.

'Mijn vader wacht buiten de zaal op me,' zei ik. Dit scheen me heel onwezenlijk toe. Ver weg, op de gang, zat hij te lezen. Latijn. Ik had niet meer aan hem gedacht sinds ik de rechtszaal was binnengegaan. Ik kon het niet.

Mastine vroeg me hoe lang ik in de tunnel onder Madison had gelegen en hoe ver zijn gezicht bij het mijne vandaan was geweest.

'Een centimeter,' zei ik.

Toen stelde hij me een vraag waar ik me ongemakkelijk onder voelde, een waarvan ik had geweten dat hij hem mogelijkerwijs zou stellen als Paquettes optreden daar aanleiding toe gaf.

'Kun je de rechter een idee geven omtrent het aantal jonge zwarte mannen dat je op een dag gemiddeld ziet als je onderweg bent, bij colleges, in de studentenflat en dergelijke?'

Paquette maakte bezwaar. Ik wist waarom. Het raakte de kern van zijn argumentatie.

'Afgewezen,' zei Gorman.

Ik zei: 'Veel,' en Mastine wilde dat ik dat preciseerde. 'Meer of minder dan vijftig?' Ik zei dat het meer was. Het gaf me een onbehaaglijk gevoel om de studenten die ik kende te moeten onderscheiden naar ras, hen in hokjes te plaatsen en hun aantal te registreren. Maar dit zou niet de eerste, noch de laatste keer zijn dat ik wenste dat mijn verkrachter een blanke was geweest.

Mastine had verder geen vragen meer.

Paquette kwam naar voren, alleen om me nog één enkel ding te laten herhalen. Hij wilde dat ik herhaalde hoe groot de afstand tijdens de feitelijke verkrachting tussen mijn gezicht en dat van Madison was. Dat deed ik: een centimeter. Later zou hij nog proberen mijn zekerheid tegen me te gebruiken door in zijn slotpleidooi deze afstand te citeren om aannemelijk te maken waarom ik niet als een geloofwaardige getuige beschouwd kon worden.

'Het OM heeft geen vragen meer aan deze getuige,' zei Mastine.

'U bent geëxcuseerd,' zei rechter Gorman, en ik stond op.

Ik stond te trillen op mijn benen, en mijn rok en panty en slipje waren doorweekt van het transpireren. De parketwachter die me naar binnen had gebracht liep naar het midden van de zaal en wachtte me daar op.

Hij nam me mee naar buiten.

Verderop in de gang kreeg Murphy me in het oog en hij hielp mijn vader zijn boeken bijeen te rapen. De parketwachter keek me aan.

'Ik zit nu al dertig jaar in dit vak,' zei hij. 'Je bent de beste hoofdgetuige die ik ooit in een verkrachtingszaak in de getuigenbank heb meegemaakt.'

De herinnering aan dat ogenblik zou ik nog jarenlang blijven koesteren.

De parketwachter liep de rechtszaal weer in.

Murphy loodste me de gang op. 'We kunnen beter niet bij de deur blijven rondhangen,' zei hij. 'Zo direct begint de lunchpauze.'

'Gaat het?' vroeg mijn vader.

'Prima,' zei ik. Ik herkende hem niet als mijn vader. Hij was gewoon iemand die daar stond, een willekeurig figuur. Ik beefde en moest gaan zitten. Met z'n drieën – Murphy, mijn vader en ik – namen we plaats op de bank waar ze daarvoor ook gezeten hadden.

Ze spraken tegen me. Ik weet niet meer wat ze zeiden. Het was achter de rug.

Gail kwam haastig de rechtszaal uit en voegde zich bij ons. Ze keek mijn vader aan. 'Je dochter is een uitstekende getuige, Bud,' zei ze.

'Dankjewel,' zei mijn vader.

'Deed ik het goed genoeg, Gail?' vroeg ik. 'Ik maakte me zorgen. Hij was echt vals.'

'Dat is zijn werk,' zei Gail. 'Maar je hebt je prima staande weten te houden. Ik heb goed op de rechter gelet.'

'Hoe zag hij eruit?' vroeg ik.

'De rechter? Die zag er uitgeput uit,' zei ze met een glimlach. 'Billy is ook doodmoe. Het kostte me de grootste moeite om me er niet mee te bemoeien. We hebben tot twee uur pauze en dan is de beurt aan de dokter. Nog een zwangere dame!'

Het was net een estafettewedstrijd, besefte ik. Het stuk dat ik gelopen had was lang en moeilijk geweest, maar er kwamen nog andere getuigen – nog meer vragen en antwoorden – en Gails werkdag was nog lang niet ten einde.

'Als ik iets nieuws te horen krijg, neem ik contact op met de rechercheur,' zei ze tegen me. Ze stak haar hand uit naar mijn vader. 'Leuk je ontmoet te hebben, Bud. Je kunt trots op haar zijn.'

'Ik hoop dat onze volgende ontmoeting onder aangenamere omstandigheden zal plaatsvinden,' zei hij. Het was zojuist tot hem doorgedrongen: we zouden weggaan.

Gail omhelsde me. Ik had nog nooit een zwangere vrouw omhelsd; het voelde ongemakkelijk, aanstellerig deftig bijna, de manier waarop we allebei alleen ons bovenlichaam naar elkaar toe bogen. 'Meid, je bent geweldig,' zei ze zachtjes tegen me.

Murphy bracht ons terug naar hotel Syracuse, waar we onze bagage inpakten. Misschien heb ik nog een dutje gedaan. Mijn vader belde mijn moeder. Ik kan me van die uren niets herinneren. Ik had me zo moeten concentreren dat ik nu alles losliet. Ik was me ervan bewust dat mijn proces nog doorging terwijl we onze kleren opvouwden en op Murphy wachtten, die ons later die middag zou komen ophalen. Mijn vader en ik zaten op de rand van het lits-jumeaux. Ons onuitgesproken doel was afstand scheppen tussen ons en de stad Syracuse. We wisten dat het vliegtuig dit zou doen. We wachtten.

Murphy kwam ons op tijd afhalen. Hij bracht nieuws mee. 'Gail wilde het je zelf vertellen,' zei hij, 'maar ze kon niet weg.'

Mijn vader en ik zaten in de lobby van het hotel, met onze rode American Tourister-koffers vlak naast ons.

'Ze hebben hem,' zei hij blij. 'Schuldig bevonden op zes aanklachten. Hij is in verzekerde bewaring gesteld.'

Ik voelde me leeg. Ik had het gevoel dat mijn benen het zouden begeven.

'Goddank,' zei mijn vader. Hij zei het rustig, alsof zijn gebed verhoord was.

We zaten in de auto. Murphy was druk aan het praten. Hij leek wel in een soort roes. Ik zat op de achterbank, mijn vader en Murphy zaten voorin. Mijn handen voelden koud en krachteloos. Ik herinner me nog hoe ze nutteloos, allebei afzonderlijk, langs mijn zij lagen.

Op het vliegveld belde ik mijn moeder vanuit een telefooncel, terwijl mijn vader en Murphy een eind verderop in een vliegveldlounge zaten. Murphy bood mijn vader iets te drinken aan.

Ik toetste het nummer van mijn ouders in en wachtte.

'Hallo?' zei mijn moeder.

'Mam, ik ben het, Alice. Ik heb nieuws.'

Ik keek naar de muur voor me en klemde de hoorn met mijn beide handen vast. 'Het is gelukt, mam,' zei ik. 'Alle zes de aanklachten, behalve wapenbezit. Hij is in verzekerde bewaring gesteld.'

Ik wist op dat moment nog niet wat 'inverzekeringstelling' precies inhield, maar ik herhaalde wat ik had gehoord.

Mijn moeder was buiten zichzelf van vreugde. Thuis in Paoli gilde ze het uit, telkens weer: 'Het is haar gelukt! Het is haar gelukt!' Ze kon haar blijdschap niet bedwingen.

Het wás me gelukt.

Murphy en mijn vader kwamen de bar uit. De passagiers voor onze vlucht zouden nu spoedig aan boord gaan. Ik kwam te weten wat 'inverzekeringstelling' betekende. Het hield in dat Madison niet op vrije voeten gesteld zou worden tussen nu en de dag dat het vonnis zou worden gewezen. Terwijl de aanklachten werden voorgelezen hadden ze hem in de rechtszaal in de boeien geslagen. Daar was Murphy geweldig mee in zijn nopjes.

'Ik wou dat ik erbij had kunnen zijn om zijn gezicht te zien.'

Het was een lange, goede dag geweest voor John Murphy en, zoals mijn vader me in het vliegtuig toevertrouwde, Murphy had flink zitten pimpelen. Maar wie kon hem dat kwalijk nemen? Hij was in een roes, had iets te vieren, en was nu onderweg naar zijn Alice.

Ik was volkomen uitgeput. Hoewel ik dit pas veel later zou beseffen, was ook ik in verzekering gesteld. Mijn tijd zat er nog lang niet op.

Op 2 juni ontving ik een brief van de afdeling Detenties en Proefverloven van de County Onondaga. Ze schreven me om me te laten weten dat ze een 'pre-vonnis-onderzoek instelden naar een jonge man die onlangs schuldig is bevonden aan sodomie en verkrachting met geweld en daaraan gerelateerde aanklachten. Deze aanklachten,' zo stond het in de brief, 'zijn het uitvloeisel van een incident waarin u het slachtoffer was.' Ze informeerden of ik nog iets kwijt wilde in verband met de aanbevelingen ten aanzien van het vonnis.

Ik schreef terug. Ik beval de maximumstraf aan die de wet toestond en citeerde Madison, die me 'het ergste kutwijf' had genoemd. Ik wist dat Syracuse dat jaar was uitgeroepen tot de op zes na beste stad om in te wonen, en snedig wees ik erop dat de aanwezigheid van mannen als Madison op straat die reputatie bepaald geen goed zou doen. Ik besefte dat de kans dat er naar me geluisterd zou worden het grootst was als ik erop wees dat de mannen die het vonnis bepaalden met een maximumstraf een goede beurt zouden maken. Op die manier zouden ze het niet voor mij doen, maar voor de mensen die op hen gestemd hadden en hun salaris betaalden. Dat wist ik. Ik wierp al mijn vaardigheden in de strijd.

Ik beëindigde mijn brief door mijn handtekening te plaatsen boven mijn titel: slachtoffer.

Op 13 juli 1982, tijdens een rechtszitting met Gorman als president, en die werd bijgewoond door Mastine, Paquette en Madison, werd Gregory Madison veroordeeld. Voor verkrachting en sodomie kreeg hij de maximale straf: acht jaar en vier maanden tot vijfentwintig jaar. De langere straffen zouden tegelijk ingaan en terzelfder tijd worden uitgezeten, net als die voor de vier minder zware aanklachten.

Mastine belde me om het te vertellen. Hij vertelde ook dat Gail inmiddels bevallen was. Mijn moeder en ik zochten samen een cadeau uit. Toen ik Gail vijftien jaar later terugzag, nam ze het mee om me te laten zien dat ze het nog wist.

Twaalf

Die zomer begon ik aan mijn metamorfose. Ik was verkracht, maar ik was ook opgegroeid met *Seventeen* en *Glamour* en *Vogue*. Mijn hele leven had ik aan de foto's van anderen gezien wat een verschil er kon zijn tussen 'ervoor' en 'erna'. Nu zou het mijn beurt zijn. Mijn directe omgeving – dat wil zeggen mijn moeder; mijn zus werkte in Washington voor ze naar Syrië zou vertrekken en mijn vader zat in Spanje – moedigde me bovendien aan om mijn leven weer op te pakken. 'Je wilt toch niet je hele leven laten bepalen door de verkrachting?' zei ze, en daar had ze groot gelijk in, vond ik.

Ik kreeg een baantje in een slechtlopende T-shirtwinkel, waar ik de enige werknemer was. Op een ongeventileerde zolder zat ik badges op T-shirts te plakken en slordige zeefdruk-opdrukken te maken voor plaatselijke softbalteams. Mijn baas, die drieëntwintig was, was in de stad om opdrachten binnen te halen. Soms werd hij dronken en kwam hij met zijn maten tv kijken. In die tijd droeg ik meestal bijzonder ruimvallende kleren, die ik zelf maakte en die zelfs mijn moeder tentjurken noemde. En in de warme juni- en julimaand in 1982 droeg ik die vrijwel iedere dag. Op een dag, toen mijn baas en zijn vrienden me provoceerden om wat meer bloot te laten zien, draaide ik me om en liep de deur uit. Terwijl ik nog onder de inkt zat, reed ik in mijn vaders auto naar huis.

Mijn moeder en ik waren weer op elkaar aangewezen, net als in de zomer dat ik vijftien werd. Ik bleef op zoek naar een andere baan – mijn dagboek staat bol van mijn sollicitaties bij schoenenzaken en kantoorboekhandels – maar zoals in alle voorsteden 's zomers het geval was, lagen ook bij ons de banen niet voor het oprapen toen het eenmaal midden in het seizoen was. Mam probeerde af te vallen. Ik besloot met haar mee te doen. We keken naar *Richard Simmons* en kochten een hometrainer. Ik weet nog dat we het Scarsdale-dieet volgden: kleine, afgepaste stukjes biefstuk en kip, die we nauwelijks naar binnen kregen. 'Dit dieet kost ons een bom geld,' zei mijn moeder, terwijl we die zomer meer vlees aten dan ik sindsdien ooit gedaan heb.

Maar ik viel af. 's Ochtends zat ik vaak voor de televisie en keek naar zwaarlijvige vrouwen die bij Simmons hun tranen de vrije loop lieten en waarbij in een soort kettingreactie ook de andere gasten, Simmons en het publiek in de studio regelmatig een traantje wegpinkten. Soms huilde ik ook. Niet omdat ik dacht dat ik net zo dik was als de vrouwen op de buis, maar omdat ik dacht dat ik precies wist hoe afstotelijk ze zich voelden. Ik mocht me dan op straat kunnen vertonen zonder nageroepen of uitgescholden te worden en ik kon mijn schoenveters zien als ik langs mijn broekriem naar beneden keek, maar ik vereenzelvigde me met Simmons' gasten zoals met niemand anders. Ze waren een sprekend voorbeeld van uitgestotenen die niets verkeerds hadden gedaan.

Dus huilde ik. En stapte ik op die fiets. En haatte ik mijn lichaam. Ik gebruikte die haat om vijftien pond af te vallen.

In de nazomer, toen mijn vader uit Spanje terug was, waren we met z'n drieën hard aan het werk in de tuin. Ik werd geacht het gras te maaien. Het kwam tot een typische Seboldruzie. Ik wilde niet, enzovoort. Waarom kon Mary in Washington gaan wonen en daarna naar Syrië gaan? Mijn vader noemde me ondankbaar. Het liep hoog op. Plotseling, net toen we in het vertrouwde patroon dreigden terug te vallen waarbij iedereen tegen iedereen liep te schreeuwen, barstte ik in tranen uit. Ik begon te huilen en ik kon niet meer ophouden. Ik rende naar binnen, naar mijn kamer. Het had geen enkele zin om mijn tranen weg te vegen. Ik huilde tot ik niet meer kon, tot ik uitgedroogd was en mijn ogen en de huid eromheen eruitzagen als een landkaart van gebarsten haarvaatjes.

Daarna wilde ik er niet over praten; ik wilde de verkrachting en het proces achter me laten.

Lila en ik schreven elkaar gedurende de hele zomer trouw. Zij deed ook aan de lijn. Onze brieven aan elkaar lieten zich lezen als dagboekfragmenten: lange epistels vol uitgesponnen gedachten, evenzeer geschreven om tijdens het schrijven niet alleen te zijn als om daadwerkelijk informatie uit te wisselen omtrent onszelf. We hadden het warm en we verveelden ons, we waren negentien en zaten thuis, opgescheept met onze ouders. We vertelden elkaar in die ellenlange brieven ons levensverhaal. Wat we van alles vonden, van onze gezinsleden tot de jongens die we van school kenden. Ik kan me niet herinneren dat ik haar uitgebreid over het proces heb geschreven. Het is ook niet uit haar brieven af te leiden. Vroeg in de zomer kreeg ik een kaartje van haar om me te feliciteren. Dat is alles. Verder hielden we ons er niet meer mee bezig.

Zoals bij vrijwel iedereen het geval was. Het proces leek aan de hele zaak een uiterst solide, zware achterdeur te hebben verschaft. Iedereen die daadwerkelijk het huis met me binnen was gegaan, in de kamers daar had rondgekeken of -gelopen, was blij er eindelijk weg te kunnen. De deur zat potdicht. Ik weet nog dat ik het met mijn moeder eens was dat ik in minder dan een jaar tijd een proces van sterven en wedergeboorte had doorgemaakt. Van verkrachting tot proces. Nu lag alles weer open en kon ik ervan maken wat ik maar wilde.

Lila, Sue en ik maakten al corresponderend plannen voor het komende jaar. Lila zou een jong katje meebrengen uit een nest dat ze bij haar ouders hadden. Ik had een pact met mijn moeder gesloten: als ik vaak genoeg op de bank waaraan zij een hekel had op en neer sprong, zouden we mijn vader er als hij terug was uit Spanje misschien van kunnen overtuigen dat ik hem beter naar Syracuse kon meenemen. Samen met Sue, die vlakbij woonde, huurde ik een truck. Mijn moeder was blij en stuurde me op pad met een stel nieuwe kleren die me als gegoten zaten. Dit zou het jaar worden van de grote ommekeer. Ik zou nu wat ik noemde 'een normaal leven' gaan leiden.

Die herfst was Mary Alice via een uitwisselingsprogramma in Londen. Ook andere vriendinnen waren weg. Tess was met verlof. Ik miste hen eigenlijk nauwelijks. Lila was mijn *soul mate*. We gingen overal samen naartoe en bekokstoofden de meest dolzinnige plannen. We wilden allebei een vriendje. Ik speelde de rol van de ervarene, Lila de onschuldige. In de zomer had ik twee identieke rokken voor ons genaaid. Die droegen we altijd als we uitgingen, met daarop altijd iets zwarts.

Ken Childs voelde zich nogal verloren nu ook Casey in Londen zat, en we begonnen meer met elkaar om te gaan. Ik vond hem leuk, en wat ik het allerbelangrijkst vond: hij was op de hoogte van wat me overkomen was. Met z'n drieën gingen we dansen bij clubs op de campus en feesten van studenten van de kunstfaculteit. Ik wilde nu jurist worden. Andere mensen vonden dit leuk om te horen en dus zei ik het vaak. Vanwege Tess wilde ik naar Ierland; ook dat vertelde ik aan anderen. Ik ging naar lezingen over poëzie en fictie en ging me te buiten aan wijn en kaas. Ik volgde een poëziecursus bij Hayden Carruth en ook een cursus bij Raymond Carver; ik heb altijd gedacht dat Tess hem had opgedragen om op me te passen.

Op een dag kwam ik op straat Maria Flores tegen. In het begin van de zomer had ik haar een triomfantelijke brief gestuurd over de rechtszaak. Ik had geschreven dat ik haar aanwezigheid had gevoeld in de rechtszaal en dat ik hoopte dat ze daar enige troost uit kon putten. De brief die ze terugstuurde was naar mijn smaak eerlijk gezegd te levensecht. 'Ik heb een beugel aan mijn been. Mijn enkel is genezen en vanwege een zenuwbeschadiging loop ik met een stok. Mijn suïcidale neigingen zijn minder geworden, al moet ik bekennen dat ze niet helemaal verdwenen zijn.' Ze maakte zich zorgen omdat ze bang was dat ze vanwege de stok minder makkelijk nieuwe mensen zou leren kennen en ze schaamde zich dat ze haar werk als studentenmentor niet tot een goed einde had gebracht. Ze eindigde haar brief met een citaat van Kahlil Gibran: 'We zijn allemaal gevangenen, maar sommigen van ons zitten in cellen met ramen en anderen in cellen zonder.' Het duurde jaren voor ik het inzag, maar als een van ons beiden een raam had, dan was Maria degene die naar buiten keek.

Ik weet nog dat ik tegen Lila zei: 'Ik ben er zonder kleerscheuren vanaf gekomen. Zij zal de verkrachting eeuwig en altijd met zich meedragen.'

Ik ging vaak dansen en werd verliefd. Ditmaal op een jongen uit Lila's wiskundeklas: Steve Sherman. Toen we naar de film waren geweest en een paar drankjes op hadden vertelde ik hem over de verkrachting. Ik herinner me dat hij er fantastisch op reageerde; hij was geschokt en vond het vreselijk, maar hij was ook opbeurend. Hij vond de goede woorden. Zei dat ik mooi was, bracht me thuis en kuste me op mijn wang. Ik denk dat hij het leuk vond om voor me te zorgen. Tegen de kerst was hij heel vaak bij ons over de vloer.

Ook met mijn moeder ging het de goede kant op. Ze probeerde nieuwe geneesmiddelen, Elavil en Xanax, en zelfs bioritmetherapieën, dingen die ze eerder niet eens overwogen zou hebben. Zelfs groepstherapie lag in het verschiet. Mijn moeder die een ander vertrouwde dan zichzelf. 'Je inspireert me, lieve meid,' schreef ze. 'Ik dacht: als jij kunt verdragen wat je overkomen is en er weer bovenop komt, dan kan dit ouwe mens het misschien ook.'

Ik had een soort positieve *ground zero* bereikt; de wereld was nieuw en lag voor me open.

Ik werkte voor het literaire tijdschrift *The Review* en werd tot redacteur gekozen toen ik vierdejaars werd. De subfaculteit Engels vroeg me om hen te vertegenwoordigen bij de Glascock-poëziewedstijd, die elk jaar aan het Mount Holyoke College werd gehouden.

Vele jaren eerder was mijn moeder Mount Holyoke ontvlucht, waarmee ze een studiebeurs voor een masteropleiding verbeurde. Ze vertelde dat ze het gevoel had gehad dat het haar doodvonnis was. Al haar vriendinnen gingen trouwen en zij, de bolleboos, ging naar een oord vol 'nonnen en lesbiennes'.

Ik ging er dus heen als een soort genoegdoening voor mijn moeder en om verkrachting in de schijnwerpers te plaatsen. Ik won de wedstrijd niet. Ik werd tweede. Ik droeg 'Conviction' voor. Tijdens de voordracht trilde ik als een rietje vanwege de oprechtheid van mijn haat. Een van de juryleden, Diane Wakosi, nam me apart en zei dat onderwerpen als verkrachting weliswaar een plaats hadden in de poëzie, maar dat ik op die manier nooit een prijs in de wacht zou slepen of in de smaak zou vallen bij een groter publiek.

Lila en ik waren dol op domme films en de dag dat ik terugkwam uit Massachusetts gingen we er ook een zien: Sylvester Stallone in *First Blood*. Hij draaide in het filmhuis vlak bij ons, waar de entree slechts vijftig cent bedroeg. We lachten hysterisch over de cartooneske actie op het scherm voor ons, we moesten zo brullen van het lachen dat de tranen ons in de ogen sprongen en we nauwelijks iets konden zien en buiten adem raakten. Als iemand anders in de zaal zich over ons beklaagd had, zouden we er zonder pardon uit zijn gegooid, maar we waren de enige bezoekers in de oude, verwaarloosde bioscoop.

'Ik Rambo, jij Jane,' zei Lila, terwijl ze zich op de borst sloeg.

'Ik goede spieren, jij meisjesspieren.'

'Grrr.'

'Hihihi.'

Vlak voor het eind van de film schraapte iemand duidelijk hoorbaar zijn keel. Lila en ik bleven als versteend zitten met onze ogen op het doek gevestigd. 'Ik dacht dat we alleen waren,' fluisterde ze.

'Dat dacht ik ook,' zei ik.

We hielden verder ons gemak en probeerden beleefd onze mond te houden tijdens de hevige vuurgevechten aan het slot. We deden dat door onze nagels in elkaars armen te zetten en op onze lippen te bijten. We giechelden, maar barstten niet in lachen uit.

Toen het afgelopen was en het licht aanging, waren we weer alleen. Alles wat we hadden ingehouden lieten we nu de vrije loop, tot we de hoek omsloegen en de manager van de bioscoop zagen staan.

'Vinden jullie Vietnam soms grappig?'

Het was een ontzagwekkende man: spieren die tot vet verworden waren, en een dun snorretje op zijn bovenlip, net als Madisons eerste advocaat.

'Nee,' zeiden we als uit één mond.

Hij versperde ons de weg naar de uitgang.

'Ik zou toch zweren dat jullie zaten te lachen,' zei hij.

'Het werd nogal overdreven,' zei ik in de verwachting dat hij dat ook zou inzien.

'Ik ben in Vietnam geweest,' zei hij. 'En jullie?'

Lila was bang en hield mijn hand stevig vast.

Ik zei: 'Nee, meneer, en ik heb groot ontzag voor de veteranen die daar hebben gevochten. We hebben niemand willen beledigen. We lachten omdat we het zo idioot macho vonden.'

Hij staarde me sprakeloos aan alsof ik hem de wind uit de zeilen had genomen met een goed argument, terwijl het in werkelijkheid gewoon woorden waren geweest die in mijn binnenste opwelden, zoals telkens wanneer ik me bedreigd voelde – een van mijn nieuwverworven vaardigheden.

Hij liet ons erlangs, maar waarschuwde dat hij ons niet meer in zijn bioscoop wilde zien.

We probeerden niet eens meer om weer in onze giechelige stemming te komen. Ik was razend toen we de heuvel af liepen naar huis. 'Het is zwaar klote om een vrouw te zijn,' zei ik. 'Je delft altijd het onderspit.'

Lila was nog niet bereid om zover te gaan. Zij deed haar

best om het vanuit zijn standpunt te bekijken. In mijn ogen was dit een voorbeeld van iets wat ik de laatste tijd steeds vaker deed: de strijd aanbinden met een man, maar hoe ik het ook speelde, ik dolf altijd het onderspit.

Er waren goede en slechte mannen, denkende mannen en gorilla's. Dat onderscheid maakte ik bij mezelf. Ik begon ze op die manier in te delen. Steve, die het tanige lichaam van een langeafstandsloper had, was een rustige, zachtaardige jongen, en vond zijn studie het belangrijkst. Hij kon urenlang zitten blokken tot hij – woord voor woord – de hoofdstukken van zijn studieboeken erin had gestampt. Zijn ouders, immigranten uit de Oekraïne, betaalden zijn studie contant, zoals ze ook met klinkende munt voor hun auto's en hun huis hadden betaald. Ze verwachtten van hem dat hij iedere dag urenlang studeerde.

Ik begon de gewoonte te ontwikkelen mezelf onbewust voor te liegen als we seks hadden. Centraal voor mij stond Steves genot; dat vormde de reden voor deze reis, dus als er hobbels en nare herinneringen waren, pijnlijke geheugenflitsen van de nacht in de tunnel, dan reed ik er als verdoofd overheen. Ik was gelukkig als Steve gelukkig was en glipte na afloop mijn bed uit om een wandeling te gaan maken of mijn meest recente gedicht te lezen. Als ik maar tijdig naar mijn brein kon terugkeren, alsof het zuurstof was, dan was de seks niet zo'n pijnlijke aangelegenheid.

En dan was er de kleur van zijn huid. Ik kon me focussen op een stukje witte huid en beginnen. Terwijl Steve lief en vurig tegelijk was, ging ik in gedachten het pad weer af: dit is niet in Thorden Park, hij is je vriend, Gregory Madison zit in de Attica-gevangenis, er is niets aan de hand. Vaak werkte dat om me erdoorheen te slaan, net als je tanden op elkaar zetten tijdens een angstwekkende achtbaanrit waaraan de mensen om je heen plezier lijken te beleven. Als je iets niet aankunt, doe dan alsof. Je hersenen werken nog.

Tegen het eind van het jaar had ik het imago opgebouwd van een soort mollige new age-diva. De studenten van de kunstfaculteit wisten wie ik was en ook de dichters kenden me. Ik gaf een feest in het volle vertrouwen dat het storm zou lopen en dat was ook zo. Steve had ergens illegale dansversies van mijn favoriete liedjes voor me opgeduikeld en stelde er cassettes met dansmuziek mee samen.

Mary Alice en Casey waren terug uit Londen en kwamen ook. Het hele huis stond op zijn kop, maar ditmaal kwam dat door míjn muziek en míjn vrienden. Zowel bij Carruth als bij Carver had ik een tien gehaald en nu liep ik college bij een dichter die Jack Gilbert heette. Ik kon mijn geluk niet op. Zelfs Gilbert kwam op het feest! In de keuken stond een enorme schaal met bowl die stijf stond van de sterkedrank en waaraan steeds meer ingrediënten werden toegevoegd naarmate de feestgangers beschonkener raakten. Lila's kruiderijen werden er met handenvol tegelijk bij gegooid en de nootmuskaat en de pijlwortel kregen gezelschap van van alles en nog wat, zoals vorken en kamerplanten.

Opeens kwamen er jongens binnen die we niet kenden. Ze waren luidruchtig en stoer en werden als magneten aangetrokken door de mooiste meisjes. Door Mary Alice, bijvoorbeeld, die inmiddels behoorlijk aangeschoten was. Het dansen op de dansvloer werd steeds seksueler. Steve raakte bijna slaags met een van de onbekenden, die toenadering zocht tot een van zijn vriendinnen. De muziek werd steeds harder gezet, er werd een box opgeblazen, de drank raakte op. Dat had tot gevolg dat de verstandigsten en de nuchtersten, voor zover ze nog niet vertrokken waren, ervandoor gingen. Ik waakte als een blaffende Scottie over Mary Alice. Als er jongens op haar af kwamen, loodste ik ze bij haar vandaan. Ik dreigde met waar ze het meeste ontzag voor hadden: een man. De vriend van Mary Alice, loog ik, was aanvoerder van een basketbalteam en werd ieder moment met zijn teamgenoten verwacht. Als ze aan mijn woorden twijfelden, posteerde ik me vlak voor hen en gaf hen de volle laag. Ik had naar de rechercheurs geluisterd en naar hoe ze praatten; ik wist hoe ik ervoor kon zorgen dat ik zelf-verzekerd, imponerend overkwam.

Mary Alice besloot te vertrekken en Steve en ik vonden iemand die we vertrouwden en die haar naar huis kon brengen. Toen we bij de deur afscheid namen, viel ze flauw. De andere mensen die om haar heen stonden en ik staarden naar haar terwijl ze bewusteloos op de grond lag. Ik dacht eerst dat ze deed alsof en zei: 'Kom op, Mary Alice, opstaan.' Terwijl ze viel, had haar haar er prachtig uitgezien: haar lange, gouden manen waren omhooggeveerd en uitgewaaierd.

Ik ging op mijn knieën bij haar zitten en gaf haar een zetje. Tevergeefs. Steve wurmde zich tussen de achterblijvers en de onbekenden door. Terwijl we in een kringetje om haar heen stonden, boden verschillende jongens aan om haar naar huis te brengen.

Vanaf dat moment kan ik alleen nog in termen van honden denken. Van blaffende Scottie tot strijdlustige terriër tot een plotselinge bovenmenselijke kracht. Zelfs Steve liet ik haar niet dragen. Ik tilde Mary Alice op – al haar achtenvijftig kilo – en droeg haar naar Lila's kamer, terwijl Lila en Steve de weg voor me vrijmaakten. We legden haar op het bed. Ze was een dronken studente, maar ze zag eruit als een slapende engel. De rest van die nacht was mijn voornaamste zorg dat daarin geen verandering zou komen. Toen er surveillancewagens kwamen opdagen vanwege klachten van de buren, zag ik hoe het feest ten einde liep en Steve en Lila de meer benevelde onbekenden uitgeleide deden. Mary Alice bleef die nacht logeren. De volgende ochtend was het in huis één plakkerige bende en we ontdekten een vriend van een vriend die in een diepe slaap was geraakt en achter de bank was gevallen.

In de zomer tussen mijn derde en mijn vierde jaar woonden Steve en ik samen in het appartement en gingen naar de zomeruniversiteit. Mijn moeder legde zich erbij neer dat we samenwoonden, omdat, zoals ze zei, 'het een prettige gedachte is dat je een bodyguard aan huis hebt'. Na de zomeruniversiteit deed ik mijn eerste ervaring met lesgeven op door een baan aan te nemen in een zomerkamp voor kunstzinnig begaafde studenten, bij Bucknell University. Als ik geen juriste werd, zou ik het onderwijs in gaan, besloot ik. Ik had niet kunnen vermoeden dat lesgeven ooit nog eens mijn reddingslijn zou worden, mijn weg terug.

In mijn vierde en laatste jaar was ik een trouw bezoekster van de poëzie- en fictielezingen die op de campus werden georganiseerd. Bovendien werkte ik als serveerster bij de Cosmos Pizza Shop, in Marshall Street, en mijn rooster, gecombineerd met die lezingen, bracht met zich mee dat ik 's avonds zelden thuis was. Lila leek dit niet erg te vinden. Ze had de flat voor zichzelf of deelde die vreedzaam met onze nieuwe huisgenoot, Pat.

Lila had Pat gevonden via de faculteit antropologie. Hij was twee jaar jonger dan wij en hij was nog maar tweedejaars. Lila en ik hadden pornoblaadjes op zijn kamer gevonden, fetisjbladen als *Jugs*, en ook een waarin uitsluitend zwaarlijvige naakte vrouwen stonden. Maar hij betaalde de huur en bemoeide zich nauwelijks met ons. Ik was allang blij dat hij niet leek op de kevereters die je onder de antropologen nogal eens aantrof. Hij was lang en slank en had schouderlang zwart haar. Hij hechtte aan zijn Italiaanse afkomst en vond het heerlijk om iemand te choqueren. Zo liet hij Lila en mij eens een speculum zien dat hij van een gynaecoloog had gepikt, een familielid. Hij hing het op aan de trekschakelaar van zijn plafonnière.

Rond november begonnen wij drieën aan elkaar gewend te raken. En na twee maanden waren Lila en ik ook min of meer gewend aan Pats streken. Hij vond het leuk om je bijvoorbeeld ergens op je sleutelbeen aan te raken en te zeggen: 'Wat is dat?' Als je dan naar beneden keek, aaide hij je onder je kin. Of hij bracht je een kop koffie, en als je je hand uitstak om die aan te pakken, trok hij de zijne weer terug. Hij plaagde ons en als hij te ver ging, reageerden Lila en ik met gejammer. Lila, die een jonger broertje had, zei dat het met Pat in huis net was of ze nooit uit haar ouderlijk huis was weggegaan.

Bij een college dat 'extatische religie' heette, zat ik naast een jongen die Marc heette. Net als Jamie was hij lang en blond, en in sommige opzichten een buitenbeentje. Hij was geen student aan de universiteit van Syracuse. Hij studeerde landschapsarchitectuur aan de hogere bosbouwschool, die als een afhankelijk jonger zusje gebouwen en grond deelde met de universiteit van Syracuse. Zijn jeugd had hij doorgebracht in Chelsea, in New York. Dat maakte hem ouder dan zijn eenentwintig jaar, en wereldwijs; zo leek het me in elk geval. Hij had vrienden die zolderverdiepingen in Soho bewoonden. Plaatsen die hij me, zoals hij beloofde, op een dag zou laten zien.

Na de godsdienstles hadden we kuise maar hartstochtelijke bijeenkomsten over de onderwerpen van die dag. De geschiedenis van het sjamanisme en het occultisme wekte onze intellectuele nieuwsgierigheid. Hij gaf me cassettes met muziek van Philip Glass en wist dingen over muziek en kunst die ik niet wist. Hij sprak lichtelijk badinerend over onderwerpen als Jacqueline Susanns verering van Ethel Merman. Hij vertegenwoordigde wat mijn moeder als het neusje van de zalm van New York beschouwde – cultuur door geboorterecht – ook al had ze daarbij niet direct de amoureuze ontmoetingen van 'de Merm' met de schrijfster van Valley of the Dolls in gedachten.

Plotseling leken Steves oprechte eenvoud en de zorgzame aandacht waarmee hij mij, met mijn verdriet en kwalen, omringde, niet meer zo aanlokkelijk als Marcs imago van man van de wereld. Als ik mijn wrange verkrachtingsmoppen vertelde, moest Marc lachen en haakte erop in, terwijl Steve me de mond zou snoeren en een hand op mijn schouder zou leggen met de woorden: 'Je weet toch wel dat dat niet echt grappig is?' Marc had een auto en kabeltelevisie, en andere meisjes vonden hem leuk. Hij was niet vies van een glaasje en hij rookte als een schoorsteen. Hij vloekte en – hij deed tenslotte een architectuuropleiding – hij tekende.

Hij was bovendien van meet af aan eerlijk en openhartig tegen me geweest. Toen we elkaar voor het eerst ontmoetten, op een feestje een jaar eerder, was het duidelijk dat we op elkaar vielen. Later vertelde hij me dat hij door drie jongens de badkamer in was getrokken toen die hadden gezien dat we met elkaar praatten.

'Er is iets wat je moet weten, Marc. Dat meisje is verkracht.'
Marc had gezegd: 'Nou en?'

En ze hadden hem verbijsterd aangekeken. 'Moeten we het je nog uitleggen?'

Maar Marc was feminist van nature. Zijn moeder was zonder plichtplegingen gedumpt voor een veel jongere vrouw. Een van zijn zussen was lesbisch en noemde haar twee katers 'de meisjes'; de andere was juriste en werkte bij het Openbaar Ministerie in Manhattan. Hij had meer van Virginia Woolf gelezen dan ik en had me kennis laten maken met het werk van Mary Daly en Andrea Dworkin. Hij was een openbaring voor mij.

Dat was ik ook voor hem. Hij was bekend met namen en theorieën die compleet nieuw voor mij waren, maar toen we elkaar voor het eerst ontmoetten was ik de enige vrouw die hij kende die verkracht was. Of van wie hij het wist.

Ik begon plezier te hebben met Marc, terwijl ik het moeilijk had met Steve.

'Hoeveel bodyguards heeft een meisje nodig?' vroeg Lila me op een dag, nadat ik ze allebei tweemaal aan de telefoon had gehad.

Daar had ik geen antwoord op, behalve dat ik nooit erg populair was geweest bij de jongens en nu opeens het gevoel had dat ik dit wel was: twee jongens die me allebei wilden.

Onze vroegere huisgenote Sue had een foto-essay gemaakt voor haar afstuderen en ze had allerlei make-upspulletjes laten liggen. Toen Pat op een avond naar de bibliotheek was, besloot ik voor modefotograaf te spelen en foto's van Lila te maken. Ik kleedde haar aan. Ik liet haar haar bril afzetten en we maakten haar ogen op met veel kohl. Ik zette het zwaar aan. Donkerblauw en zwart om haar ogen heen. Haar lippen een afschuwelijk donkerrood. Ik liet haar poseren in het halletje van onze flat en begon aanwijzingen te geven en plaatjes te schieten. We hadden het, gewoon met z'n tweetjes, ontzettend naar onze zin. Ik liet haar op de grond liggen en naar me opkijken, of haar blouse over haar schouder naar beneden trekken om wat we noemden 'een erotische foto' te maken. Ik aapte naar beste kunnen heuse modefotografen na, zei wat ik dacht dat zij tegen hun modellen zeiden om ze in de juiste stemming te brengen. 'Het is heet, je bent in de Sahara, een knappe man komt je een piña colada brengen', of 'Ergens op Antarctica zit de liefde van je leven dood te vriezen. Hij heeft één foto van je die hem zeer dierbaar is en die hem in leven houdt, en dit wordt hem. Ik wil dat de seks, de oprechtheid, de intelligentie ervanaf spatten.' Als ze niet druk doende was haar gezicht te vertrekken om de juiste 'look' te krijgen, viel ze om van het lachen. Ik liet haar poseren voor de manshoge passpiegel aan de buitenkant van de badkamerdeur en nam een foto waar ik ook op stond. Ik liet haar met haar profiel naar me toe gewend zitten, haar handen in zwarte handschoenen gestoken.

Mijn favoriete foto's van toen waren verreweg de meest dramatische. Daarop kruipt ze met wijd opengesperde, nietsziende ogen met blauwe en zwarte vegen eromheen door de gang bij mijn slaapkamer. Nu denk ik aan deze foto's als aan Lila's 'voor'-foto's.

Dertien

Datzelfde jaar, 1983, een week voor Thanksgiving, gaf de dichter Robert Bly een lezing in de aula van het Alfagebouw. Ik wilde er heel graag naartoe. Ik had zijn gedichten gretig gelezen, aanvankelijk op aandringen van zowel Tess als Hayden Carruth. Lila was thuis aan het blokken voor het soort moordende tentamen dat ik, met poëzie als hoofdvak, gelukkig niet meer hoefde te doen. Pat was naar de Bird Library gegaan om te studeren.

Tess en Hayden waren allebei bij de lezing aanwezig. Evenals de faculteitshoofden. Bly was een dichter van naam en faam, en het zaaltje was afgeladen. Ik zat in het midden van de aula. Mijn vriend Chris was het jaar daarvoor afgestudeerd en daarom ging ik nu alleen naar de lezingen. Twintig minuten na aanvang van de lezing kreeg ik hevige pijnscheuten in mijn buik. Mijn maag verkrampte. Aan het slot van een gedicht stond ik op en baande me luidruchtig een weg tussen de knieën van bezoekers en de rugleuningen van de rij stoelen voor me door.

In de hal belde ik Marc. Hij had een auto. Ik vroeg of hij me wilde komen halen bij de Bird Library. Ik voelde me te ellendig om de bus naar huis te nemen. Diezelfde telefoon had ik twee jaar eerder gebruikt om mijn ouders te bellen, en sindsdien had ik hem zorgvuldig gemeden. Die avond negeerde ik mijn bijgelovige impulsen.

Marc moest nog douchen. 'Hoogstens twintig minuten,' zei hij.

'Ik ben te herkennen als degene die zich aan zijn buik vastklampt,' zei ik in een poging grappig te zijn. 'Kom snel, alsjeblieft.'

Terwijl ik voor de bibliotheek stond te wachten, raakte ik

nog gespannener. Er was iets helemaal mis, maar ik had geen idee wat het kon zijn.

Eindelijk, veertig minuten later, kwam Marc aanrijden. We reden de campus af, Euclid Avenue in, waar veel studenten in vervallen houten huizen woonden.

We sloegen de hoek om van de straat waar ik woonde. Aan het eind van het blok, waar de flat van Lila en mij was, stonden vijf zwart-witte politieauto's met zwaailichten aan. De agenten liepen rond en stelden vragen aan de omstanders.

Ik wist het meteen.

'O mijn god, mijn god,' begon ik. 'Laat me eruit, laat me eruit.'

Marc was een beetje van de wijs gebracht. 'Laat me eerst even parkeren, dan kom ik gelijk met je mee.'

'Nee, ik wil eruit, nu.'

Hij reed een oprit op en ik stapte uit. Ik wachtte niet op hem. In het gebouw waar we woonden waren alle lichten aan. De voordeur stond open. Ik liep meteen door naar binnen.

Twee geüniformeerde agenten hielden me in het halletje staande.

'Er is hier een misdrijf gepleegd. U kunt hier niet blijven.'

'Ik woon hier,' zei ik. 'Gaat het om Lila? Wat is er gebeurd? Alstublieft.'

Onwillekeurig begon ik diverse kledingstukken uit te trekken, die ik op de grond liet vallen. Mijn wintermuts, mijn sjaal, mijn handschoenen, mijn jack, mijn donzen bodywarmer. Ik was in alle staten.

In onze woonkamer waren nog meer agenten. Een van de agenten gebaarde naar een andere en begon: 'Ze zegt dat ze hier woont...'

'Alice?' zei de rechercheur in burger.

Ik herkende hem direct.

'Agent Clapper?'

Toen ik zijn naam noemde, probeerden de agenten me niet langer tegen te houden.

'Het is nu rechercheur Clapper,' zei hij met een glimlach. 'Wat doe jij hier?'

'Ik woon hier,' zei ik. 'Waar is Lila?'

Zijn gezicht betrok. 'Ik vind het heel erg,' zei hij.

Ik merkte dat de politieagenten anders naar me keken dan eerst. Marc kwam het appartement binnen. Ik zei tegen de agenten dat hij mijn vriend was.

'Alice Sebold?' vroeg een van hen.

Ik wendde me weer tot Clapper. 'Is ze verkracht?'

'Ja,' zei hij. 'Op het bed in de achterste slaapkamer.'

'Dat is mijn kamer,' zei ik. 'Hoe is het met haar?'

'Er is nu een vrouwelijke rechercheur bij haar. We willen dat ze in het ziekenhuis wordt onderzocht. Je kunt met ons meerijden. Ze heeft geen tegenstand geboden.'

Ik vroeg of ik haar kon zien. Clapper zei: 'Natuurlijk', en ging naar Lila om haar te zeggen dat ik er was.

Daar stond ik, ik voelde de blikken van de geüniformeerde agenten op me rusten. Ze waren bekend met mijn zaak omdat het de laatste jaren een van de weinige verkrachtingszaken was geweest die tot een veroordeling hadden geleid. In hun wereld was mijn zaak befaamd. Hij had Clapper promotie opgeleverd. Iedereen die eraan had gewerkt was er beter van geworden.

'Ik kan het niet geloven. Ik kan het niet. Dit kán gewoon niet,' zei ik steeds maar weer tegen Marc. Ik weet niet meer wat hij antwoordde. Ik vermande me, veinsde een zelfbeheersing die ik niet voelde.

'Ze wil je niet zien,' zei Clapper toen hij de kamer weer in kwam. 'Ze is bang dat ze instort als ze je ziet. Zo meteen komt ze naar buiten en kun je met ze meerijden naar het ziekenhuis.'

Ik voelde me gekwetst, maar ik snapte het wel.

Ik wachtte. Ik zei tegen Marc dat het allemaal wel even kon duren – het ziekenhuis, de politie – en dat ik bij Lila wilde blijven, dat hij beter naar huis kon gaan om het daar een beetje gezellig te maken. We zouden er met z'n drieën slapen: Lila en ik in zijn bed, hij in zijn woonkamer.

De politie babbelde wat over koetjes en kalfjes. Ik begon te ijsberen. Een van de agenten in uniform raapte mijn kleren op in het halletje en legde ze op de bank die vlak bij me stond.

Toen kwam Lila haar kamer uit. Ze was in shock. Haar haren zaten in de war maar ik zag geen sporen van geweld op haar gezicht. Een donkerharige vrouw in uniform, klein van stuk, volgde haar op de voet.

Lila had mijn peignoir aan, maar er zat een andere ceintuur omheen. Haar ogen waren bodemloos – verloren. Op dat ogenblik had ik haar niet kunnen bereiken, wat ik ook geprobeerd had.

'Ik vind het vreselijk,' zei ik. 'Maar het komt allemaal goed. Je komt eroverheen. Dat is mij ook gelukt,' zei ik.

We stonden elkaar aan te kijken, allebei in tranen.

'Nu zijn we écht klonen,' zei ik.

De vrouwelijke rechercheur gebaarde ons door te lopen.

'Lila zegt dat jullie nog een huisgenoot hebben.'

'O mijn god, Pat!' zei ik. Ik had geen moment aan hem gedacht.

'Weet je waar hij is?'

'In de bibliotheek.'

'Kan iemand hem daar gaan halen?'

'Ik wil met Lila mee.'

'Laat dan een briefje voor hem achter. We willen niet dat hij ook maar iets aanraakt. En zeg dat hij vannacht ergens anders moet slapen; we moeten het raam aan de achterkant nog op sporen onderzoeken.'

'Eerst dacht ik dat het een streek van Pat was,' zei Lila. 'Ik kwam de badkamer uit en zag dat mijn slaapkamerdeur wat verder van de muur af stond dan anders, net of er iemand achter stond. Daarom duwde ik ertegenaan en hij duwde terug, en zo heen en weer tot ik er genoeg van kreeg en zei: "Hou op, Pat", en de slaapkamer in liep. Hij gooide me op het bed.'

'We weten het precieze tijdstip,' zei de vrouwelijke rechercheur. 'Ze keek op haar digitale wekker. Het was 20.56 uur.'

'Toen ik me zo ziek voelde,' zei ik.

'Wat?' De rechercheur zag eruit of ze er niets van begreep.

Ik wist me niet goed een houding te geven. Ik was het slachtoffer niet. Ik was de vriendin van het slachtoffer. De rechercheur hielp Lila naar buiten, naar de auto, en ik ging snel naar Pats kamer.

Ik deed iets lelijks. Ik gebruikte het speculum als presse-papier. Ik legde het briefje op zijn hoofdkussen omdat de rest van de kamer een puinhoop was. Daar wist ik zeker dat hij het zou vinden: 'Pat, Lila is verkracht. Fysiek is ze in orde. Bel Marc. Voor vannacht moet je een logeeradres zoeken. Sorry dat ik het je op deze manier moet vertellen.'

Ik liet het licht in zijn kamer branden en keek ernaar. Ik besloot me niet om Pat te bekommeren; ik kon het niet. Met hem zou het wel goed komen, hij zou eroverheen komen. Het ging nu om Lila.

We reden in stilte naar het ziekenhuis. Ik zat achterin bij Lila en hield haar hand vast.

'Het is afschuwelijk,' zei ze op een gegeven moment. 'Ik voel me zo smerig. Het enige wat ik wil is douchen.'

Ik kneep in haar hand. 'Ik weet het,' zei ik.

Op de eerste hulp moesten we naar het scheen eindeloos wachten. Het was druk en – dat heb ik tenminste altijd aangenomen – omdat Lila niet had gevochten en geen open wonden had, en omdat ze rechtop kon zitten en samenhangend kon praten, lieten ze haar wachten. Ik heb de vrouw bij de receptie een paar maal gevraagd waarom we moesten wachten. Ik hielp Lila bij het invullen van de verzekeringsformulieren. Ik had dat destijds niet hoeven doen. Ik was direct naar binnen gereden, van de brancard van de ambulance zo de onderzoekskamer in.

Eindelijk riepen ze haar. We liepen de gang door en vonden de kamer. Het onderzoek duurde lang en verliep moeizaam.

We moesten een paar keer wachten wanneer de man die haar onderzocht naar andere kamers werd geroepen. Ik hield haar hand vast zoals Mary Alice bij mij had gedaan. Tranen rolden over mijn wangen. Tegen het eind zei Lila tegen me: 'Ik wil dat je weggaat.' Ze vroeg naar de vrouwelijke rechercheur. Ik ging haar halen en bleef trillend in de wachtkamer zitten.

In mijn nachtmerries was Lila nooit verkracht. Zij en Mary Alice waren veilig. Lila was mijn kloon, mijn vriendin, mijn zuster. Ze had elk detail van mijn verhaal aangehoord en hield nog steeds van me. Hiervoor behoorde ze tot de rest van de wereld – de zuivere helft; maar nu bevond ze zich aan mijn kant. Terwijl ik zat te wachten raakte ik ervan overtuigd dat ik Lila's verkrachting had kunnen voorkomen. Door sneller thuis te komen, door instinctief te weten dat er iets mis was, en vooral door haar nooit te vragen mijn vriendin te worden. Het duurde niet lang voor ik dacht, en toen zei: 'Het had mij moeten overkomen.' Ik begon me zorgen te maken over Mary Alice.

Ik zat te trillen als een rietje, ik sloeg mijn armen om mijn schouders en begon op mijn stoel van voor naar achter te wiegen. Ik was misselijk. Mijn hele wereld stond op zijn kop; al het andere dat ik had gehad of gekend raakte op de achtergrond. Ik besefte dat er geen ontsnappen mogelijk was; van nu af aan zou dit het zijn. Mijn leven en dat van de mensen die mij omringden. Verkrachting.

De vrouwelijke rechercheur kwam me halen.

'Alice,' zei ze, 'Lila gaat met rechercheur Clapper naar het politiebureau. Ze vroeg of ik met je mee naar huis wilde gaan om wat kleren voor haar op te halen.'

Ik wist niet wat ik moest doen. Het begon tot me door te dringen dat Lila niet goed raad met me wist. Er was Alice haar vriendin, en Alice het succesvolle slachtoffer van een verkrachting. Ze had behoefte aan de een zonder de ander, maar dat ging niet.

De rechercheur bracht me met de auto naar huis en ik deed

de deur van het slot. Pat was nog niet thuisgekomen. Het licht dat ik in zijn kamer had laten branden had iemand anders uitgedaan. Ik liep snel Lila's kamer in. Ik wist nog hoe Tree en Diane mij heel verkeerde kleren hadden gebracht: de spijkerbroek met de patchworklapjes en geen ondergoed. Ik wilde dat Lila iets prettigs zou hebben om aan te trekken. Ik trok een grote weekendtas uit haar kast en opende haar laden. Ik pakte al haar ondergoed, al haar flanellen nachtponnen, slippers, sokken, joggingbroeken en overhemdblouses in. Ik deed er ook een boek bij en van haar bed pakte ik een knuffelbeest en een kussen.

Zelf had ik ook spullen nodig. Ik wist al dat Lila en ik nooit meer in dit huis zouden slapen. Ik liep naar de achterkant, waar mijn kamer was. De deur zat dicht. Ik vroeg de rechercheur of ik naar binnen mocht.

Ik deed een schietgebedje dat aan niemand in het bijzonder was gericht en draaide de deurknop om. Het was koud in de kamer vanwege het open raam waardoor de dader naar binnen was geklommen. Ik deed het licht aan met de schakelaar naast de deur.

Mijn bed was afgehaald. Ik liep ernaartoe. In het midden was een verse bloedvlek te zien. Daar vlak naast zaten andere, kleinere vlekken, het waren net tranen.

Ze was de badkamer uit gekomen, met een handdoek om haar heen gewikkeld, was naar haar slaapkamer gelopen en had het deurspel gespeeld, denkend dat het Pat was. Toen had de verkrachter haar op haar buik op het bed geworpen. Ze zag de wekker. In het duister zag ze hem maar enkele seconden. Hij blinddoekte haar met de ceintuur van mijn peignoir en toen, nadat hij haar had omgedraaid, dwong hij haar haar handen in de gebedshouding voor haar borst te vouwen en bond hij haar polsen vast met een spin en een kattenriem die we in de kast bij de voordeur hadden opgeborgen. Dat betekende dat hij het huis had doorzocht terwijl zij onder de douche stond. Hij wist dat er verder niemand thuis was. Hij dwong haar te gaan staan en naar mijn slaapkamer te lopen, waar ze op mijn bed moest gaan liggen.

Daar had hij haar verkracht. Tijdens de verkrachting vroeg hij waar ik was. Iemand kende mijn naam. Iemand wist dat Pat pas veel later thuis zou komen. Op een gegeven moment vroeg hij naar het fooiengeld dat ik op mijn ladekast bewaarde en pakte dat. Ze verzette zich niet. Ze deed wat haar gezegd werd.

Hij liet haar mijn peignoir aantrekken en liet haar geblinddoekt achter.

Ze begon te gillen, maar bij de jongens in het appartement boven ons stond de muziek heel hard. Niemand hoorde haar of deed iets. Ze moest naar de voorkant van ons appartement lopen, de deur uit gaan, de trap op lopen en op hun deur bonzen tot ze voor haar opendeden. Ze hadden een pilsje in hun hand. Ze glimlachten, dachten dat er vrienden op bezoek kwamen. Ze vroeg of ze haar wilden losmaken. Dat deden ze. En of ze de politie wilden bellen.

Lila zou me dit allemaal vertellen in de weken die volgden. Nu deed ik mijn best om niet naar het bloed te kijken, naar mijn bed, al mijn spullen waar hij aan had gezeten. Mijn kleren die in de kast hadden gelegen, lagen verspreid over de vloer. Foto's op mijn bureau. Mijn gedichten. Ik pakte een flanellen nachtpon die bij die van Lila zou passen en raapte wat kleren van de grond op. Ik wilde mijn oude Royal-schrijfmachine meenemen, maar dat zou iedereen behalve ikzelf mal en egoïstisch vinden. Ik keek ernaar en ik keek naar het bed.

Toen ik me omdraaide om de kamer uit te gaan, sloeg de deur door een windvlaag dicht. Ik was alle hoop op een normaal leven verloren.

De rechercheur en ik reden naar het Public Safety Building. We namen de lift naar de tweede verdieping en stapten eruit in de bekende gang met de kogelvrije glaswand waarachter zich de meldkamer bevond. De telefoonwacht drukte op de knop voor de beveiligde deur en we gingen naar binnen.

'Daar moet u zijn,' zei een agent tegen de rechercheur.

We liepen door naar achteren.

De fotograaf had zijn camera in zijn handen. Lila stond tegen een muur en hield een nummer voor haar borst omhoog. Haar nummer was, net als het mijne, met een dikke viltstift op de achterkant van een enveloppe van de politie van Syracuse geschreven.

'Alice,' zei de fotograaf toen hij me in het oog kreeg.

Ik zette de tas met onze kleren op een leeg bureaublad.

'Ken je me nog?' vroeg hij. 'Ik was ook de fotograaf bij jouw zaak, toen in 1981.'

'Hallo,' zei ik.

Lila bleef tegen de muur geleund staan. Twee andere agenten kwamen naar ons toe.

'Jee,' zei de een. 'Wat leuk om je te ontmoeten. Het gebeurt niet vaak dat we een slachtoffer na een veroordeling terugzien. Ben je tevreden met de afloop?'

Ik wilde die mannen een antwoord geven. Dat verdienden ze. Meestal zagen ze alleen de kant van een verkrachting die Lila nu, vergeten bij de muur, vertegenwoordigde: prille of berustende slachtoffers.

'Ja,' zei ik, me ervan bewust dat wat er nu gaande was helemaal niet in de haak was, maar versteld van mijn plotselinge roem. 'Jullie waren geweldig. Ik had het niet beter kunnen treffen. Maar ik ben hier voor Lila.'

Ook zij beseften hoe merkwaardig de situatie was. Maar wat was er niet vreemd?

Ze lieten haar poseren en intussen praatten ze met mij.

'Ze vertoont in feite geen zichtbare sporen. Ik weet nog dat jij behoorlijk toegetakeld was. Madison had je flink afgetuigd.'

'En haar polsen dan?' zei ik. 'Hij heeft haar vastgebonden. Ik was niet vastgebonden.'

'Maar hij had toch een mes, is het niet?' vroeg een agent,

erop gebrand de details van mijn zaak nog eens de revue te laten passeren.

De fotograaf liep naar Lila toe. 'Ja,' zei hij. 'Hou je polsen maar voor je omhoog. Kijk, zo.'

Lila deed wat haar gevraagd werd. Draaide zich een kwartslag om. Hield haar polsen voor zich omhoog. Intussen kwamen de agenten in uniform om me heen staan en stelden me vragen, gaven me een hand, glimlachten.

Toen was het tijd voor de telefoontjes. Ze wezen Lila en mij een plek toe aan een bureau in de tegenoverliggende hoek van de ruimte. Ik ging op het bureau zitten, Lila pakte een stoel tegenover me. Ze gaf me het nummer van haar ouders en ik draaide het.

Het was laat, maar haar vader was nog op.

'Meneer Rinehart,' zei ik, 'u spreekt met Alice, Lila's huisgenote. Ik geef u nu Lila.'

Ik gaf haar de hoorn aan.

'Pap,' begon ze. Ze huilde. Ze slaagde erin te vertellen wat er was gebeurd en gaf me toen de hoorn weer aan.

'Ik kan het niet geloven,' zei hij.

'Ze komt er weer overheen, meneer Rhinehart,' zei ik om hem gerust te stellen. 'Het is mij ook overkomen en het gaat goed met me.'

Meneer Rhinehart was op de hoogte van mijn geschiedenis. Lila had er met haar familie over gepraat.

'Maar jij bent mijn dochter niet,' zei hij. 'Ik vermoord die klootzak.'

Ik had een dergelijke woede tegen de dader kunnen verwachten, maar ik had het gevoel dat zijn boosheid op mij gericht was. Ik gaf hem het telefoonnummer van Marc. Zei hem dat we daar vannacht zouden slapen en dat hij moest bellen als hij wist hoe laat zijn vliegtuig zou landen. Marc had een auto, zei ik; we zouden hem van het vliegveld afhalen.

Lila ging met een politieman mee om aangifte te doen. Het was laat geworden en ik zat op het metalen bureaublad en dacht aan mijn ouders. Mijn moeder was net weer aan het werk gegaan, nadat ze twee jaar lang steeds vaker last van paniekaanvallen had gehad. Nu zou ik dat verpesten. Mijn gezonde verstand begon me in de steek te laten, uit me weg te vloeien. Hier was sprake van iets vreselijks, van een enorme schuld die aan niemand gegeven kon worden behalve aan een op de vlucht geslagen verkrachter die Lila nauwelijks kon beschrijven, en ik nam hem op me.

Ik draaide het nummer.

Mijn moeder nam de telefoon op. Middernachtelijke telefoontjes konden voor haar maar één ding betekenen. Ze wachtte thuis op het bericht van mijn dood.

'Mam,' zei ik, 'met Alice.'

Mijn vader nam ook op.

'Dag pap,' zei ik. 'Ten eerste wil ik dat jullie weten dat het goed met me gaat.'

'O god,' zei mijn moeder, vooruitlopend op wat ik ging zeggen.

'Ik weet niet hoe ik het anders moet zeggen dan recht voor z'n raap. Lila is verkracht.'

'O jezus.'

Ze stelden een hele hoop vragen. Ik antwoordde: 'Met mij gaat het goed.' 'Op mijn bed.' 'Dat weten we nog niet.' 'In de verhoorkamer.' 'Geen wapen.' 'Hou je mond, dat wil ik niet horen.'

Dat laatste was een reactie op wat ze eindeloos zouden blijven herhalen: 'Goddank was jij het niet.'

Ik belde Marc.

'We hebben hem gezien,' zei hij.

'Wat?'

'Pat belde en ik ben naar hem toe gegaan, en we hebben rondgereden om hem te zoeken.'

'Dat is gekkenwerk!'

'We wisten niet wat we anders moesten doen,' zei Marc. 'We wilden allebei die klootzak vermoorden. Pat is zo kwaad dat het hem rood voor de ogen schemert.'

'Hoe gaat het met hem?'

'Hij is helemaal van slag. Ik heb hem later bij een vriend afgezet. Hij wilde bij ons logeren.'

Ik luisterde naar Marcs verhaal. Ze hadden allebei een paar borrels gedronken en waren toen in de auto gestapt en hadden in het donker de straten in de buurt doorkruist. Marc had een koevoet in zijn auto. Pat speurde de tuinen en de huizen af, terwijl Marc nu eens langzamer ging rijden en dan weer optrok. Na een tijdje hoorden ze iemand gillen en zagen toen een man tussen twee huizen door te voorschijn komen. Hij rende de stoep op, maar toen hij de auto van Marc zag, draaide hij zich om en liep de andere kant op, in een normaal wandeltempo. Marc en Pat volgden hem. Ik kan me wel zo ongeveer voorstellen wat ze zeiden en wat ze van plan waren.

'Pat was bang,' zei Marc.

'Misschien was hij het wel niet,' zei ik. 'Hebben jullie daar wel aan gedacht?'

'Maar ze zeggen dat misdadigers soms blijven rondhangen,' wierp Marc tegen. 'En dan dat gegil en de manier waarop hij zich gedroeg.'

'Jullie achtervolgden hem,' zei ik. 'Marc, je kunt niets doen; zo is het nu eenmaal. Bij iemand in elkaar slaan is niemand gebaat.'

'Nou, hij draaide zich om en kwam toen op de auto af.'

'Wat?'

'Hij kwam gewoon op ons af, roepend en schreeuwend. Ik deed het zowat in mijn broek.'

'Heb je hem goed kunnen zien?'

'Ja,' zei hij, 'volgens mij wel. Hij moest het wel zijn. Hij stond in het licht van de koplampen naar ons te schreeuwen.'

Tegen de tijd dat Lila en ik naar Marcs flat waren gebracht, die aan de andere kant van de campus lag, was ik zo kapot dat ik niet verder kon praten. Ik wilde niet dat Lila iets te weten kwam over wat Marc en Pat hadden uitgespookt. Ik kon er wel begrip voor opbrengen, maar niet veel geduld meer. Geweld leidde alleen maar tot nog meer geweld. Zagen ze dan niet dat daardoor al het echte werk op de schouders van de vrouwen neerkwam? Het troosten en de schier onmogelijke taak van het accepteren.

In Marcs slaapkamer trokken Lila en ik onze flanellen nachthemden aan. Ik draaide haar mijn rug toe terwijl ze zich verkleedde en ik beloofde de deur te bewaken.

'Je moet Marc niet binnenlaten.'

'Oké,' zei ik.

Ze kroop in bed.

'Ik ben zo terug. Ik slaap aan de buitenkant, dus je bent veilig.'

'En de ramen?' vroeg ze.

'Marc heeft er sloten op gezet. Hij is in de stad opgegroeid, weet je nog?'

'Heb je ooit aan Craig gevraagd of hij het raam aan de achterkant wilde repareren?' Ze lag met haar rug naar mij toe gedraaid toen ze dit vroeg.

Ik ervoer de vraag, en de impliciete beschuldiging, als een messteek onder aan mijn ruggengraat. Craig was onze huisbaas. Twee weken geleden was ik naar boven gegaan, naar het appartement waar hij woonde, om hem te vragen het slot van mijn raam te repareren.

'Ja,' zei ik. 'Maar hij heeft het niet gedaan.'

Ik glipte de kamer uit en overlegde met Marc. Je kon alleen via de slaapkamer in de badkamer komen. Ik wilde alles tot in de puntjes regelen, zelfs dit: als Marc midden in de nacht naar de wc moest, zei ik, moest hij de gootsteen in de keuken maar gebruiken.

Terug in de slaapkamer kroop ik in bed.

'Zal ik je over je rug wrijven?' vroeg ik.

Lila had zich opgerold tot een bal en lag nog steeds met haar rug naar me toe. 'Oké.'

Dat deed ik.

'Stop,' zei ze. 'Ik wil alleen maar slapen. Ik wil wakker worden en alles achter de rug hebben.'

'Mag ik je vasthouden?'

'Nee,' zei ze. 'Ik weet dat je voor me wilt zorgen, maar dat kun je niet. Ik wil niet dat iemand me aanraakt. Jij niet, niemand niet.'

'Ik blijf wakker tot je in slaap bent gevallen.'

'Doe maar wat je niet laten kunt, Alice,' zei ze.

De volgende ochtend klopte Marc bij ons op de deur en bracht ons thee. Meneer Rhinehart had gebeld om zijn vluchtgegevens door te geven. Ik beloofde Lila dat ik al haar spullen zo snel mogelijk uit het appartement zou weghalen. Ze had een lijst gemaakt van de dingen die ze wilde dat haar vader en ik nu zouden inpakken, zodat ze die meteen kon meenemen naar het huis van haar ouders. Ik belde Steve Sherman. Ik had een plek nodig om mijn spullen op te slaan. Lila kende iemand bij wie ze de hare kwijt kon. Verhuizen en inpakken: haar spullen waren tenminste iets waarover ik controle kon uitoefenen. Op die manier kon ik haar van dienst zijn.

Ik stond op dezelfde plek als waar rechercheur John Murphy destijds mij had staan opwachten. Ik had Lila's vader al eens ontmoet toen ik haar afgelopen zomer bij haar ouders had opgezocht. Hij was een lange, rijzige man. Toen hij dichterbij kwam zag ik dat hij begon te huilen. Zijn oogleden waren al rood en gezwollen. Hij liep op me af, zette zijn bagage neer en ik omhelsde hem terwijl hij huilde.

Maar in zijn aanwezigheid voelde ik me alsof ik van een andere planeet kwam. Ik kende het klappen van de zweep, dat dacht iedereen tenminste. Ik was verkracht, had me door een rechtszaak heen geslagen en had in de kranten gestaan. Ieder ander was een amateur. Pat, de Rhineharts – hun leven had hen hier niet op voorbereid.

De manier waarop meneer Rhinehart me bejegende was niet bepaald vriendelijk. Uiteindelijk liet hij mijn moeder en mij weten dat zij hun eigen boontjes wel zouden doppen. Hij zei tegen mijn moeder dat zijn dochter heel anders was dan ik, en dat ze het liever zonder mijn advies of haar goede raad zouden stellen. Lila moest met rust gelaten worden, zei hij.

Maar eerst, op die dag, huilde hij en omhelsde ik hem. Ik wist, beter dan hij ooit zou kunnen weten, wat zijn dochter had doorgemaakt en dat hij niet bij machte zou zijn om haar te troosten. Op dat ogenblik, voor de schuldvraag en de verwijdering een rol gingen spelen, was hij gebroken. Mijn fout was dat ik niet inzag hoe verloren ik was geraakt. Ik gedroeg me zoals ik dacht dat het hoorde: als een prof.

Bij Marc thuis kwam Lila haar bed uit toen ze haar vader zag. Ze omhelsden elkaar en ik deed de deur van de slaapkamer dicht. Ik ging zo ver mogelijk bij hen vandaan staan om hun wat privacy te geven. In de lage, smalle keuken op Marcs zolderverdieping rookte ik een sigaret van Marc. In gedachten begon ik onze spullen in te pakken en ze over de woningen van diverse vrienden te verdelen. Iedere seconde ging er een miljoen gedachten door me heen. Toen er een lepel in de spoelbak gleed, schrok ik op.

Die avond nam meneer Rhinehart ons mee uit eten bij de Red Lobster; Marc, mij, Pat en Lila. Het was 'onbeperkt garnalen eten' en hij bleef er maar op aandringen dat we nog wat zouden nemen. Pat deed zijn best en Marc ook, al at hij liever Szechuan-noedels en peultjes. Pat noch Marc was macho in de gebruikelijke zin van het woord; de conversatie haperde geregeld. Meneer Rhinehart had opgezette, bloeddoorlopen ogen. Ik weet niet meer wat ik gezegd heb. Ik voelde me niet op mijn gemak. Ik voelde hoe graag Lila weg wilde. Ik wilde haar niet aan haar ouders overdragen. Ik dacht aan Mary Alice, die mijn haar had gevlochten op de ochtend nadat ik was verkracht. Ik had er bijna van meet af aan, op het vliegveld al, een voorgevoel van gehad: er zouden redenen naar voren worden gebracht, door haar ouders misschien, die mij zouden verhinderen om haar te helpen. Ik moest verbannen worden. Ik had de ziekte, die was besmettelijk. Ik wist het, maar ik bleef me vastklampen. Ik klampte me zo stevig vast, ik wilde zo wanhopig graag samen met Lila deze gedeelde ervaring doormaken dat mijn aanwezigheid haar wel een verstikkend gevoel móést bezorgen.

We brachten hen naar het vliegveld. Ik kan me ons afscheid niet herinneren. In gedachten was ik bij de verhuizing, om te redden wat er voor mij nog te redden viel.

Binnen een dag haalde ik al onze spullen, die van Lila en mij, uit het appartement. Ik deed het alleen. Marc moest naar college. Ik belde Robert Daly, een student die een truck had, en sprak met hem af dat hij de spullen zou komen ophalen als ik ze had ingepakt. Ik schonk hem mijn meubels – hij mocht hebben wat hij wilde, zei ik. Pat was nauwelijks in beweging te krijgen.

Niemand leek te begrijpen waarom ik zo'n haast had. In de keuken was ik druk bezig met pakken en ik stootte met mijn heup tegen de tafel. Een kleine, handgemaakte mok met een konijntje, die ik na het proces van mijn moeder had gekregen, viel op de vloer en brak. Ik keek ernaar en begon te huilen, maar hield daar toen weer mee op. Daar had ik geen tijd voor. Ik wilde het mezelf niet toestaan me ergens aan te hechten. Dat was te gevaarlijk.

Vroeg in de ochtend had ik eerst mijn slaapkamer uitgeruimd, en nu – Robert zou voor het donker komen – deed ik de deur open voor een laatste onderzoekende blik op mijn kamer. Ik had het grondig aangepakt. Maar op de vloer bij het ladekastje vond ik een foto van mij en Steve Sherman, die in de zomer op de veranda van het huis was genomen. We zagen er op de foto gelukkig uit. Ik zag er normaal uit. Daarna vond ik in een kast een valentijnskaart die hij me eerder dat jaar had gegeven. De foto en de valentijnskaart waren nu bedorven, besmet – overblijfselen van de plaats van een misdrijf.

Ik had geprobeerd te zijn als ieder ander. Mijn hele derde jaar lang had ik een serieuze poging gewaagd. Maar het mocht niet zo zijn. Dat zag ik nu in. Het zag ernaar uit dat ik geboren was om door verkrachting te worden achtervolgd, en ik begon ernaar te leven.

Ik pakte de foto en de valentijnskaart en deed de deur van mijn slaapkamer voor de allerlaatste keer dicht. Ik liep naar de keuken. Ik hoorde geluid uit de andere kamer komen. Het galmde nu ik hem leeggeruimd had.

Ik schrok op.

'Hallo?' klonk een stem.

'Pat?' Ik liep de andere kamer in. Hij had een groene vuilniszak bij zich om wat van zijn kleren in te doen.

'Waarom huil je?' vroeg hij.

Ik had niet gemerkt dat ik huilde, maar nu hij ernaar vroeg voelde ik dat mijn wangen nat waren.

'Mag ik niet huilen?' vroeg ik.

'Nou ja, ik bedoel...'

'Wat bedoel je?'

'Ik had alleen verwacht dat je er wel tegen kon.'

Ik ging vreselijk tegen hem tekeer. We waren nooit dikke vrienden geweest en van nu af aan zouden we zelfs geen goede kennissen meer zijn.

Robert Daly arriveerde. Een rots in de branding. Zo denk ik aan hem terug. In onze fictiewerkgroep hadden we allebei een gezonde kritische houding die gepaard ging aan ontzag voor Tobias Wolff en Raymond Carver. Robert en ik kenden elkaar niet goed, maar hij hielp me. Ik moest huilen waar hij bij was en hij vond het onzin dat ik me daarvoor verontschuldigde. Hij nam mijn schommelstoel, mijn zitslaapbank en een paar andere dingen over. Een paar jaar lang, tot het duidelijk was dat ik er niet meer voor zou terugkomen, stuurde hij me kaartjes met de mededeling dat het goed ging met mijn meubels en dat ze wilden dat ik daar ook was.

Zonder me ervan bewust te zijn veranderde ik.

Voor Thanksgiving ging ik naar mijn ouders. Steve Sherman kwam over uit New Jersey om bij me te logeren. Voor hij mijn vriendje werd, was hij al bevriend met Lila, en het feit dat we allebei waren verkracht had hem enorm aangegrepen. Hij vertelde me dat hij onder de douche had gestaan toen hij het nieuws over Lila hoorde. Zijn huisgenoot was binnengekomen en had het hem verteld. Hij had naar zijn penis gekeken en plotseling een zelfhaat gevoeld die hij niet kon omschrijven, maar die voortkwam uit de wetenschap dat zijn vriendinnen op zo'n gewelddadige manier het slachtoffer van andermans penis waren geweest. Hij wilde graag helpen. Hij sloeg de rest van mijn spullen op en ik sliep in zijn logeerkamer. Toen Lila twee weken na de verkrachting terugkwam voor de toelatingsexamens voor de master-opleiding, logeerde ze ook bij hem. Hij hield me gezelschap en was mijn bodyguard; na de les of mijn werk bracht hij me thuis.

De scheiding die volgde was onontkoombaar, denk ik. Men voelde zich gedwongen om een kant te kiezen. Het begon op de avond van de verkrachting, toen de politie mij zo openlijk tegemoet was getreden. Lila's vrienden begonnen me te ontlopen, ontweken mijn blik of keken de andere kant uit. Toen ze in verband met de toelatingsexamens in Syracuse was, kwam de politie naar Steves huis voor een fotoconfrontatie. Ik was in de slaapkamer met Lila en twee politiemannen. Ze spreidden de fotootjes, formaat pasfoto, uit op het bureaublad. Ik keek mee over Lila's schouder.

'Ik weet zeker dat jij een van die mensen herkent,' zei een van de agenten in uniform tegen me.

In de collectie zat een foto van Madison en van zijn maatje bij de confrontatie, Leon Baxter. Ik was zo kwaad dat ik geen woord kon uitbrengen.

'Is degene die haar heeft verkracht hierbij?' vroeg Lila. Ze zat voor me, aan het bureau. Ik kon haar gezicht niet zien.

Ik ging de kamer uit. Ik was kotsmisselijk. Steve stak zijn armen naar me uit en pakte me vast.

'Wat is er?'

'Ze hebben er een foto van Madison bij gedaan,' zei ik.

'Maar die zit toch nog in de gevangenis?'

'Ja, ik dacht van wel.' Ik had er niet aan gedacht om daarnaar te informeren.

'Attica,' gaf een van de agenten ten antwoord.

'Dat ze haar verkrachter eruit moet pikken en hém daar ziet... Zo krijg ík weer de aandacht,' zei ik tegen Steve. 'Het is niet eerlijk.'

De deur ging open. Lila kwam de woonkamer binnen in het kielzog van de agent die de enveloppe met de foto's in zijn hand hield.

'We zijn klaar,' zei een van de agenten.

'Heb je hem gezien?' vroeg ik Lila.

'Ze heeft íets gezien,' zei de agent. Hij klonk niet blij.

'Ik hou ermee op. Ik ga er geen rechtszaak van maken,' zei Lila.

'Wat?'

'Het was me een genoegen je te ontmoeten, Alice,' zei de agent. Hij gaf me een hand. Dat deed zijn collega ook.

Ze vertrokken en ik keek Lila aan. Mijn vraag moet voor de hand hebben gelegen.

'Het wordt me te veel,' zei Lila. 'Ik wil mijn leven terug. Ik heb gezien wat het bij jou heeft aangericht.'

'Maar ik heb gewonnen,' zei ik ongelovig.

'Ik wil dat het voorbij is,' zei ze. 'En op deze manier ís het voorbij.'

'Maar je kunt het niet gewoon wegwensen,' zei ik.

Toch was dat precies wat ze probeerde, dat zag ik wel in. Ze legde haar toelatingsexamens af en ging tot na de kerst terug naar haar ouderlijk huis. We waren van plan om samen in een huis voor ouderejaarsstudenten te gaan wonen. Haar familie zou haar een auto lenen, want dat was de enige manier waarop je de campus op en af kwam. Het was of dat, of de bus. Ik zou de bus nemen.

Ik zal nooit weten wat de politie in die kamer tegen Lila heeft gezegd en of ze haar verkrachter tussen de andere mannen had herkend. Destijds kon ik haar besluit om de zaak verder te laten rusten niet begrijpen, al dacht ik van wel. De politie had de theorie dat Lila uit wraak was verkracht. Ze hadden daarvoor verschillende argumenten. Ook al zat hij in Attica vast, Madison had vrienden. Hij had een maximumstraf opgelegd gekregen en zou minstens acht jaar vastzitten. De verkrachter wist hoe ik heette. Verkrachtte haar op mijn bed. Vroeg intussen naar me. Hij kende mijn rooster en wist dat ik bij Cosmos in de bediening werkte. Dit alles kon een bewijs zijn van de betrokkenheid van Madison, maar het kon ook duiden op een misdadiger die grondig onderzoek had gedaan met de bedoeling zijn slachtoffer alleen thuis te treffen. Ik geloof nog steeds liever dat de gruwelijkheid van dit misdrijf voor een deel is gelegen in een wrede samenloop van omstandigheden. Samenzwering vond ik te ver gezocht.

Lila wilde het niet weten. Ze wilde er niets meer mee te maken hebben.

De politie ondervroeg mijn vrienden; ze gingen naar Cosmos en ondervroegen de eigenaar en de man die voor het raam de pizza's in de lucht omdraaide. Maar er vonden nog meer verkrachtingen plaats, waarbij dezelfde werkwijze werd gevolgd als bij Lila. Nu Lila niet zou procederen, was een eventuele link naar mij niet van belang. Ze hadden geen getuige, en zonder getuige was er geen zaak. De politie sloot het onderzoek af. Lila ging tot januari naar haar ouders. Ze gaf me een kopie van haar rooster. Ik liet haar docenten weten waarom ze voorlopig geen tentamen zou afleggen. Ik belde haar vrienden.

Mijn leven ging weer zijn gangetje en ik begon langzamerhand in te storten.

Met de kerst ging ik naar mijn ouders.

Mijn zus was gedeprimeerd. Ze was afgestudeerd en had een Fullbright-beurs gewonnen, maar nu woonde ze weer bij pap en man en werkte ze bij een tuincentrum. Haar hoofdvak Arabisch had haar niet de baan gebracht waarop ze had gehoopt. Ik ging naar haar kamer om haar op te vrolijken. Op een gegeven moment zei ze: 'Alice, je snapt het gewoon niet. Jou komt alles zomaar aanwaaien.' Ik stamelde van ongeloof. Een muur rees tussen ons op. Ik trok mijn handen van haar af.

Ik had last van nachtmerries, meer en heviger dan ooit tevoren. Mijn in die jaren sporadisch bijgehouden dagboek staat er vol mee. Het beeld dat steeds terugkeerde was iets wat ik in een documentaire over de holocaust had gezien. Er zijn vijftig à zestig krijtwitte, uitgemergelde lijken. Ze zijn naakt. Het fragment toont een bulldozer die hen in een diep, open graf duwt; de vallende lichamen vormen een kluwen. Gezichten, monden, schedels met diepliggende ogen, breinen die zich onvoorstelbaar veel moeite hadden getroost om in leven te blijven. En dan dit. Duisternis, dood, vuiligheid, en het idee dat ergens daartussen misschien nog iemand worstelt om in leven te blijven.

Ik werd badend in het koude zweet wakker. Soms schreeuwde ik. Ik draaide me dan op mijn zij met mijn gezicht naar de muur. Volgende stap: eenmaal wakker stelde ik me in gedachten de toedracht van mijn naderende dood tot in de details voor. De verkrachter was in huis. Hij klom de trap op. Instinctief wist hij welke traptreden hem zouden verraden. Met grote stappen beende hij door de gang. Door het raam aan de voorkant waaide een briesje naar binnen. Mocht er in een andere kamer iemand wakker zijn, dan nog zou die er geen aandacht aan schenken. De nauwelijks waarneembare geur van een vreemde, ergens in huis, zou daar naar binnen waaien, maar net zoals dat gaat met een zacht geluid zou het niemand behalve mij erop attenderen dat er iets te gebeuren stond. Vervolgens zou ik merken dat mijn deur openging, de aanwezigheid van een ander in de kamer, de lucht die zich verplaatste om plaats te maken voor een mens. Ver bij me vandaan, bij de muur van mijn kamer, ademde iets mijn lucht in, stal mijn zuurstof. Mijn ademhaling werd oppervlakkig en ik nam me voor alles te doen wat de man wilde. Hij kon me verkrachten en in me snijden en mijn vingers afhakken. Hij kon me blind maken of me verminken. Wat dan ook. Het enige wat ik wilde was overleven.

Vastbesloten raapte ik mijn moed bijeen. Waarom wachtte hij? Ik draaide me langzaam om in het donker. Waar de man in mijn verbeelding zo levensecht aanwezig was, stond echter niemand; er was niets te zien behalve de kastdeur. Dat was alles. Daarna deed ik het licht aan en doorzocht het huis, liep naar elke deur en draaide de knop om in de overtuiging dat hij zou meegeven, en daar, aan de andere kant, zou hij staan, naar mij lachen. Een enkele keer werd mijn moeder wakker door het geluid dat ik maakte. 'Alice?' riep ze dan.

'Ja, mam,' zei ik, 'ik ben het maar.'

'Ga slapen.'

'Doe ik,' zei ik. 'Ik wil alleen iets te eten halen.'

Boven, in mijn slaapkamer, probeerde ik te lezen. Niet naar de kastdeur kijken, al was het maar even, of naar de deur.

Ik heb me nooit afgevraagd wat er met me aan de hand was. Het leek mij allemaal normaal. Dreiging was alom aanwezig. Geen plek, geen mens was veilig. Mijn leven verschilde van dat van andere mensen; het was niet meer dan normaal dat ik me anders gedroeg.

Na de kerst probeerden Lila en ik er in Syracuse het beste van te maken. Ik wilde haar helpen, maar ik had haar ook nodig. Ik geloofde in praten. Om na het donker bij haar te zijn, nam ik ontslag bij Cosmos. Dat was makkelijk: ze wilden me niet terug. Toen ik ging informeren naar dagdiensten, was de eigenaar afstandelijk en weinig toeschietelijk. De man die de pizza's in de lucht omdraaide kwam naar me toe toen de eigenaar weg was.

'Snap je het niet?' zei hij. 'De politie is hier geweest en heeft vragen gesteld. We willen je hier niet.'

Toen ik vertrok was ik in tranen en ik liep blindelings tegen iemand aan.

'Kijk uit je doppen!' zei de man tegen me.

Het sneeuwde. Ik ging ook weg bij de *Review*. De bus terug naar het huis waar Lila en ik nu woonden liet het vaak afweten. Tess was met verlof. Ik ging niet langer naar poëzielezingen. Op een avond – ik kwam wat later thuis dan gewoonlijk, het was al donker – kwam Steve me bij de voordeur tegemoet. 'Waar zat je?' vroeg hij. Hij klonk boos, beschuldigend.

'We moesten eten hebben,' zei ik.

'Lila belde me omdat ze bang was. Ze wilde dat iemand haar gezelschap kwam houden.'

'Fijn dat je gekomen bent, bedankt,' zei ik. Ik had een grote zak met boodschappen in mijn armen en het was koud buiten.

'Je had hier moeten zijn.'

Ik liep naar binnen en slikte mijn tranen in.

Toen Lila zei dat het zo niet ging, dat ze het appartement niks vond en dat ze een paar weken naar haar ouders zou gaan en daarna bij Mona zou intrekken, een nieuwe vriendin, kwam dit als een grote schok. Ik dacht dat we in hetzelfde schuitje zaten, dat we dit deelden, dat we klonen waren.

'Het gaat gewoon niet, Alice,' zei ze. 'Ik kan er niet over praten zoals jij van me wilt, en ik voel me hier geïsoleerd.'

Steve en Marc waren de enige twee mensen die regelmatig op bezoek kwamen. Allebei waren ze graag bereid de wacht te houden, al deden ze hun uiterste best om elkaar te ontlopen. Maar het waren vrienden van mij – mijn vriendjes, om precies te zijn – en Lila wist dat. Ze waren er in de eerste plaats voor mij, en door haar te helpen hielpen ze mij. Ze had er behoefte aan zich daarvan los te maken. Nu snap ik dat wel. Maar toen voelde ik me verraden. We bekeken onze platenverzameling en de andere dingen die gedurende de twee jaar van ons samenzijn gemeenschappelijk bezit waren geweest. Ik huilde, en als ze iets wilde, gaf ik het haar. Ik gaf haar dingen waar ze niet om vroeg. Ik liet spullen achter om mijn plek te markeren. Kon ik ooit terug naar waar ik vandaan kwam? Waar was dat? Een maagd? Een eerstejaars? Achttien?

Ik denk wel eens dat niets me meer gekwetst heeft dan Lila's besluit om niet meer met me te praten. Het was een complete black-out. Ze belde me niet terug toen ik eindelijk een van haar vrienden haar nieuwe telefoonnummer had ontfutseld. Ze passeerde me op straat en zei niets. Ik riep haar naam. Geen reactie. Ik versperde haar de weg, ze liep om me heen. Als ze met een vriend of vriendin was, keken ze wel, maar met een haat in hun ogen die ik niet begreep maar die wel hard aankwam.

Ik ging bij Marc wonen. Over vier maanden zou ik afstuderen. Behalve voor mijn lessen ging ik nooit de deur uit. Hij bracht me overal naartoe, als een bereidwillige chauffeur, maar verder bleef hij meestal uit mijn buurt. Tot diep in de nacht bleef hij in de architectuurstudio; soms sliep hij daar. Wanneer hij thuis was, vroeg ik hem op onderzoek uit te gaan naar geluiden, de sloten te controleren, me alsjeblieft vast te houden.

De week voor ons afstuderen zag ik Lila weer. Ik was met Steve Sherman inkopen aan het doen in Marshall Street. Ze zag mij, ik zag haar, maar ze liep me straal voorbij.

'Ik kan mijn ogen niet geloven,' zei ik tegen Steve. 'Over een week studeren we af en ze wil nog steeds niet met me praten.'

'Wil jij wel met haar praten?'

'Ja, maar ik ben bang. Ik weet niet wat ik moet zeggen.'

We besloten dat Steve zou blijven staan waar we waren en dat ik een rondje zou lopen in tegengestelde richting.

Ik kwam haar weer tegen.

'Lila,' zei ik.

Ze was niet verrast. 'Ik vroeg me al af of je me zou aanspreken.'

'Waarom wil je niet met me praten?'

'We zijn verschillend, Alice,' zei ze. 'Het spijt me als ik je heb gekwetst, maar ik moet verder met mijn leven.'

'Maar we zijn klonen.'

'Dat zeiden we toch alleen maar voor de gein.'

'Ik ben met niemand anders zo goed bevriend geweest.'

'Je hebt Marc en Steve. Is dat niet genoeg?'

We wensten elkaar veel plezier bij de buluitreiking. Ik vertelde haar dat Steve en ik onderweg waren naar een nabijgelegen restaurant om daar aan de bar mimosa-cocktails te gaan drinken. Als ze zin had kon ze mee.

'Misschien zien we elkaar daar,' zei ze, en met die woorden liep ze verder.

Ik haastte me de boekwinkel binnen waar we voor hadden gestaan en kocht een boek voor haar met gedichten van Tess, *Instructions to the Double*. Ik schreef er iets in wat me nu niet woordelijk te binnen wil schieten. Het was sentimenteel en kwam recht uit mijn hart. Ik schreef iets in de trant van dat ik er altijd voor haar zou zijn, dat ze me alleen maar hoefde te bellen.

We zagen haar inderdaad terug in het restaurant. Ze was aangeschoten en had een jongen bij zich op wie ze naar ik wist verliefd was. Ze wilde niet bij ons komen zitten, maar ze kwam wel bij ons tafeltje staan en praatte over seks. Ze vertelde me dat ze nu een pessarium had aangeschaft en dat ik gelijk had gehad: seks was geweldig. Ik was nu publiek, geen vriendin of vertrouwelinge. Ze had het te druk met doen wat ik ook deed: de wereld bewijzen dat het goed met haar ging. Ik vergat haar het boek te geven. Ze vertrokken.

Op weg naar huis kwamen Steve en ik langs een andere, wat chiquere studentengelegenheid. Binnen zag ik Lila zitten met haar vlam en met een heel stel mensen die ik niet kende. Ik vroeg Steve of hij even wilde wachten en ik ging snel met het boek naar binnen. De mensen aan de tafel keken op.

'Dit is voor jou,' zei ik, terwijl ik Lila het boek voorhield. 'Het is een boek.'

Haar vrienden schoten in de lach, want het was overduidelijk dat het om een boek ging.

'Dankjewel,' zei Lila.

Er kwam een serveerster om bestellingen op te nemen. Lila's
vlam zat me te bekijken.

'Ik heb er iets in geschreven,' zei ik.

Terwijl haar vrienden hun drankjes bestelden, keek Lila
naar me op. Ik dacht op dat moment dat ze medelijden met
me had. 'Ik zal het later lezen, maar bedankt. Het lijkt me een
mooi boek.'

Ik heb Lila nooit meer gezien.

Ik ben niet naar de buluitreiking gegaan. Ik kon me niet
voorstellen dat ik daar zou zijn en zou proberen feest te vieren, terwijl Lila en haar vrienden er waren. Marc zat voor een
deadline. Zijn studiejaar was nog niet ten einde. Steve was wel
naar de buluitreiking. Mary Alice ook. Ik had mijn ouders
laten weten dat ik liever vandaag dan morgen Syracuse uit
wilde. Daar waren ze het mee eens. 'Hoe eerder, hoe beter,'
zeiden ze.

Ik pakte de spullen die me nog restten in een zilverkleurige
huurauto. Het was een Chrysler New Yorker; er waren geen
kleinere auto's meer beschikbaar. Ik reed met dit slagschip
naar Paoli in de wetenschap dat alleen de auto al mijn ouders
aan het lachen zou maken.

Syracuse was verleden tijd. Daar was ik blij om, dacht ik. In
de herfst zou ik naar de universiteit van Houston gaan. Ik wilde mijn master's in poëzie halen. De zomer zou ik besteden
aan het herscheppen van mezelf. Ik was nog nooit in Houston
geweest, nog nooit ten zuiden van Tennessee, maar daar zou
ik een ander leven leiden. Niet achtervolgd door verkrachting.

Nasleep

Ergens in de herfst van 1990 werd John op een avond op zijn gezicht geslagen. Ik stond buiten bij De Robertis, aan First Avenue, te wachten tot John terugkwam met de goedkope heroïne die we allebei snoven. We hadden een soort afspraak: we zeiden altijd dat ik hem als hij te lang wegbleef al roepend achterna zou komen. Het was een vaag plan, maar het hielp ons de gedachte te verdringen dat er iets kon gebeuren waarover we geen controle hadden. Ik weet nog dat het die avond koud was buiten. Maar verder vormen die dagen in mijn herinnering min of meer een troebele brij. En dat was precies waar het me in die periode om te doen was.

Een jaar daarvoor was er een stuk van mij geplaatst in *The New York Times Magazine*: het relaas van mijn verkrachting, in de ik-vorm. In het artikel drong ik er bij de lezers op aan om over verkrachting te praten en te luisteren naar slachtoffers wanneer die met hun verhaal kwamen. Ik kreeg heel veel post. Ik vierde het met zakjes heroïne ter waarde van vier ruggen en een Grieks vriendje, een van mijn oud-studenten. Toen belde Oprah Winfrey; ze had het stuk ook gelezen. Ik was te gast in haar televisieshow. Ik was het slachtoffer dat had teruggevochten. Er was een ander die dit blijkbaar niet had gedaan. Net als bij Lila had Michelles verzet geen zichtbare littekens achtergelaten. Toch betwijfel ik of Michelle naar huis vloog om heroïne te snuiven.

Ik heb mijn master-opleiding in Houston niet afgemaakt. Ik hield weliswaar niet van die stad, maar eerlijk gezegd was ik er ook niet voor uit het goede hout gesneden. Ik sliep met een tienkamper en een vrouw, ik kocht hasj van een jongen achter de Seven-Eleven en ik dronk met een andere student die evenmin zijn studie afmaakte – een lange man uit Wyoming – en soms, als de tienkamper me in zijn armen hield, of als de man uit Wyoming achteroverleunde en naar me keek, huilde ik met hysterische uithalen waar niemand iets van begreep, ikzelf wel het minst. Ik dacht dat het aan Houston lag. Dat het lag aan het leven in een warm klimaat, waar te veel insecten waren en waar de vrouwen een overmaat aan strikjes en kwikjes droegen.

Ik verhuisde naar New York en vond een kamer in een woningbouwproject dat bedoeld was voor minderheden met lage inkomens, aan Tenth Avenue en C. Mijn hospita en huisgenote, Zulma, kwam van Puerto Rico en had haar gezin in het appartement grootgebracht. Nu verhuurde ze de slaapkamers die ze over had. Ook zij hield wel van een slok.

Ik werkte als gastvrouw bij La Fondue, een tent in Midtown, en daarna kreeg ik (dankzij een ontmoeting met een beschonken man in een bar, King Tut's Wawa Hut) een baan als docent aan Hunter College. Ik was adjunct. Ik had niet de vereiste diploma's en slechts één jaar ervaring (in Houston had ik als student-assistent lesgegeven), maar de sollicitatiecommissie was ten einde raad, en ze herkenden enkele namen: Tess Gallagher, Raymond Carver. Tijdens het sollicitatiegesprek had ik een kwartier nodig om op het woord 'syntaxis' te komen, een toch niet onbelangrijke term als het om taal gaat. Toen de voorzitter belde en Zulma me de telefoon aangaf, was ik stomverbaasd over wat ik toen beschouwde als een enorme meevaller die ik aan het drinken te danken had.

En mijn studenten van Hunter werden de mensen die me in leven hielden. Ik kon me verliezen in hun levens. Het waren immigranten, mensen uit etnische minderheden, stadskinderen, volwassen vrouwen die weer gingen studeren, mensen met een volle baan, ex-verslaafden en alleenstaande ouders. Hun verhalen vulden mijn dagen en hun aanpassingsproblemen legden beslag op mijn avonden. Ik voelde me tussen hen volkomen op mijn plaats; het was jaren geleden, al sinds voor mijn verkrachting, dat ik zo sterk het gevoel had gehad dat ik ergens thuishoorde. Mijn eigen verhaal verbleekte naast het hunne. Lopen over de lijken van je landgenoten om uit Cambodja te ontsnappen. Toezien hoe een broer tegen de muur werd gezet en werd doodgeschoten. In je eentje een gehandicapt kind grootbrengen op serveerstersfooien. En dan waren er de verkrachtingen. Het meisje dat speciaal voor dit doel was geadopteerd door haar vader, een priester. Het meisje dat verkracht was in de flat van een medestudent en dat door de politie niet werd geloofd. De militante lesbo, vol tatoeages, die in mijn werkkamer instortte toen ze me vertelde hoe ze door een groep mannen was verkracht.

Ze vertelden me hun verhaal omdat – dat denk ik tenminste – ik nooit aan hen twijfelde, hen zonder voorbehoud geloofde. Bovendien dachten ze dat ik een onbeschreven blad was. Ik was duidelijk een blank meisje uit de middenklasse. Een universiteitsdocente. Mij zou nooit iets overkomen zijn. Ik was te gretig om me erom te bekommeren dat het eenzijdige relaties waren. Net als een barkeeper luisterde ik en net als bij een barkeeper stelde mijn positie me in staat een veilige afstand te bewaren. Ik was het oor, en de tragische verhalen over het leven van mijn studenten hadden een helende uitwerking op mij. Maar ik begon er langzamerhand enigszins immuun voor te worden. Tegen de tijd dat ik het stuk voor *The New York Times* schreef, was ik zover dat ik erover kon praten. Sommige studenten lazen het. Ze waren geschokt. Toen kwam *Oprah*. Een veel groter aantal van hen zag mij in die show, hun lerares Engels, orerend over haar eigen verkrachting. De daaropvolgende weken kwam ik op straat vroegere studenten van me tegen. 'Jee,' vertrouwden ze me toe, 'ik had nooit verwacht dat jij... Ik bedoel, je weet wel.' En ik wist het. Omdat ik blank was. Omdat ik in een voorstad was opgegroeid. Omdat het, zonder een naam aan mijn verhaal verbonden, een verhaal blijft in plaats van realiteit.

Ik was dol op heroïne. Drank had zo zijn nadelen – de hoeveelheid bijvoorbeeld die je ervan naar binnen moest werken om vergetelheid te bereiken – en de smaak ervan beviel me niet, noch de rol die alcohol in mijn verleden had gespeeld, toen mijn moeder aan de drank was. Van cocaïne werd ik ziek. In een tent die de Pyramid heette, kreeg ik een keer verschrikkelijke krampen. Rasta's en blanke meisjes dansten om me heen terwijl ik dubbelgevouwen van de pijn op de vloer lag. Ik heb het nog een paar keer genomen, om te testen of het inderdaad aan de cocaïne lag. XTC en paddestoelen en LSD? Wie wilde zijn stemming nou versterken? Mijn doel was juist mijn stemming teniet te doen.

Ik belandde op de vreemdste plekken. Leegstaande gebouwen, steegjes, Athene. Op een avond kwam ik uit een roes bij terwijl ik in een cafeetje in Griekenland zat. Voor me op een bord lagen heel kleine zilverachtige visjes. Twee mannen zaten met een stukje brood de olie van mijn bord op te deppen. We gingen terug naar een huis op een heuvel. Ik hoorde iemand de naam van mijn Griekse student noemen, maar hij was er niet. We rookten opium en liepen weer naar buiten. Een van de mannen verdween. De andere wilde met me naar bed. Ik was in Amerika op televisie geweest.

In hetzelfde huis, waar inmiddels allemaal andere mensen aanwezig waren, trok ik iemands jasje aan omdat ik het koud had. In de zak zat een gebruikte naald. Ik prikte me eraan. Heel even was ik gealarmeerd. Aids, dacht ik meteen. Maar toen deed ik waar ik goed in was geworden: ik gokte op mijn goede gesternte. Dit was Griekenland. Hoe groot kon het risico zijn?

Na een maand ging ik naar huis. Ik schreef een reisartikel voor *The New York Times* dat het daaropvolgende voorjaar gepubliceerd zou worden, mooi op tijd voor degenen die plannen wilden maken voor hun vakantie. In de tussentijd vloog ik weer naar Europa, ditmaal met een andere vroegere student van me, John. Hij had samen met een vriend, via een familielid van die vriend, goedkope tickets weten te ritselen naar Amsterdam. Zo stoned als een garnaal gingen we vandaar met de nachttrein naar Berlijn. Het was tijdens de val van de Muur. Toen we bij de betonnen afscheiding tussen het Oosten en het Westen kwamen, was het na middernacht. John en Kippy droegen ook hun steentje bij. Ze leenden een pikhouweel van een groepje hese, euforische Duitse mannen en gaven 'm om de beurt van katoen. Ik keek van een afstandje toe. Dit was mijn land niet en ik was de enige vrouw tussen een stel mannen. Er kwam een Duitser naar me toe en die bood me een sigaret aan, een fles; hij zei iets tegen me en greep me bij mijn achterwerk. Even verderop staarde een Oost-Duitse grenswacht van bovenaf op ons neer.

Kort daarna werd John in New York in zijn gezicht geslagen. Ik weet nog dat ik hem de hoek om zag komen. Hij was langer weggebleven dan anders. Ik zag dat hij zijn bril niet meer ophad en dat zijn neus onder het bloed zat. Hij was overstuur.
'Heb je het?' vroeg ik.
Hij knikte. Zei niets. We begonnen te lopen.
'Iemand heeft me geslagen.'
Dit alarmeerde me, net als de naald in Athene. De vraag was: hoe erg moest het worden? Ik wilde niet dat John nog in zijn eentje ging scoren en dat stak ik ook niet onder stoelen of banken, maar soms, als we wanhopig waren, deed hij dat toch.
Het werd nog veel erger, en toen, in het voorjaar van 1991, ik was net naar een appartement op Seventh Street verhuisd, knapte er iets. Er was iets mis met mij, maar ik wist niet wat. Ik lag in bed. Ik at zoals ik sinds mijn studententijd niet meer gegeten had, en ik droeg mijn oude flanellen nachtponnen. De verhuisdozen bleven onuitgepakt. John werkte zich te pletter. Hij voelde zich in mijn bijzijn niet op zijn gemak. Als hij bij me langskwam, stuurde ik hem erop uit om brownies voor me te kopen. Ik werd dikker. Het kon me niet meer schelen hoe ik

eruitzag of hoe snel ik naar een uitgaansgelegenheid kon lopen. Ik wilde beter worden, maar ik wist niet hoe.

Een van mijn vrienden, die ik al kende sinds ik een tiener was, belde om me te vertellen dat ik in een boek was geciteerd. Die vriend was nu arts en hij werkte in Boston. Mijn stuk in *The New York Times* was aangehaald in *Trauma and Recovery* (Trauma en herstel), geschreven door dr. Judith Lewis Herman. Ik moest erom lachen. Ik had zelf een boek willen schrijven, maar het leek er maar niet van te komen. Nu, bijna tien jaar nadat Lila was verkracht, was mijn naam als een voetnoot in het boek van iemand anders genoemd. Ik dacht erover het te kopen, maar het was een gebonden boek – te duur – en trouwens, ik dacht dat ik dat allemaal achter me had gelaten.

In de zes maanden die volgden gingen John en ik uit elkaar; ik begon bij een sportschool te trainen en ik ging in therapie. John bleef gebruiken. Een deel van mij wilde hem zo graag terug dat ik vernederende dingen deed. Ik smeekte. Een ander deel van me wist dat hij bezig was zich van het leven te beroven. First Avenue werd een grens die ik niet meer wilde overschrijden. Ik had het gevoel dat ik geen weerstand zou kunnen blijven bieden aan de aantrekkingskracht van mijn oude buurt en om die reden maakte ik gebruik van de gelegenheid om twee maanden door te brengen in een kunstenaarskolonie op het platteland in Californië.

Dorland Mountain Arts Colony, gelegen in de bergen van het landelijke, ultraconservatieve deel van Californië, is naar ieders maatstaven rustiek te noemen. De huisjes zijn gemaakt van B-2-blokken en multiplex. Er is geen elektriciteit. Het complex wordt gerund met zeer beperkte financiële middelen.

Bij aankomst werd ik welkom geheten door Robert Willis. Bob. Hij was begin zeventig. Hij droeg een witte vilten stetson, Wrangler-spijkerbroek en een denim overhemd. Hij had zilvergrijze haren en blauwe ogen, en hij was ridderlijk, maar

hij was geen man van veel woorden. Hij stak mijn propaanlamp aan, kwam de volgende dag kijken hoe het met me ging,
bracht me naar het dorp voor boodschappen. Hij zat er al een
tijd en had heel wat mensen zien komen en gaan. Vreemd genoeg raakten we toch bevriend. Ik vertelde hem over New
York en hij praatte over Frankrijk. Hij woonde daar de helft
van het jaar op een boerderij met paarden en had daar een
soortgelijke zorgfunctie. Na een tijdje, toen we 's avonds bij
het licht van de propaanlamp in zijn huisje zaten, vertelde ik
hem over mijn verkrachting en die van Lila. Hij luisterde,
sprak slechts enkele woorden. 'Dat moet veel pijn hebben gedaan.' 'Over sommige dingen kom je nooit heen.'

Hij vertelde dat hij in de Tweede Wereldoorlog bij de infan-
terie had gediend en al zijn kameraden had verloren. Jaren
later, in de winter van 1993, in Frankrijk, had hij door het
raam naar buiten zitten kijken, naar een boom.

'Ik weet niet wat het was,' zei hij. 'Ik had die boom al
honderden keren door het raam zien staan, maar ik begon te
janken als een baby. Snikkend op mijn knieën, ongekend. Ik
voelde me belachelijk, maar ik kon niet ophouden. Intussen
daagde het besef bij me dat het om mijn kameraden ging, dat
ik nooit om hen gehuild had. Ze waren allemaal in Italië begraven bij net zo'n soort boom, ver weg. Ik had het gewoon
niet meer. Wie had kunnen denken dat iets wat zo lang geleden gebeurd was nog zo'n invloed kon hebben?'

Voor ik wegging gebruikten we nog één keer samen de maaltijd. Hij maakte klaar wat hij 'legergroenten' noemde: opge-
warmde maïs en tomaten uit blik met bacon. We dronken er
goedkope wijn bij.

Bij daglicht kon Dorland al spookachtig zijn, maar na het
invallen van de duisternis was het pikkedonker; je zag alleen
wat kerosine- of propaanlampen als stipjes op de heuvel. Na
het eten, toen we op de veranda van zijn huisje zaten, zagen we
autolampen. Bob dacht dat het een truck was die kwam aanrij-

den over de onverharde weg die op de grote weg uitkwam.

'Het lijkt erop dat we bezoek krijgen,' zei Bob.

Maar toen gingen de lichten van de vrachtwagen uit. We hoorden geen beweging.

'Jij wacht hier,' zei hij. 'Ik ga op onderzoek uit.'

Hij liep het huis in en pakte zijn geweer van de plek waar hij het verborgen hield voor de teergevoelige kunstenaars-kolonisten en de directie van Dorland.

'Ik loop met een boog door de struiken naar de weg toe,' fluisterde hij.

'Ik doe het licht uit.'

Ik bleef doodstil op de veranda staan. Ik spitste mijn oren om iets op te vangen: gravel onder een autoband, een krakend takje, wat dan ook. In mijn fantasie hadden de mannen in de truck Bob verwond of vermoord en waren ze nu op weg naar het huisje. Maar ik had Bob een belofte gedaan. Ik zou me niet verroeren.

Een paar tellen later hoorde ik het geritsel van bladeren aan de andere kant van het huisje. Ik schrok.

'Ik ben het,' fluisterde Bob in het donker. 'Ssst.'

We hielden de weg in de gaten. We zagen de lichten van de vrachtwagen niet meer aangaan. Na verloop van tijd kwam Bob met Shady, zijn trouwe malamute, uit het struikgewas te voorschijn en staken we de lamp weer aan. We waren allebei gespannen, gingen een paar keer na wat er precies gebeurd was, spraken over wat er door ons heen ging, en over dreiging en hoe je je die gewaarwerd. Dat we boften omdat de oorlog en de verkrachting ons iets hadden gegeven wat anderen niet hadden: een zesde zintuig dat in werking trad als er gevaar dreigde voor ons of onze naasten.

Ik keerde terug naar New York, maar niet naar de East Village. Te veel herinneringen. Ik verhuisde met een vriend naar 106th Street, tussen Manhattan en Columbus Avenue.

In tien jaar tijd hadden mijn ouders me tweemaal een bezoek gebracht op mijn eigen stek. Mijn moeder had in een van mijn flatjes gestaan en gezegd: 'Je kunt mij niet wijsmaken dat je de rest van je leven op zo'n manier wilt doorbrengen.' Ze had het over onroerend goed en de afmetingen van het appartement, maar het waren woorden die naarmate ik ze vaker bij mezelf herhaalde een andere betekenis voor me kregen.

Die herfst stopte ik met het gerotzooi met heroïne. Dat had evenzeer te maken met het feit dat het niet meer zo gemakkelijk te krijgen was als met iets anders. Ik dronk weer en ik rookte sigaretten, maar dat deed iedereen. Toen kocht ik het boek van dr. Herman. Het was inmiddels als paperback verschenen. Ik redeneerde dat ik alles moest hebben waar mijn naam in afgedrukt stond.

Herman had een zin uit mijn artikel gebruikt aan het begin van haar hoofdstuk 'Disconnection', over het verlies van verbondenheid. De zin luidde als volgt: 'Toen ik werd verkracht verloor ik mijn maagdelijkheid en ook bijna mijn leven. Ik deed ook afstand van bepaalde veronderstellingen die ik tot dan toe had gehad, over hoe de wereld in elkaar zat en over hoe veilig ik was.' Het verscheen op pagina 51 van een boek van driehonderd bladzijden. Ik herlas de zin en mijn naam in de boekwinkel voor ik het boek kòcht. Het muntje viel pas toen ik al met de ondergrondse op weg was naar huis. In een boek dat *Trauma en herstel* getiteld was, was ik geciteerd in de eerste helft. Ik besloot het boek niet alleen als aandenken te bewaren maar om het ook echt te lezen.

[Getraumatiseerde mensen] hebben geen normaal 'basisniveau' van alerte, maar ontspannen aandacht. In plaats daarvan hebben ze een verhoogd basisniveau van prikkeling: hun lichaam verkeert constant in een staat van alertheid, is voortdurend op gevaar bedacht. Op onverwachte stimuli reageren ze met extreme schrikreacties. [...] Mensen met een posttraumatische stress-stoornis hebben meer tijd nodig om in slaap te vallen, zijn gevoeliger voor geluiden en worden 's nachts vaker wakker dan andere mensen. Het lijkt er dus op dat traumatische gebeurtenissen het menselijk zenuwstelsel opnieuw conditioneren.

Alinea's als deze vormden het begin van het meest fascinerende dat ik ooit had gelezen: ik las over mezelf. Ik las ook over oorlogsveteranen. Helaas ging mijn brein weer in een veel te hoge versnelling. Een week lang zat ik iedere dag in de leeszaal van de openbare bibliotheek in New York een roman uit te denken waarin PTSS als de grote gelijkmaker zou fungeren en vrouwen en mannen zou samenbrengen die aan dezelfde aandoening leden. Maar toen, midden in het lezen van al die verhalen, verloor ik opeens de behoefte om het allemaal verstandelijk te benaderen.

Er was een verzameling egodocumenten over Vietnam die ik steeds opnieuw las en in reserve hield. Op de een of andere manier verschafte het lezen van die mannenverhalen me een opening om iets te gaan voelen. Vooral een ervan raakte me heel erg, het verhaal van een held. Hij was in zware gevechten verwikkeld geweest en had gezien dat zijn vrienden werden neergemaaid. Hij verdroeg het allemaal stoïcijns. Ik dacht meteen aan Bob.

Deze dierenarts ging terug naar huis, kreeg een onderscheiding, wist een baan te vinden en te houden. Jaren later stortte hij in. Er knapte iets. De held kon niet standhouden. Doordat hij instortte, werd hij een man, een mens. Zijn verhaal hield op voor het afgelopen was. Ergens in de buitenwereld was hij nog bezig aan zichzelf te werken. Ik ben bij geen enkele kerk aangesloten, maar ik bad voor die dierenarts en voor Bob.

Ik las Hermans boek van voor tot achter. Het was geen wonderbaarlijke genezing, maar het was een begin. Bovendien had ik een goede therapeut. Zij had de woorden posttraumatische stress een jaar eerder al eens in de mond genomen, maar ik had ze afgedaan als therapeutisch gezwam. Zoals altijd koos ik voor de minst makkelijke weg: ik schreef een column, die geciteerd werd; ik kocht het boek en herkende mezelf in de verhalen van andere ziektegevallen. Ik had PTSS, maar dat kon ik alleen geloven door er op eigen houtje achter te komen.

Toen ik op 106th Street woonde, werkte mijn vriend in de late uren als barkeeper. De avonden bracht ik alleen door. Ik keek veel tv. Het was een oude etagewoning in een soort huurkazerne in een verpauperde buurt. Iets beters kon ik me in New York met het salaris van een adjunct niet veroorloven. Ik leefde achter getraliede ramen en 's nachts hoorde je regelmatig het geweervuur van automatische wapens. In die tijd was de Tech-9 favoriet in onze wijk.

Op een avond zette ik het broodrooster aan terwijl het koffieapparaat ook al aanstond en sloeg er een stop door. De stoppenkast was beneden in de kelder. Om daar te komen zou ik de deur uit en een donkere trap af moeten. Ik belde mijn vriend op zijn werk. Hij reageerde nogal stroef. Er was net een groot gezelschap de bar binnengekomen. 'Wat wil je dat ik eraan doe? Je pakt een zaklantaarn en doet het zelf, of je blijft in het donker zitten. Zie maar wat je doet.'

Ik besloot dat ik niet zo stom moest doen, zo hulpeloos. Ik gebruikte iets wat ik op therapie geleerd had – 'innerlijk praten' – om mezelf ertoe aan te sporen om de klus te klaren. Het was rond elf uur 's avonds. Ik redeneerde dat dit minder erg was dan twee uur 's nachts. Om het zacht uit te drukken: mijn innerlijke stem had het mis.

Twee trappen af en de straat op, de hoek om, over een smeedijzeren hek waarvan het slot vastgeroest was, de buitentreden af, zaklamp aan. Ik vond het sleutelgat, stak de sleutel erin, ging naar binnen. Ik deed de deur aan de binnenkant op de klink en bleef even met mijn rug tegen de muur geleund staan. Mijn hart ging tekeer. Het was pikkedonker in de kelder en er waren geen ramen. Het schijnsel van mijn zaklamp gleed over een muur waarin ruimtes als tunneltjes naar achteren doorliepen. Ik zag de spullen van een man uit de Dominicaanse Republiek die een maand of twee eerder uit zijn woning was gezet. Ik hoorde ratten piepen, verstoord door het licht van mijn lamp. Focus, zei ik tegen mezelf, met de koude stop in mijn hand, en toen hoorde ik een geluid. Ik deed de zaklamp uit.

Het kwam van buiten. Tegen de deur. Mensen. Toen ik door de deur naar hun met Spaans doorspekte Engels luisterde, begreep ik al gauw dat ik even zou moeten wachten. Ik stond een halve meter bij hen vandaan toen hij haar tegen de deur aan gooide. 'Neuk me, kutwijf,' riep hij. Ik liep zo ver ik kon bij hen vandaan, maar ik bleef in de buurt van de stoppenkast, waar ik voor was gekomen; dat leek me beter dan verder de donkere ruimtes in de afgesloten kelder in te gaan. De neef van onze huisbazin had hier ooit gewoond, had mijn vriend me verteld. Hij was aan de crack geweest en op een keer was er midden in de nacht iemand binnengedrongen en had hem doodgeschoten.

'Daarom verhuurt ze niet meer aan Dominicanen,' had hij gezegd.

'Maar ze is zelf een Dominicaanse!'

'Er gebeuren hier wel meer vreemde dingen.'

Buiten hoorde ik de man grommen. De vrouw maakte geen geluid. Toen waren ze klaar. Ze vertrokken. Hij zei iets in het Spaans tegen haar en lachte haar uit.

Toen pas liet ik een gevoel van hevige angst toe. Ik verwisselde de stop en probeerde me er mentaal op voor te bereiden dat ik weer naar binnen zou gaan. Mijn enige doel was nu in veiligheid te komen, en boven in het gebouw zou het veiliger zijn dan hier beneden, begraven onder het stof met de ratten, de geest van een vermoorde crackgebruiker en een deur waartegen net een vrouw was geneukt.

Ik haalde het.

Die avond besloot ik uit New York weg te gaan. Ik herinnerde me dat veel van de mannen die uit Vietnam terugkwamen zich aangetrokken voelden tot plaatsen als landelijk Hawaï en de Everglades in Florida. Ze herschiepen de omgeving waarmee ze het meest vertrouwd waren, waar hun reacties natuurlijker leken dan bij hen thuis in de voorsteden in minder groene en weelderig begroeide delen van de Verenigde Staten. Dat kon ik goed begrijpen.

Ik had altijd in achterstandswijken gewoond, op één keer na, in Park Slope, Brooklyn, waar ik boven een man woonde die zijn vrouw sloeg. Voor mij betekende New York geweld. In het leven van mijn studenten, in het leven van de mensen op straat, was het doodnormaal. Al dat geweld had me gerustgesteld. Ik voelde me erbij thuis. De manier waarop ik dacht en handelde, mijn hyperalertheid, mijn nachtmerries – ze waren hier niet meer dan logisch. Wat mij aan New York beviel was dat het niet pretendeerde veilig te zijn. Op de beste dagen was het leven er als op een uit de hand gelopen knalfeest. Als je dat jaar na jaar wist te overleven had je iets om trots op te zijn. Na vijf jaar verwierf je het recht erover op te scheppen. Na zeven jaar begon je erbij te horen. Ik had het tien jaar volgehouden, en gemeten naar de maatstaven van de gangbare East Village-houdbaarheidsdatum kon je me als doorgewinterd beschouwen. En toen, opeens en tot de grote verbazing van iedereen die me kende, vertrok ik.

Ik ging terug naar Californië. Ik nam waar voor Bob op Dorland toen hij een tijdje weg was. Ik woonde in zijn huisje en zorgde voor zijn hond. Ik heette de gasten van de kolonie welkom en leidde hen rond, leerde hen hoe ze vuur in hun houtkachel moesten aanmaken en joeg hen op stang met het schrikbeeld van kangoeroeratten, bergleeuwen en de diverse geesten die verondersteld werden daar rond te waren. Ik sprak niet veel over mezelf. Niemand wist waar ik vandaan kwam.

Op de vierde juli in 1995, Onafhankelijkheidsdag, zat ik in mijn huisje aan een verhaal te schrijven. Het was donker buiten. Dorland was verlaten. Al de gasten waren gezamenlijk het dorp in gegaan. Shady was mijn enige gezelschap. In de twee jaar ervoor, sinds ikzelf op Dorland te gast was geweest, had ik nauwelijks geschreven. Ik vond het onbegrijpelijk dat het me zoveel tijd had gekost om over mijn verkrachting en die van Lila heen te komen, maar ik was begonnen te accepteren dat dit het geval was. Het gaf me een gevoel waar ik geen woorden voor had. De hel was voorbij. Ik had alle tijd van de wereld.

Shady rende het huisje binnen en legde haar kop op mijn schoot. Ze was bang.

'Wat is er, meisje?' vroeg ik, terwijl ik over haar kop aaide. Toen hoorde ik het ook; het klonk als onweer, als een naderbij komende zomerse bui.

'Laten we gaan kijken wat er aan de hand is, oké?' zei ik. Ik pakte mijn zware zwarte zaklamp en deed het licht uit.

Buiten kon ik ver kijken. Het huisje had een veranda, waarop één stoel stond. Heel ver weg en deels aan het oog onttrokken door het zwarte silhouet van een berg zag ik vuurwerk. Ik stelde Shady gerust en ging op de stoel zitten.

Het vuurwerk ging nog lange tijd door. Shady bleef met haar kop op mijn schoot zitten. Ik zou een glas geheven hebben als ik er een had gehad, maar ik had er geen.

'We hebben het gehaald, meid,' zei ik tegen Shady, terwijl ik haar over haar flank aaide. 'Gefeliciteerd met Onafhankelijkheidsdag.'

Uiteindelijk werd het tijd om verder te gaan. De nacht voor mijn vertrek van Dorland sliep ik met een vriend van me. Ik had meer dan een jaar geen seksuele omgang gehad. Een zelfopgelegd celibaat.

De seks die nacht was kortstondig, onhandig. We waren uit eten gegaan en hadden een glas wijn gedronken. Bij het licht van de propaanlamp keek ik aandachtig naar zijn gezicht, naar hoe anders het was dan dat van een gewelddadige man. Later, toen we van tegenoverliggende kusten met elkaar telefoneerden, waren we het erover eens dat het bijzonder was geweest. 'Het was bijna maagdelijk,' zei hij. 'Alsof je voor de eerste keer met iemand naar bed ging.'

In zekere zin was dat ook zo, maar tegelijkertijd was het onmogelijk. Maar ik ben nu verder in de tijd en ik leef in een wereld waarin die twee werkelijkheden naast elkaar bestaan, en waarin ik zowel de hel als hoop in de palm van mijn handen houd.

Dankbetuiging

Het woord *geluksvogel* is mijn benaming voor gezegend zijn. Ik ben gezegend met de mensen in mijn leven.

Glen David Gold, mijn grote liefde.

Aimee Bender en Kathryn Chetkovich, mijn verrukkelijke titanen. Fantastische schrijfsters, fantastische lezeressen, fantastische vriendinnen.

De meester, Geoffrey Wolff, die na het lezen van de eerste veertig pagina's zei: 'Dit boek moet je schrijven', en daarna bleef lezen met de pen in de aanslag.

Ambassadeur Wilton Barnhardt, die in mijn moeilijkste periode, waarin ik vol zelfbeklag zat, zei: 'Stuur me dat boek, verdomme! Ik zorg wel dat het bij mijn agent terechtkomt.'

Gail Uebelhoer. Vijftien jaar later aarzelde ze geen moment. Haar hulp bij mijn onderzoek was onontbeerlijk voor dit boek.

Pat McDonald. Het begon op de twaalfde verdieping.

Emile Jarreau. Tijdens het schrijfproces leerde hij me wat lijden is. Het gaat ongeveer als volgt: 'Ik wil dat je me nog drie versies geeft.'

Natombe, mijn gerimpelde muze. Elke ochtend hield ze de wacht op het kleed naast me en deed ze afstand van de wandelingen waar ze zo van hield.

Eithne Carr. Moedig.

Ik wil ook mijn dank uitspreken aan het adres van de instellingen die zorgden voor brood op de plank of die me tijd schonken: Hunter en FIND/SVP in New York, de Millay Colony for the Arts, de Ragdale Foundation, en vooral Dorland Mountain Arts Colony en het Masters of Fine Art-programma aan de universiteit van Californië in Irvine.

Mijn literair agent, Henry Dunow, omdat ik zelfs na een

veertig minuten durende lofprijzing nog steeds dacht dat hij me zou afwijzen en omdat hij, toen ik hem dit vertelde, heel goed begreep waar dat vandaan kwam.

Jane Rosenman, mijn redacteur. Ik hoop nog jarenlang lipsticksporen op haar schoenen achter te laten.

De vrienden die in dit boek een rol spelen en een paar die er niet in voorkomen: Judith Grossman, J.D. King, Michelle Latiolais, Dennis Paoli, Orren Perlman en Arielle Read. Jullie steun vervult me met dankbaarheid.

Mijn zuster, Mary, en mijn vader, omdat ze deelnamen aan deze voorstelling en de klappen opliepen die dit met zich meebracht. Hoewel ze geen voorstander zijn van het buiten hangen van de vuile was, hebben ze me toch in de gelegenheid gesteld er een groot deel van buiten te hangen.

Ten slotte ben ik mijn moeder eindeloos veel dank verschuldigd. Zij is mijn heldin geweest, mijn sparringpartner, mijn inspiratie, mijn stimulans. Van het begin af aan – en ik heb het nu over mijn geboorte – heeft ze in me geloofd. De minst makkelijke weg, mam. Je ziet het!